U0734012

服装店销售
高手养成记

周新文◎著

中国纺织出版社

## 图书在版编目（CIP）数据

服装店销售高手养成记／周新文著 .—北京：中国纺织出版社，2018.1

ISBN 978-7-5180-4587-7

Ⅰ.①服… Ⅱ.①周… Ⅲ.①服装 - 销售

Ⅳ.① F768.3

中国版本图书馆 CIP 数据核字（2017）第 329821 号

策划编辑：陈 芳　　　责任印制：储志伟

中国纺织出版社出版发行

地址：北京市朝阳区百子湾东里 A407 号楼

邮政编码：100124

销售电话：010 － 67004422　传真：010 － 87155801

http://www.c-textilep.com

E-mail: faxing@c-textilep.com

中国纺织出版社天猫旗舰店

官方微博 http://weibo.com/2119887771

三河市宏盛印务有限公司印刷　各地新华书店经销

2018 年 1 月第 1 版第 1 次印刷

开本：710×1000　1/16　印张：21

字数：192 千字　　定价：45.00 元

# 目 录

## 第三部分 提升客单价

## 第四部分 服务提升业绩

自序

　　近几年，心灵鸡汤盛行，但实在找不到帮助服装实体店伙伴们提升业绩的案例。

　　经过近一年的驻店实战，以及跟全国各地的销售尖刀们的交流，我至少发现了一些行之有效的提升业绩的方法，例如小赠品可以提升业绩，非销聊天可以提升业绩，员工的状态可以提升业绩，陈列可以提升业绩，销售技巧可以提升业绩，用心服务更可以提升业绩。

　　随着实战与研究的深入，我似乎隐隐感觉到，我们卖的不仅是衣服鞋子，更是感情、真情！而销售的最高境界是"爱"！现在，我正在寻找更多的证据来佐证这个观点。

　　本书的销售故事，以描述事实为主，极少掺入自己的主观观点，这些故事可以不"完美"，但务求真实。这些故事的主人公来自全国各地，大多是销售冠军、商场第一名、PK获胜者！相信她们的销售经验会对广大服装一线工作者带来启发，帮助伙伴们提升销售技能，有效提升店铺业绩。

　　在此，特别感谢广州的张文辉先生，深圳的艾辉先生，感谢中国纺织出版社的副总编辑李菁老师和责任编辑陈芳老师，也感谢汪雪、韩姣姣、王琳、熙禹、黄红、金培、陈艳、张树军、尹素娟、蒋亮、赵欢、王佩等一众群友的案例分享。

周新文

2017年7月于广州

## 第一部分

## 提升进店率

很多店铺最头疼的事情就是没人进店，提升了进店率就等于提升了业绩。

提升新顾客进店率，就不能让顾客有很大的压力，不然顾客不敢进店。

同时要解决顾客对我们店铺的信任度问题。如果顾客不信任，我们放到门口的海报没人看，我们发到朋友圈的消息没人看。看都不愿意看，那又会有多少人进店呢？！

新顾客会变成老顾客，老顾客如果维护得好，就回成为回头客。

话不多说，来看看我们的销售高手们是如何提升新老顾客的进店率并成交的。

# 1 我多么希望

你就在不远处

和闺蜜们手挽手

有时会牵着你的小孩


我多么希望

你注意到我的店

进而对橱窗的新款产生兴趣

你终于走来

漫不经心地

一家店一家店的走过


我多么希望

你停留在我的店门口

看看我们的服装


终于你进店了

有时快进快出

有时稍作停留

我多么希望

你能在某款衣服面前驻足、触摸

这会带给我希望


终于你试穿了

我按捺不住内心的激动

表面却装作若无其事


我多么希望

你能多试穿几套

我宁愿为你不断地寻找下一套

004

大多数时候

我在外面看到你出门

并没有提我们的购物袋


我多么希望

你能提着我们的购物袋出门

哪怕只买一个小饰品


你走了

我望着你的背影

想着如何挽留

我多么希望

你对比了其他店的衣服后

还能回来


夜深了

我们纷纷在内部群里报业绩

我们店经常没有达标


我多么希望

一天的业绩在早班就达标

一整个下午及晚上我都会轻松愉快

005


亲们

你来，或不来

我都在店门口等你

## 2  美女已经快要出门了，
## 我还是把她拉回来买了两双

昨天下午 6 点钟的样子，我和小荣、红红在库房里吃饭，店里来了一位美女。

我们赶快出来接待。

美女穿了一件黑色短袖，一条黑色的百褶裙，脚踩一双细高跟，长得挺漂亮的。

我问："你想看单鞋还是凉鞋？"

"单鞋，37 码。"

讲真的，我们家单鞋基本是没 37 码的，所以就拿有码的款。

推了三款，她都不喜欢，不是说太老气，就是说跟不够细。

在聊天过程中，她给我们透漏了一个信息：说她不买凉鞋的原因，是脚那里有个突出的地方，穿凉鞋很丑！

单鞋没喜欢的，凉鞋又不敢穿，这种情况下，大家是想要放弃的，女孩也往门口走了。

可是这几天天气有点热，顾客少，如果不抓单，不坚持到最后一刻，真的没有多少生意做！只要顾客不出门口，一般都是一直推荐，哪怕她到门口，我们都要再拉一下！

这时，我走上前，堵在门口，说："美女，你的脚那里有点突出，而我的脚是比较宽的那种，都差不多！你试试我脚上这款，而且是最后一双了，正好是你穿的码，现在我们公司都补不到货的！"

脚上这个款，是我的自留款（店里规定，每人每 3 个月可以以进价买一双新款），家里只有一双 37 码的了！有时候，把断码的当做紧缺稀有的卖，它就好卖！

我抱的心理是死马当作活马医吧，万一她医活了呢？！

我不给她反应的时间，立马拿了这款鞋子给她试。

她就顺着我的引导，开始坐下来试。这时候我才真正看到她的脚，确实有点突出，而且前面的脚趾头不怎么直，属于比较难买凉鞋的这种！不过她穿上这款鞋子后，一点没有把她脚上的那个突出的特征显出来，还真的很不错！就是风格有点改变，她来时穿的是时装款，现在这款是休闲的！

在她试鞋的这个过程当中，红红拿了一款细跟的粉色的也是可以把脚包牢的这种给她试！

她穿上后，也一点不显脚宽，而且很衬肤色。

她笑了，从她的表情当中看得出她的满意！她说："这两双我选哪双啊？！"

我和红红异口同声地说了声："两双一起带！"

她说："没那么多钱！"

现在顾客和你讲没钱可能都是骗你的，我们也不信！

红红就和她讲："两款不一样的风格，两双买回去，一双休闲，一双时尚，家里所有衣服都可以搭了！"

我附和："是啊！"

她突然说："你们家有没有什么样的小白鞋适合我穿的？"

我们拿了一个款给她试，这个不仅款式漂亮，而且有号码！

她试了后也很满意！

这下好了，三双满意的，怎么挑！？

我和红红说："三双一起带，小白鞋是女人必备的，这两双凉鞋呢，整个夏天都够了，换着穿！"

她又说没钱，然后说："你们给我建议拿哪两双！？"

红红说："那你就拿小白鞋和这个细跟的。"

她问："为什么？"

我说："她为你着想啊，这个小白鞋你春夏秋三个季节好穿！这个凉鞋，细跟的，符合你的气质，夏天穿，衣服随便搭！我们是想让你带三双的，为了给你省钱，那么，就把你穿这个鞋子的周期延长，你也可以穿得久一点，你说呢！"

她说："嗯嗯，是的！"然后选择了那两双！

刚才试的我脚上的这款鞋子，直到收银台的时候，我也一直拿着，就想等她付了这两双的钱之后，再推一把！不过后来，她可能因为目前没有上班，资金不那么宽裕，也可能因为还不是那么喜欢，就没有选择这个！

她还夸我们俩销售能力好。

虽然有双没买，不过我也没有觉得失望！我觉得，作为一个店长，不是帮助一个导购把一个本就很容易的单做成，而是要把一个几乎马上要流失掉的顾客，再给她拉回来，并且能推销成功！这样，员工也会从心里越来越佩服你！你再去和她分享这些销售技巧，她更容易接受！她也会从心里一点点认可你。

007

# 3 我跳槽，顾客也跟着来买鞋子

那是刚到某女鞋店上班不久。

上午，一位皮肤白净的年轻女孩和她的姐姐进店看鞋子。在给自己选了一双后，又给她们的爸爸买了一双。

她们是湖南的，我的老家也是湖南的，所以，在服务过程中，我们讲湖南话。可能我们用湖南话在湖北的地盘聊着天，特别亲。

和美女聊天知道，她叫媛媛，是一位有亲和力、和颜悦色的女孩。

我们这是江南，媛媛是幼儿园老师，她嫁到江北去了，回家要过江，坐渡船，比较麻烦。

她在犹豫要不要买，说："我没时间给爸爸送鞋子。"

我说："告诉我你爸爸的电话号码，我可以送过去。"说着，加了媛媛的微信。

下班后我把鞋子送到了媛媛爸爸家，并发微信告知媛媛，她回了一句"谢谢"，并加了一个"愉快"的表情符号。

一个星期后，媛媛发微信给我。原来她在网上看到了一款包包，问我们这有没有。

我告诉她："我们经理刚好外出，可以带回来的。"

后来我去连锁店找，运气好，刚好我们的某家连锁店有一个。

第二天媛媛开心地把包包买回去了！

再几天后，她幼儿园的同事来了，也买了一个包包。

再几天后，她来给她姐姐买了一个包包。我记得那几天她在我们店总共买了9件商品。

有天早上，我们刚开门，媛媛来了。

我好奇地问："今天怎么这么早呢？"

"我想买一双休闲鞋。"她说，"这几天我们幼儿园要排节目，刚才在一家鞋店看了一双还可以，但没买，我想来你们这里买，看到你们开门我就来了。"

说实话，我很感动，给媛媛倒了杯茶。她接过茶，喝了一口，放在货架的层板上，自己拿着一款休闲鞋试穿。

比较简单、大方、方便的一款休闲鞋，她很满意。

这双鞋很快成交。

第二天，媛媛通过微信问我："我昨天买的那款鞋子还有吗？因为节目需要，想穿一样的鞋子，六双。"

我立马回复："没问题。"

我们店符合条件的码子有两双，其它可以订货，三天就可以到。

由于媛媛过来拿鞋比较麻烦，我问好车次，把鞋子从车上搭过去，这样她就不用再跑一趟了。

第二天我早早地拿着两双鞋子搭车到了渡口，随船搭过去。

回店后，发现我运气还是那么好，到了一批货，其中就有那款鞋子。

次日鞋子全部到位，鞋子还是搭过去的。

媛媛很开心，在微信了说了好几次"谢谢！"后面还发了她们表演的视频，我不停地为她们点赞。

可能每个女人都喜欢购物吧，媛媛时不时就来了！

虽然我有时不在店里，但媛媛只要在店里买了东西，都会告诉我什么候买了鞋子，买的什么样的鞋子。

后面，我跳槽到高图鞋店上班，她也跟着我来了！现在她的鞋子大多是高图的，她的姐姐也会一起来买鞋子。

记得媛媛最近一次买高图鞋子是三八妇女节的时候。

那段时间我休假，但朋友圈高图的活动我还是在发的，这次活动店里有派发现金券，买单时可以抵扣相应的现金。

媛媛在我的朋友圈评论说："我明天过来。"

我回复："好吧，那我明天把活动券送给你，好去买鞋子。"

第二天一直在下着雨，媛媛告诉我她在店门外等着。由于我家离店比较近，我立马打着伞给媛媛送券去。

媛媛和她姐姐很感动，连说谢谢"。买好鞋子后她微信告诉我："买了三双。"

其实要感谢的是我，很感谢她买鞋时一直记得我。

## **4** 我特别喜欢服装，
## 在销售工作中能感觉到自己的存在

这是一个星期一的上午，风很大。也许是周一，客流不是很大。

我们店在步行街，门口是有门迎的，大家认真地喊门迎。

这时过来一个外国人，店里都知道我最喜欢和外国人交流，虽然外语不是很好，但是他们的眼神、动作，我大都能读懂。

大家开玩笑地说："大姐，大姐，老外耶。"

我说："喊进来。"

说着我走了出去，一个外国男孩在朝店里面看。

我指了我们的品牌 LOGO，并指了一下门口处模特穿的衣服，说："你一定喜欢！"

他笑了笑，跟着我进店了。

我边走边把他打量了一翻，看看他是什么样的风格，感觉他很时尚。

我说："你的眼镜好酷！"

他摘下来让我戴，笑着说："你给我选一套，我喜欢有个性的。"

我的天，他中文特别好，沟通没障碍！

我没有直奔主题，先聊天："今天风好大，你穿少了，是不是有些冷？"

他笑了笑。

我问："你是在上学，还是已经工作了？"

他说："我是自由人。"

我问："你是哪国人，怎么中文这样好？"

"混血，你没看我像中国人吗？"他说，"我今天心情不好，就是想买衣服，你选套给我看看。"

我说："今年流行磨破牛仔，店里来了新款，你穿 31 码的。"

给他拿裤子的同时，我又拿了一件新款的黑色帽衫，外面搭上了一件飘带短袖。

我把一整套递给他："你试试看，这套是你的菜，你信不信？帅哥。"

他怂了怂肩，问："试衣间在哪里？"

"直走。"

他进了试衣间，我在外面继续跟他聊天。

"你怎么不工作？"

"我在寻找机会，寻找适合自己的工作，但是我不喜欢打工，我爸爸是新疆人，妈妈是美国人，他们给我铺好路了，我不喜欢，要自己创业！"

不一会儿，他从试衣间出来了，照着镜子，左看右看，说："姐姐，你懂我，这是我的风格，帽衫我好喜欢，打球的时候可以穿的。"

我说："是的，外面搭件短袖，是不是有层次感，还特别地酷？"

他美美地照镜子，说："姐，戴眼镜拍照。"

"好，我给你拍。"

随后我又拿了一件白色棉麻衬衫（他喜欢白色的），让他试穿。

他挺满意的地："这个我也要了，包上吧。"

我算了算，办会员还差点金额。

我说："今天风大，有个长款薄毛衫你试下，休闲裤、慢跑裤都能搭，而且你的个子高，身材好，一定好看。"

他说："试下吧。"

我选了一件黑色的薄毛衫，说："春装7折，带件穿吧，再穿一个月没问题。大连风大，可以当外搭穿，黑色百搭。"

011

他很满意，说："包上吧。"

还说："你选的我都喜欢，记住你了。现在我有事求你，这个磨破牛仔裤太长，想要9分裤怎么弄？"

"我带你去，小区后面有弄的。"

"好的，成交吧，我把衣服换下来，微信转账可以吗？"

"可以的。"

去收银台的时候，他看了看袜子，我顺手拿了一包，又顺手拿了3条内裤，我说："码没问题，我很专业，放心吧。"

他看了我一眼，调皮地说："厉害！"

就这样又做了个配饰连带。

这个外国男孩好调皮，剪完裤脚，还给我买了一个冰淇淋。

其实，顾客每个眼神都会给你信号，他们喜欢什么，只要用心，你能感觉到的。看内裤的时候，他是不好意思的，我拿码的时候让他看了，他没有异议，这个不用说话，他的眼神已经告诉我了，所以我没经过他口头同意就拿了3条。

我特别喜欢服装，在销售工作中能感觉到自己的存在。

## 5 成交是销售的开始

这天傍晚，有两位大姐进店，都是 50 岁左右的样子。

其中一位是约一米五七的个子，卷着大波浪的发型，是位雍容华贵、温和大方的贵妇人。看她的脚应该穿 35 码。

另一位是约一米七的个子，有些微胖，很亲切的一个人，是陪同购物的同伴。

从聊天得知，她一直都穿舒适平底的鞋子，本次想要一双高跟鞋，平时特需场合或者聚会的时候穿高跟鞋比较合适。

我们拿了一款高粗跟的鞋子给她。

她的脚比较小，人也有气质，穿出来很显身材。

"姐，你咋把我们的鞋子穿得这么美呢！"

她的同伴也说："好看！你穿着舒适就可以买下来。"

在穿鞋的时候，我发现姐姐有一双白白嫩嫩的小手。

我说："姐，您平时不做饭吧？"

姐回复："为什么这样说呢？"

"因为您的手好白呀！并且比较有肉感。"我羡慕地说，"一看就是有福气的人。"

姐笑了笑："我就一双手好看。"

"有人说，看女人的年龄和阶段，先看手。"我说，"看您的手只有 18 岁的年龄。"

俩姐开心地笑起来，同伴也在说她的手好看。

那姐姐还不时的看看自己的手说："其实我在家什么都做。"

我说："那姐一定懂得怎么保护和保养手了！"

姐指着我的手说："你的手也很好看。"

我笑着说："我的手太胖了！"

我们就这样聊着，气氛很融洽，第一双鞋子也很快成交了。

姐姐微信转账付款，我们互加了微信。

这时候又进来一位顾客，原来和姐姐是认识的，并且和姐姐几年没见了，一见面，说不出的欢喜。

一开始都在聊孩子，大家孩子一样大。

进来的那顾客的孩子在美国旧金山留学，非常优秀！

姐姐同伴的孩子也在美国留学。

听她们说姐姐的孩子也是非常优秀的女孩，在南京，智商和情商都非常高。

大家互相羡慕着。

从她们聊天我知道姐姐的老公是政府的领导，那顾客说姐姐的老公没有一点官架子，很亲民。

那顾客走后，姐姐和同伴边喝茶，边等老公来接，边试着别的鞋子。

姐姐又试了一款反牛皮的鞋子，说很舒服。

大家都称赞："很好看。"

由于姐姐个子不高，这双鞋跟也不高，穿起来身材并不高挑，姐姐有些犹豫。

一边犹豫，一边继续聊着天，聊到了老公。

姐一脸幸福的样子："一会让老公看看，他说好看就让他买。"

同伴说："他一定会给你买的。"

不久，姐姐的老公开车过来了！一米八大个子，笑嘻嘻的。

姐姐重新穿着那鞋子，在老公面前来回走了几步，老公直夸好看，他说："舒适的话，就买了。"说着，直接就买单了，姐姐的脸上洋溢着幸福。

隔了一星期，姐一个人来了，她说刚从女儿那儿玩回来，穿着我们的鞋子很舒适，但是今天没想买鞋子，就想进来看看我们。

"就想进来坐坐，很习惯的就来了！"

"非常感谢姐姐想着我们。"

我们倒了一杯养身茶给姐姐，边喝茶边聊天，我则帮姐姐擦鞋子。

又一星期后，姐姐带着她老公的姐姐和侄女来看鞋子。首先帮侄女选了一款，然后自己也看了一款英伦风的年轻时尚款。

一边选鞋，一边开心地喝着茶，聊着天，我们照旧帮姐姐擦皮鞋。

很快两单成交了！

又过了一段时间，姐姐和老公一起过来，这次看中了一款包。虽然她老公说想买贵一点的，但她还是买了。

又过了一段时间，姐姐带着另一位闺蜜来了——姐姐每个月都会来，即使自己不买也会带闺蜜来买，或者就是来坐坐，喝喝茶。

昨天姐又来了，她告诉我，前几天我不在店里，她又买了一双什么样的鞋子。

我感觉到，成交是销售的开始，每次都要珍惜机会，为顾客提供良好的服务。

## 6 大姐嫌贵要去其他店转一转，回来却给儿子买了 3 件

也许是星期天的缘故吧，今天顾客进店很晚。

也许是年前购买比较齐全了吧，年后顾客的购买欲望不是很大，每年的这个时候都是淡季，客流不是很多。这个期间，我们的重点是关注学生们返校前后购买新衣服。

这时外面有一家 3 口，孩子大约 16 岁，爸爸妈妈好像在说着什么。

这样的顾客对于我们店来说，是有感觉的，所以我就给门迎的小美女使了一个眼神，示意她把顾客迎进来。

小美女热情招呼后，只听见他们说："你们这样热情，我们就进来看看。"说着就进店了。

小美女小声对我说："雪儿姐，这个顾客你来吧，一看这孩子的妈妈就很强势，我搞不定呀！"

我做了个 OK 的手势。

接下来，我开始寻找切入点，跟他们 3 个人各种聊，但孩子的妈妈好挑剔，"不好看、不适合"——各种不满意的词汇，也不让孩子试穿。爸爸就是不说话，孩子就看着妈妈。

我看情况不对呀，怕她们不试穿就下楼。

"一定要让他们留下印象。"我想。

于是，我就主攻孩子的妈妈。

我说："姐姐，您在哪里工作呀？一看您就是自己家有做生意吧！？您看哥都不敢说话，想必家里是您说了算，作为女人您做的好棒呀！"

她说："你看人很准呀，家里有超市。"

我说："一看您就不一般。"

夸她的同时，也用话语刺激她："姐，我们女人可以强势，但是对孩子我们不能强势，他们有选择权，我们要尊重孩子。我们和孩子是有代沟的，我们喜欢的，孩子未必喜欢，就是按我们的意思买了，他也不乐意穿。钱花了，

不舒心。"

她的目光似乎有点游离不定，我继续说下去。

"我看姐姐您和孩子就有距离感，一看孩子的眼神就知道怕您，你们还怎么做朋友，他的心里话是不会让您知道的。"

这时，她用目光斜视了一下孩子。

"姐，我说的对吗？他们各种的补课、作业，压力大不大？！选件衣服还得整条街转一上午，还要看您脸色。您说，我说的对不对？"

我承认我待顾客有点强势。

这时，她不说话了，似乎在思考着什么。

我说："我很专业，给您搭配。喜欢您就买，不喜欢您走，不能白来是吧？衣服看不出效果，不像玩花灯能看出名堂，衣服必须试穿，我的姐姐。"

我面带笑容地说着，话语有些硬，我认为，这样的顾客需要语言刺激。

她似乎有点妥协："好的，你搭配吧。"

我心想，给我机会了，我要一拿准呀！

于是，我就叫孩子过来。

对待孩子我就专业了，先看他的风格，再看他的性格，然后一边聊天，一边选款。

我问："寒假玩得开心吗？有没有不想回校呀？"

他腼腆地笑了，说："没玩够。"

我说："该收心了，玩是玩，学是学，要有个点知道吗？"

就这样，我们聊着，从学习到游戏，到热播的电视剧，他很快接受了我。

他上身穿的是毛衫，下面是宽松的牛仔裤，看不出身材。

如果毛衫不换掉，直接搭外套，一定没有层次感和整体效果，所以我直接拿了3件，一件轻型帽衫，一条速干面料的慢跑裤，一件长款的风衣。

我鼓励他："试下让你妈妈看看，这次你要喜欢她就买给你，让你有次自主权。"

孩子点了点头，接过衣服去试穿。

旁边的爸爸一直不说话，我怕他无聊，告诉他 WIFI 密码，让他在休息区坐下来玩手机。

我和孩子的妈妈则在试衣间门口等。

孩子之前的风格是宽松的，没有身材可言，他妈妈很期待地问他："好了吗？儿子。"

过一会儿孩子出来了，黑色的慢跑裤，白色的帽衫，黑色的风衣，换了个感觉。

我自信地说："姐姐，怎么样？这是 2017 年新款，就得这样穿！您看看您儿子帅不帅，衣服上身才有效果的！"

她说："不错，多少钱呀？贵我可买不起呀！"

我说："姐，我们就这一个孩子，为了什么不都是为了他吗，吃点、穿点是正常的，只要他们健健康康的，什么都不是事！"

她还是直问："多少钱？"

因为我给他选的都是新款，没有折扣，于是换了个词汇说："出厂折后800多。"

她确认道："折后800多是吗？"

我说："是的，你转了这么久应该知道价格，3件衣服在商场里得1000以上，我们品牌店全国统一价位，您就放心吧。"

她说："衣服不错，就是贵呀。"

我说："散货不贵，但是质量、售后没有保障呀姐，你皮肤那么好，一套化妆品多少钱！我们不能老是在孩子身上省钱是吧？！"

我一直在刺激她，但她很坚决，让孩子换下衣服，说去其他店转下再回来。"不能放弃！"我告诉自己。

这时孩子换下了衣服，我说："姐，孩子那么喜欢，都舍不得脱，您看看这条街上全是卖运动服装的，您还转什么，咱家就是孩子的专卖呀，又时尚又有活力！"

姐姐还是执意要走，衣服一直在我手里拿着，我把他们送到了门外。

在店门口，我问："姐，我的服务你满意吗？"

她不假思索地回答："满意。"

我说："那好，姐，衣服我放在收银台，给您留着，您一定能回来！"就这样送走了他们。

大约一个小时后，他们又回来了。我的内心又燃起了希望。

"我们回来了，再试试吧。"姐姐笑呵呵地说，"要那个帽衫，和风衣。"

姐姐准备买单时，我顺手又拿了一款今年流行的韩版长款外套给小孩套上。

这时，孩子爸爸说话了："儿子，这件衣服洋气。你好好学习，我就再给你买一件，今天我豁出去了！"

我赶紧说："宝贝儿，你快答应好好学习！"

孩子配合我说："放心吧，我学习没问题。"

大姐说："都包上吧。"

就这样，两件长款外套，一件帽衫，900多，就这么愉快地成交了。

这单我总结如下：

第一，对于强势顾客必须以刚带柔，软硬把握好度。

017

第二，她嫌贵不买时，我没有放弃，就是再不开心也要送客，必须面带笑容，否则顾客可能不好意思回来。同时衣服必须要拿着一直送到门外，让她惦记回来。

第三，顾客关注折扣时，我们一定要自信地说折后价位，没有几个顾客会较真翻吊牌的，她们就是要心理平衡。

第四，最后，我顺手又拿了一件不同款的外套，意外地又卖了一件。如果我不拿，他们一样到别的店消费。

所以不要听她说贵呀，买不起呀，就看我们自己的工作到不到位。

## 7　我们的态度顾客是有感觉的：我们是因，回头客是果

那是 10 月 5 日的夜晚，应该是晚上 8 点左右。

我们的导购都在整理货品，大家都在为 10 月大会战而准备、忙碌，都没有留意在门口的这两位老人。

在进店的门口有个模特，身上穿着冬装新款的毛衫，和新款的羽绒服，阿姨在那里仔细地看那套衣服。

因为是 60 多岁的老人，所以阿姨在那看，店里却没有人关注她。

店里都是学生穿的风格，不适合老年人穿，所以就没人太在意这位阿姨。

这时我正下楼，一眼看见阿姨和叔叔，阿姨在门口摸模特身上穿的衣服。

我就说："小美女们，门口有顾客你们怎么不接呀？"

她们还是自顾自地忙自己的，其中一位小美女还跟我开玩笑说："大姐你去吧，一看就知道只是随便看看的，这么高品质的顾客你去吧！"

言语之间有点酸溜溜的感觉。

"那可不一定，你知道大妈买黄金的故事吗？"说着我就过去了，我说，"阿姨，楼上面积大款式全，我们上楼看看，您给谁选呀？"

阿姨的面容好慈祥，她笑着说："想给外孙选呢，这是年轻人穿的品牌，孩子专门告诉我的。"

我说："是的，这是孩子们喜欢的品牌，衣服时尚，价格还不高，质量还有保证，售后服务还特别的好。"

阿姨还说："我找了一下午才找到。"

我说："不好意思，让您找辛苦了。上楼吧，阿姨、叔叔。"

阿姨腿不好，我搂着她的胳膊上的楼。

到了楼上，她说："外孙是我从小带大的，和我很有感情。孩子的爸妈在国外，所以不能委屈孩子，他喜欢什么我都尽量满足。"

阿姨的眼里满满的全是爱。

我能理解一个 60 多岁的老人找了一下午我们的店，这不容易，心里很

019

感动。

我说："阿姨，您找了一下午了，坐那歇会，我给您拿水去。"

我就去给阿姨和叔叔拿了 2 瓶水。

他们很高兴的样子，叔叔不怎么爱说话，一直面带微笑。

我说："阿姨，您坐那别动，我去给你拿件毛衫，和那条裤子。"

阿姨说："好。"

我把那件毛衫拿给她看，说："这是今年冬装新款，纱线混纺编织，今年最流行的花纱毛衫，里面搭件白色的衬衫，特别韩范、大牌，下面穿这条黑色牛仔裤，真的很时尚。"

我肯定地说："阿姨，您相信我，我了解这些高中生们，他一定能喜欢的。"

说着我就把我搭配的这套衣服挂起来给她看，阿姨很满意。

阿姨说："孩子，我们走了一下午没人理我们，你好热情，我好喜欢你。"

我心里好暖。

我说："阿姨，我长年在外面，很想我妈妈，我很想她们，所以我对老人很走心的。"

阿姨拉着我的手，我们聊开了。

她问："孩子，能打折吗，我们开的工资不多，你看看能打折吗？"

我说："阿姨，毛衫是今年冬装新款没有折扣，裤子是秋装给您打个 8.8 折，这是公司的店，全国统一价位，您放心，在这里您不会上当的。"

阿姨说："好的，孩子，你包上吧。"

下楼的时候我扶着阿姨一路聊着。

这时我和阿姨在楼上大概聊了快一个小时。

我是急性子，喜欢走快单，但是这位阿姨必须要慢慢的，走心地和她沟通。因为我们和老年人是有代沟的，所以要抓住一个点，就是交心和亲和力。

到楼下阿姨还问："孩子，可以划卡吗？"

我笑着说："阿姨，你真时尚，可以的，划卡，微信支付都行。"

他们很满意地说："你选的我外孙能喜欢，丫头你真好，给我们喝水，还给我们打折，没瞧不起我们，你不知道没人理的感觉。"

我笑着说："阿姨，我理解您。"

她握着我的手问："你叫什么告诉我，下次我来找你，我记住你们的店了。"

我告诉了她我的名字，又把阿姨送到了门外，阿姨不舍地离开了。

这单不大，只有 200 多块，但是老人对我信任，那带有爱的双手，到现在我还有感觉，心好暖。

故事到这里并没有结束。

10 月 22 日的中午，因为是周六，人比较多。

020

我正在忙着，有人叫我名字。

我一回头，是阿姨。这回是 4 个人，阿姨，叔叔，外孙，国外的女儿。

我说："团队好大喔。"

阿姨指着男孩说："这是我孙子，你看看帅不帅？"

"好帅的小伙子。"我走过去，开玩笑地说，"我给你选的衣服你喜欢吗？"

他说："喜欢喜欢，天天穿着。"

这时阿姨说："我女儿选女装，你帮选吧。"

后面，她女儿选了一条裤子，一件长款毛衫，一件羽绒服，试穿之后很喜欢，说："包上吧。"

一单 1000 多。

我说："阿姨，这回给您办张会员卡，您下次来新款能打 9 折了。"

阿姨说："我还会来的。"

走的时候阿姨问我好几遍："你吃饭了吗？再忙也要吃饭，孩子。"

到现在我还能记得阿姨的眼神和那双带有爱的双手，这已经不是顾客的感觉了，是爱，是信任。

故事暂告一段落。

最后，我想说的是，我们要尊重老人，不要忽略他们。每一位顾客都是大单，就看我们怎么去对待。我们的态度顾客是有感觉的，推销我们的产品先要推销我们自己。

## B 从不想进店到买了 8 件：
## 这是有关引流、成交、连带的演绎

8 月 14 日，星期天。

天气好热，客流不是很多。

今天部分货品做了特卖，并放了几组货架在店门口。

一些导购在外面忙着，每个人都有接待顾客。

这时外面来了一对母子，儿子能有 200 斤，母亲手里拿了个包。

他们停在了门口，那个男孩低着头不进来，还小声对妈妈说："我们走吧，没有我穿的，你别打击我了好吗？"

他满头大汗，很不开心的样子。

这时我发现了问题所在，男孩已经不自信了。

我读过心理学的书，能和这个孩子交流。

我过去说："我给你选一套，一定要你帅帅的。"

他看了我一眼，问："有我穿的号码吗？"

他很不自信。

我说："有，当然有，咱们家哪款你都能穿的。秋装新款上市，我们看一下好吗？"

他还是不上楼（一楼小二楼大），我就拉了他的胳膊一下，说："给我一次机会，也给你一次全场试穿的机会，相信姐姐好吗？"

他笑了，我们就上楼了。

到了楼上，他妈妈对我说："你给选一套显瘦点的衣服，孩子太胖了。"

我一看他穿的运动裤，就找了一条今年最流行的黑牛（黑色牛仔裤），搭了一件蓝色的衬衫，让他进去试穿。

男孩一直低着头，非常烦躁，如果尺码不准，下一套搭配及试穿就有难度。

我一直哄着他，一直在交流，我一直说："你大胆穿，哪一件都适合你，你一定要自信！"终于，他进去试了。

这时我和他妈妈聊天，我一听是南方口音，问："你们是来玩的吗？"

022

男孩的妈妈说:"是的。孩子上高中了,压力挺大的。他很内向,一直都是在奶奶家,我们平时工作忙没时间管他,现在有空陪他出来玩玩,来大连没带几件衣服,也快开学了,有合适的选几件给他穿。他太胖了,试了几家店的衣服都不合适,后面他说什么也不选了,你不拉他上来他是不会进来的。"

我一听心里有了底,笑着说:"我能让他开心、满意的。"

我们开心地聊着天,孩子出来了,自己照着镜子。

黑牛就是显瘦,而且裤子是高弹的,很受胖男孩们的欢迎。

"妈妈,这套可以。"他笑了,"姐姐,我还要一套,你去选吧。"

我心里很高兴,因为他信任我了。

我又拿了一条棉料的休闲裤,和一件秋装卫衣,说:"你去试吧,这是新款,就现在才会有齐全的尺码,我们先抢季。"

他说:"好吧。"进了试衣间。

这时我不能闲着呀,找了3件他能穿的短袖,短裤,以做备选,我很有信心我的搭配。

"这孩子笑了,"他妈妈笑着说,"下午在海边玩了那么久都没笑,这是他高兴了,有他喜欢的衣服了。"

我说:"姐,孩子有些内秀,有些事情我们不能强势,不能主宰他,让他自由发挥,就像衣服一样要他自己喜欢。就是你喜欢的,孩子不一定喜欢。我了解孩子的心理,我们要表扬与认可他,让他自信起来。"

姐点了点头:"是啊,这一天我都说他胖,他不爱听。"

我们聊着天,孩子出来了,说:"姐姐,这套我要了。"

我感觉上来了,顺手把短袖衬衣和短裤递给他。

"短袖现在是特卖,很实惠的,正好有你的码,大号不好遇的,一批货只有一件的。"我说:"大连每年这个时候都是很热的,你爱出汗,买几件换穿吧。"

他此时非常地高兴,我拿的衣服他全都试穿。

我鼓励他:"不要认为自己胖,我们家的衣服,哪件你都能穿,而且还适合你。"

他笑着说:"姐姐,下次来大连还来找你!"

说着他把试穿的所有衣服,都给了我,说:"姐,两条裤子,一件衬衫,还有那件棒球卫衣,两件短袖,全包上吧。"

男孩妈妈问:"可以用微信或支付宝支付么?"

我说:"可以的。"

这时我们就下楼了,门口有特卖,男孩妈妈看了一下,我说:"给家人

023

选一条吧，现在是 150 能选两条。"

她说："给我选 2 条 36 码的。"

就这样一单 8 件成交。

我很开心，这样格格不入的一个男孩能信任我，使我感到很充实，使我对未来充满了热爱与向往。

# 9 那天漫天飞雪，他们飘零而来

这是 1 月份的时候，那天下着雪，很冷。

是个周日的下午，也许是快过年的原因，人非常多。

我们是步行街，客流量很大，基本上店里全是人。每当过年期间导购都不够用，有的顾客自己动手拿衣服。

记得那天，我带了几个顾客都成交了。

送其中一个顾客出门时，看见对面来了 2 个人。

天啊！我惊呆了。

所有人都看着他俩。

那个黑黑的男孩，头发乱乱的，身上全是泥土。

重点是裤子，没扎腰带，几乎掉下来了，没穿绒裤，内裤都能看见，他用脏兮兮的手努力地提着裤子。

他的鞋，全坏了，脚趾头露了出来。

天，好可怜，看着他全身抖着，好心疼。

他旁边的那男孩瘦瘦的，里面也没穿绒裤，裤子在风中左右飘摆着，紧贴在腿上，依稀可见骨骼的形状。

他俩低头走着，渐渐地走过来了。

我很好奇，都什么年代了，为什么年轻人还穿不上裤子？

看着那个手里提着裤子的黑黑男孩，我说话了："小伙子，这么冷的天，进里面暖和一下，里面有空调。真是太冷了，我给你选一身衣服。"

说话期间我又仔细看了他一眼，我想知道，他是乞丐，还是精神病？

这条街上没有人敢和他说话，他的样子太可怜了，仿佛不属于这个社会。

这时，他开口了："有男装吗？"声音很正常。

我说："有，里边看一下吧。"

他们两个异口同声地说："好的。"就这样进店了。

我喜欢交流，喜欢沟通，就开始聊了起来。

"你这裤子不行了，我给你换一条吧。这冬天太冷了，怎么穿这样少呀，里面怎么不穿条绒裤，冻坏了怎么办呀！"我充满疑惑与关切地问，"能和我说说吗，告诉我发生了什么，是没钱买吗？还是有什么难处。"

这时那个黑黑的男孩说："我们是船员，在船上漂流4个月了。今天上岸，快冻死了。能活着回来就不错了，这罪遭的。这活不能再干了，人不是人，鬼不是鬼的，在大街上别人像看猴一样看我们俩。我们俩想换身衣服了，没找到地方呢。出海时间长了，傻了，不知道哪家品牌适合我们。这时候你出现了，那么热情，看锝起我们，我们就进来了。"

我一听，心里"怦怦"跳了一下。船员挣得多，他们挣的是命钱，所以不差钱，我心里暗暗高兴，大单的感觉来了。

我很淡定，没表现出来，说："小伙子，我给你找条裤子，给你选个毛衫好吗？"

他说："好的，你就选吧。"

就这样我拿来衣服，多拿了一件衬衫，让他套在毛衫里面。

他进了试衣间。

我又备了一件羽绒服，他出来的时候我好把羽绒服给他穿上。

他换上衣服出来了。

我的天，才看到是个小伙子的样子。

026

我掩饰不住内心的赞赏，说："快照一下镜子，你多帅！咱们苦了自己，现在不能再委屈自己了。既然我们命回来了，就补回来。现在穿上又保暖又帅气的新衣服，回头干干净净地洗个澡，然后大吃一顿，算是奖励自己了。"

他看了看镜中的自己，说："可以，标签撕了吧。"

我一听，是预想的不差钱顾客。于是，我又拿了一件蓝色毛呢大衣，一件假两件毛衫，一双鞋。

男人穿上毛呢大衣就是有气质，里面搭配一件带衬衫领的毛衫，下面是条休闲裤，一双干干净净的蓝色休闲鞋，非常完美。

他照了好半天，说："这才是人样呀！"

我说："你们真不容易，真辛苦呀，佩服你，这么能吃苦的90后不多呀。"

他笑了，这时他说："你给我朋友换一身吧。"

我说："好。"

他的朋友比较瘦，我给他选了一条花纱休闲裤，一件毛衫，一件夹克版的皮羽绒服，一双鞋。我说："进去换吧，一定让你焕然一新。"

他说："好的。"进了试衣间。

不一会他出来了，好干净，非常整齐。

他说："一会把我衣服全扔了吧，麻烦你了。"

我说："没关系的，你们满意就好。"

这时那个黑黑的男孩问："可以划卡吗？"

我做了一个 OK 的手势，说："可以。"

到收银台的时候，我突然想起了，没拿配件。

于是赶紧拿了 4 条内裤，2 包袜子，我说："一起备全了吧。"

黑黑的男孩"嗯"了一声，表示同意。

我就喊财神买单，就这样一个大单拿下了。

又给他们办了会员卡，后面高高兴兴地送他们出门。我们毫无顾忌地说笑，一切都是那么美好。

俗话说的好，人不可貌相，海水不可斗量，我们不能以貌取人，要用一颗善良的心接待每一个顾客，奇迹会出现的。

时间过去很久了，我却难以忘记，那天漫天飞雪，他们而来……

## 10 一件小银饰赢得回头客

佩：真实的工作案例。

佩：在入秋时，一位顾客第二次入店，相中了3件服装。

佩：虽然是二次入店，但自称是老顾客，要求再次降价，再便宜一个折扣。

佩：因为我们平时也没有折扣，是定价销售的，所以价格把的比较好。导购最终只给便宜了几块。顾客虽买了，但是看得出满脸的不高兴，临出门也没个笑脸。

对于这种情况，我们心里也很是沉重，因为这位顾客确实买东西是很干脆的，我们不想失去这种顾客，看到她不高兴我们也不开心。

佩：一直在心里两天，最后又给顾客打电话说送些礼物，让顾客过来取。当然，礼物也不能太小，就在商场一楼选购银饰，顾客过来也是很满意地拿走了，并且当时又选购了件商品。到现在基本需要衣服都在我们家挑选，还经常带朋友过来！！

佩：有人问我这样也花钱了，为什么不直接给顾客便宜掉现金？我说对于折扣我们是严格的，我宁愿给顾客大的礼物，也想保持原则。但是也有顾客因为不能再便宜就跑了单，对于这种情况不在少数，所以还想问问大家是怎么操作的？

群友A：非常认同你坚守折扣的做法。顾客总是记得最低折扣，并以此为参照，今后更低的折扣才会购买。例如，我们加宝贝到购物车（等到降价时才购买），只要涨价，基本立马删除。你今天6折，下次7折他就觉得贵，只能5折以下他才愿意买。当然，坚守折扣，要在其他方面提供良好的支持，否则，简单粗暴的坚守毫无意义。送礼物比直接折扣要好。

群友B：可以当场送点小礼物。客人不是买不起，是占便宜的心态在作祟。

佩：是的，一次便宜一点，下一次会让你便宜更多。现在生意不好做，四周也都降价销售了，你不便宜转身就到其他家购买了。要送些稍好的礼物。那位顾客每次都带她儿子过来，她说她一去其他店里看，她儿子就说，你还是去你老根据地买吧！我听了也是很开心的，都是那个礼物的作用啊！

　　群友A：对于其他因为不能更便宜而流失的顾客，没关系，有得必有失，只要全店能盈利！当然，我们不能消极对待，还是要多培养一些优势。例如，人家还价，我们送礼品。

## **11** 惭愧，我做得不够好，她却成了我的老顾客

给大家分享一次我的销售经历吧，应该说这也是我觉得最难忘的一次！

那是去年夏天，已经到夏末了，衣服全部开始打折处理。

我们店的短袖降至 100 元一件，裤子则是 168 元一条！

当时是晚上，进店的顾客已经不是特别多了。

将近晚上 9 点的时候，进来了一位女顾客。

她一手拿着烤的饼夹馍，一手拿着烤面筋，吃得很香。

我看着这个情形，不想去接待她。不过别的同事似乎也不太情愿，想了想，我还是过去了。

看她手上有点油，我就去洗手间拿了毛巾递给她，说："姐，来把手擦一下再看衣服吧。"

她说："好。"

她一边擦着手上的油，一边赶紧把面筋全部吃完，把未吃完的饼夹馍塞到包里，然后说："你帮我搭配一套衣服。"

我就帮她拿了一条裤子，一件短袖。

她穿了之后说颜色太亮。

（编者注：顾客的异议是"这件衣服颜色太亮了"，怕穿出去不好意思。）

我就告诉她："姐，你看起来挺年轻的，女人是百变的，一定不要买了一件新衣服，别人却没看出来是新的！"

她"哦"了一声，似乎在思考我说的话。

后来她还试了别的，但最终还是拿了我一开始给她试的那套，那套"一看就知道是新衣服"。

后来结账的时候，一共只有 268 元。

她买的东西根本不够办会员卡，可是她坚持让我办。

我就说："那我给你先登记着，帮你向公司申请。"

其实当时是骗她，因为她那个根本就不够办卡金额要求。

此后，每天也是正常上班、销售、下班，日子一天天地过着。

我也渐渐把这件事给忘了。

从夏天到秋天，似乎就是一夜醒来的事情。

过了没多久，秋装陆续上市。

在一个普通的夜晚，她又来了，我都快记不起她了。

可是她却记得我，那记性不是一般好。

本来是轮到我的同事接待，可她就要找我，说是找那个"眼睛大大的"导购。

一看到我，她就开心地跟我打招呼，并让我给她搭配。

这一次，她拿了 2000 多。

现在，她是我们的忠实 VIP，一个季度最少来消费 2 次，每次都超过 1000 元。

每次来，她都找我！而且我拿什么，她都说："可以，我相信你！"

我要给大家分享的是，无论顾客的穿着或者打扮、行为如何，一定要记得：不要去挑顾客！要对她们都一样！

## 12 送衣服到顾客办公室试穿

在油菜花即将谢幕的时候，我来到了罗平。

今年五一，我到曲靖罗平县为某男装品牌店实施业绩爆破。

5月4日，业绩爆破最后一天，顾客基本都已上班。

罗平的艳阳，那不是一般地晒。街上基本看不到行人，偶尔有小车呼啸而过。

一直到下午4点，业绩还是像蜗牛一样，艰难向前，每卖1件都要付出全部的努力。

这时，酷狗音乐传来"你的眼角流着我的泪，我却坚守着承诺不肯后退。也许多年的感情对你来说无所谓，我却在我们相爱的地方徘徊——"

店铺同事们很喜欢这首歌，整条街似乎都在播放这首歌。

后面我去镇雄、昭通、深圳等店，也是播这首歌。

这时，看见大黄手上拿了3件T恤。

大黄是本次冲关的主攻手之一，我也是寄予厚望。

我问："补货啊？"

大黄："不是的，周总。昨天邀约一名老顾客，但是他昨天有饭局，没来。今天打电话时，又说今天加班，来不了！"

看我好像还没明白她要做什么，大黄又补充说："既然他没空，那我送过去给他试穿！"

我一下子来了兴趣："既然去，那就多带几件呗！让他在办公室完成比较！"

大黄点了点头，又去找了几件，一共是8件。

我说："你打的去吧，报销！"

大黄说："不了，那个地方打的还不好走，我还是骑电动车过去吧。"

我赶紧说："那我载你去呗！"

大黄怀疑地问："周总，你会骑电动车吗？"

我兴奋地说："太会了！"

说着，等大黄把电动车推出来后，我在街上"秀"了一个来回。

待我把电动车又开回来时，大黄说："周总，你还是别去了。我叫阿学陪我去！"

我一想，也是啊，我一大老爷们起不了什么作用。阿学人漂亮，又懂FAB，是能够帮上忙的。

所以，我就没有坚持。

阿学一听说是送衣服去给顾客试穿，也表现得很兴奋。

这两人完全一副信心满满、势在必得的神情。

话说阿学一见到电动车，感觉特别好玩，要来开车。可是走了不到20米，踉踉跄跄的，把大黄吓得连连惊叫。

于是，还是大黄来开。

看着她们渐渐远去，直至消失在街头，我的心有一种说不出来的复杂的滋味。

约40分钟后，店门口来了一辆灰色小车，下来两位男士，而且，阿学也从车上下来。

我问："阿学，这是什么情况？"

阿学笑声朗朗："顾客试了，看中了3件，还想再来选1条裤子～大黄还在后面呢。"

不多久，就看到大黄骑着电动车过来，一脸的笑容。

然后，阿学和大黄又给顾客搭配裤子。

最终，顾客购买了3件T恤，1条短裤。

看得出，顾客很开心，提着购物袋，在阿学和大黄的"护送"下，打开车门，系安全带，启动，踩油门，小车呼啸而去。酷狗音乐又传来"你的眼角流着我的泪，我却坚守着承诺不肯后退……"

（编者注：感谢伙伴们的拼搏，罗平店在本次5.1业绩爆破活动中，在其他店业绩同比下降的情况下，业绩同比增长126%，一家店比同区另外5家店的总和还要多！）

## 13 我把帅哥喊进店吹空调，然后他买了 2 件

昨天中午，一个顾客在门口走动，看上去挺热的样子，感觉像在等人。

店里小依看到后，迎上前说："帅哥，外面热，你进来休息下，没关系的！"

他犹豫了下，不过最终还是笑着说"谢谢"之后就进来了。

小依看他进来了，笑着说道："帅哥，这边空调下面凉快，你坐这儿舒服点！"

"谢谢。"

"你先凉快一下，我给你倒杯水。"

帅哥似乎有点不好意思地笑了笑，说："不用了，你忙。"

"没关系的，"小依接口道，"看你皮肤晒得那么黑，穿得那么干净，应该是自己做工程的吧？"·

帅哥笑笑说："小丫头，这你也看得出来！"

"嗯嗯——我们这有凉的菊花茶，你正好解解暑。"

说着就去倒了杯菊花茶给那帅哥。

那帅哥接过茶，边喝边愉快地聊上了，并且互加了微信，后来才知道他在等人。

"店里有 WIFI，你自己玩下手机啊。"说着，小依帮他连上了 WIFI。

大概有个 10 分钟，他自己坐不住了，手机也不想玩了，站起来摸衣服，边摸边问一些问题。

"这是什么面料的？"

"洗后会不会缩水啊？"

"吸不吸汗——"

小依都一一解答了。

他听了小依的解答后，看上去挺满意的："我这次出差就带了一件 T 恤，你看有没有适合我的？"

小依根据自己的判断挑选了中等价位和偏高一点价位的组合，几经权衡，最终他挑选了偏高一点价位的。

试穿出来后，他照了照镜子，感觉还不错。

"小丫头你的服务态度这么好，我不买也不好意思，衣服我觉得还算可以，便宜点这两件我都买了。"

小依笑着说道："大哥，其实对你而言，关键是款式和面料的舒适度，如果款式不喜欢或者面料不舒服，我觉得即使再便宜，买了也没意义，放在家里不穿那也是浪费的。"

他耸了耸肩，似乎在感受衣服的贴身度。

"我也不希望你因为不好意思而买我们家的衣服，而是需要才买！"

他还是想便宜一点。

"再说了你身上穿的也都是知名品牌的衣服，说实在的，要说知名度我们确实不如它们，但是你要说性价比，我们肯定很高，它们一年的广告费用都好几亿，说白了也是我们顾客在买单！"

"对你而言，你是老板，身价放在那里。我们家的衣服品质好，即使百来块钱买的，你朋友也会说这衣服700 ~ 800元，你说是吧？！"

"算了，说不过你。"他笑着说，"就这两件吧，帮我包一下。"

接下来又愉快地聊了会，后来他朋友来了，小依开开心心地把他送走。

## 14 开始气到不想做他的生意，后来他成了回头客

上个月 20 号左右，我和小艳、红红在上班！

晚上七八点钟的样子，小艳在服务一个顾客，我和红红在旁边帮忙，这个时候，又进来了一对夫妻。

讲真的，因为正专心地看着小艳这单，都没留意他们长什么样子。

红红接待了他们。

后来，小艳这单没有成功，我们送走顾客，转身发现有个男人在男鞋区域看，他的手刚好触碰到一双男鞋上面，我就随口说了句："哥，你穿多少码？找个给你试试。"

他回了我一句："都没看上，试什么试啊！"

接着还补了一句："就跟找老婆一样，都没感觉，还会相处吗？"

他说这几句话的时候，一本正经，面无表情，丝毫没有开玩笑的意思。

我应该是带了一点情绪回了一句："哪有那么多一见钟情？可以日久生情啊！你试着试着就有感觉了！"

也许他真的没打算买："我老婆在那边试鞋子，你不用管我，我自己看看！"

其实这个时候，我对这个男人有了不喜欢的感觉，也真的不想再接待下去。

正好又进来了三个男人，穿着休闲，我立即转身去接待了他们，并给其中一个帅哥看休闲皮鞋。

接下来一边给他介绍皮鞋，一边聊天。

"你们在哪里工作呀？"

"阿里巴巴。"

顿时我就好崇拜！

我们是奥康专卖店，里面放了几款红蜻蜓的鞋子，他看上的恰恰是红蜻蜓的鞋子，都准备要买单的时候，突然说了句："我是来买奥康的，这怎么是红蜻蜓的？谁知道你们这个红蜻蜓是不是真的，你们这就是欺骗消费者！"

我说："嗯，是的！我们确实是奥康专卖店，你有这种想法太正常了，是我的话，我也一样，也会觉得在卖假货！不过是这样子的啊，因为我们奥康店刚开张，店铺面积大，有许多货品真的还没有及时补充全，不过我们和红蜻蜓真的是同一个老板！所以就把红蜻蜓的一部分鞋子放在这边卖，方便大家有更多的选择！"

这时，小艳很及时地递过来了几杯水，他们也都接了水。

我突然想到，刚刚那对夫妻她们来得早，却还没给他们倒水，就赶紧和小艳讲："给那位哥和姐姐也倒杯水！"

小艳立马回应："好的。"

我接待的这位帅哥，还是不依不饶地质问我们为什么卖红蜻蜓的鞋子！

那时候，我一直在调整情绪，告诉自己："不能急！他走了，这单就白服务了！"

然后我就赔着笑脸讲："帅哥，说真的，像你这样的高智商，给我10张嘴巴，我也讲不过你啊！不过我可以保证的是，鞋子是正品！"

突然他笑了，说："好了好了，我和你开玩笑的，就这双吧！"然后就随我到收银台买单。

我让他充值，他说："不充，你们这都是套路，坚决不充！"

我就笑："好吧，我不和你辩解，你什么都懂！"

大家一阵笑，随后就送走了他们。

红红接待的这对夫妻，鞋子基本试好了，他老婆说："就这双吧。"然后，她老公随红红过来买单。红红指着柜台那个二维码告诉他："您扫这里，付一下款！"

这个哥说了句："加个你们的微信吧。"

我们加了哥的微信，他把钱给我转了过来。

也不知道，为什么哥的态度突然又好了起来，说："再给我看一双吧！"

红红说："好啊。"然后就给他推荐。

可是推了好几款，他都不满意！

店里刚刚回来了一个休闲板鞋，其实我自己觉得并不是很适合他，但还是说："那你要不试试这个？"

他说："这个还不错，试试看！"

"你穿多少码？"

"40。"

红红拿了40的码，可是他穿不上，红红赶快去给他拿41码的。

这期间，他夫妻俩和我聊天，聊着聊着就聊到了我老公。

"你老公在哪里上班？"

"非洲。"

哥说："我正好要去非洲，到时候帮你去看看你老公！"

我说："我才不信呢。"

哥说："是真的！"

他老婆也说："是真的！"

后来哥试了 41 码的，他说可以，但是觉得脚背低，最终买了 42 码的！

说真的，对顾客有点愧疚，因为觉得有点不适合他！

后来把他们送到门口，那个哥对老婆说："走吧，车子在这边。"

他老婆说："先不回去。"

我就顺着姐的话，接了一句："是不是要去那边买衣服啊？"

姐姐说："是的。"

哥也开心地回应了一句："女人真懂女人。"

就这样，这单愉快地结束了。

回到店里，我们在讨论："这个男人，加我们微信，为什么呀？"

我们猜他是微商，说着，就把手机拿出来看，真的是！他在经营一个环保超市。

时间一久，就把这件事慢慢忘了。

过了不到一个星期，他和老婆又来了，他老婆进来就一脸不高兴地说："这鞋子穿着脚出汗！"

我说："姐，出汗啊，这个是正常的。"

说着我就用手搂了一下姐姐的腰："夏天天气就这样，穿什么鞋子，都会出汗啊！"

后来她也不多讲什么，坐了下来，我们又给她倒了水，服务他们。

他老婆这次挑了一双高跟鞋，她老公说："好看！"

哥这次也给自己买了一双。

我说："那你们充个值吧！"

他说："你们问我老婆嘛。"

我向他老婆细心地讲了一下充值的规则及好处，他老婆看了看他，说："听我老公的！"

就这样，哥把钱转到了我的微信上，充了 2000 元。

红红送她们出去，回来后说："有钱人！开了个宝马 X5 ！"

然后，我们就把这对夫妻这两次的购物经历联系起来大家一起讨论。

我说："第一次，我差点气得连他的生意都不想做了，多亏红红坚持给他老婆服务！还好后来自己心态调整过来了，继续好好服务他，才有成交。没想到，一开始让我有点生气的顾客，成了我家的回头客。"

前两天，他发微信说，一个朋友要买鞋子，问我在不在店里。

我说："在的。"

当天，他朋友真的来了，买了一双鞋子，也充了2000元，特别爽快。

物以类聚，人以群分！你是什么样的人，你身边的这群人也是什么样的！相信哥还会再介绍其他的朋友来店选购。

这个哥，他支持我们的生意，我也支持他，现在我家里的洗衣液、沐浴露、牙膏等等，都从他的环保超市购买了。

039

## 15 老顾客的服务要领是"记"，记得顾客是对顾客最好的尊重和赞美

这几天都是雨天，路上的行人也比较稀少。

我和搭档正摆弄着鞋子，这时候进来了顾客，是一家三口。

几个月大的小宝宝是爸爸抱着的，年轻的爸爸高大帅气，个子有一米八左右；年轻的妈妈身材娇小，一米五左右，看上去像个小女孩。

如果不是抱着孩子，他们看上去像对年轻恋人。

他们一进来就急切地问："上午有没有三个女人带着一个小孩来试鞋子？你们知道试的是哪双吗？"

问得我有些茫然，因为上午不是我们当班。

我想了解更多的信息，于是问她："是一双什么样的鞋子？"

她说："是我妈妈来试穿的，一双凉鞋，当时没买。如果用我的会员金卡，打完折是 460 元。"

听完这些信息，我迅速地在脑海里搜索中年女性和价钱相吻合的鞋子。

一下子被我搜索到了，很准！我抬手拿了一双黑色、单跟、带钻、软皮、百搭的气质型凉鞋，

与这个价钱符合。

"您妈妈眼光真好，这鞋子舒适，时尚。"

她说："你帮我拿一双 38 码的。"

我立即到仓库拿鞋子，那货号的鞋子第一双就是 38 码！我更加肯定上午试穿的一定是这双。

她有点不放心："你确定是这双吗？"

我肯定地回答："是的。"

她眨了眨眼，眉头紧锁，大脑似乎在快速运转。

感觉她在犹豫，我赶紧说："如果你拿回去还不满意的话，大小码及款式都可以换的。"

这个时候，我已经渐渐地想起了她此前来买鞋的情形。

"我是你值得信赖的人，因为你在我手上买过好几次鞋子了，那也是喜欢和信赖才买对吧？！"

我的一席话，似乎帮助她记起了我过往的存在和服务。

"你第一次在另一个店找我买鞋子，我就觉得你好漂亮，对你记忆深刻。我记得你和你娘家的妈妈都穿 34 码的鞋子。"

这时，年轻妈妈笑了："是的，是的。"

年轻爸爸也笑着说："就是因为你在这，我们才又找你呀！"

也许他只是顺意随口一说，但我听着也很开心。

"你真有福气，有这么好的媳妇！妈妈只说了我们鞋店，鞋子多少钱，你媳妇真有心，她一下子就听到心里面去了，你看，鞋子这就给妈妈提回去了。漂亮的人，心也美。"

年轻爸爸笑笑回应："那是。"

"你们的小宝宝长得真快，感觉只有几天没见，就长这么大了，皮肤好白呀！像妈妈的皮肤。"

小宝宝在爸爸怀里睡得正香呢。

聊着聊着，年轻妈妈就开始试穿我们的鞋子，试穿了几款之后对其中一款蛮满意的，但由于我们店没有 34 码，我跟她说："等等，我马上帮你确定一下，看大仓库有没有。"

041

运气很好，大仓库还有一双！

就这样愉快地成交了两双，一双她婆婆的，一双她自己的！

## 16 他是工地打工的，却成了回头客

前几天，晚上的时候，进来了三个小年轻，看肤色就是在工地上干活的。

我问："给谁看呀？"

其中一个指着偏瘦的一个同伴，说："给他看！"

这个时候，主攻目标就明确下来了。

正好那天店里上了几个男士新款，就拿了其中一个给他看。

他点了点头，说："嗯，这个还不错，我试试看。"

他穿 42 码，燕子赶快帮忙拿了 42 码的下来，给他试。

他试了后，来回走了几步，觉得还可以。

可是他的朋友说："太长了！"

这时燕子又给他介绍了另外一个款，不是尖头，没那么长。

他也试了，没有说好看，也没有说不好看。

接下来，我顺手又拿了一个款，给他试，他的朋友说："最后这双鞋最好看！"

不过我看他的目光呢，还是一直停留在他试的第一款鞋子上，然后就问他："你喜欢哪个啊？"

他说："你帮我看，哪个好看？！"

我说："我只发表个人建议，做主的还是你呀！我觉得第一款，比较特别一点，这种纹路的鞋子比较少。你穿一双新鞋子，也不想和别人都穿一样的吧？"

他表示认同："嗯，是的！"

在这期间，在拿鞋和试鞋的过程中，我一直和他们聊天，聊的都是平常琐事。

"你们在哪里上班呀？"

"在工地上！很辛苦！"

我表示理解，顺着说："现在干什么都没有轻松的，都一样的，只是职业分工不同而已！"

后来看到他来店穿的就是我们品牌的鞋子，就问他什么时候买的。

"过年的时候买的，自己也不打理，都成了这个鬼样子！准备扔了。"

"那你放到这里吧，我帮你打理一下，还可以穿的，干活的时候穿穿也好啊！那今天这双穿着走吧！"

他问："多少钱？"

我很坦然地告诉他："原价 669 元，打好折，589 元！"

他说："这么贵！太贵了！"

我和燕子没有跟他纠结价格，就夸他身材好，穿着好看！

过了一会儿，我说："算了吧，你也这么诚心想买，就送你一双袜子，作为心意！"

他说："那好吧！"

付钱的时候，他用微信转了 289，支付宝转了 300。我想也确实是没有多少钱！

我把他们三个送到门口，让他们有时间再来玩。

回到店里就跟燕子说："他们一定还会来的！"

真的是这样，今天下午，他真的又带朋友来买了一双！

通过这单，我总结：这种没有多少钱的顾客，就要用服务以及聊一些共同的话题，与顾客做到同频共振！同时要善于发现顾客的优点并赞美他，每个人都喜欢来自于别人的赞美！

## 17 享受每个销售的过程，处处有感动，真的很美好

7月，梅雨季节，雨一直下，杭州的天气就是这样。

中午，进来了两个女人，年龄大点的抱着一个宝宝；年轻的，看看她的穿着，就觉得她在哺乳期，真的不是很爱干净的女人，邋里邋遢。

也许因为我自己的小孩也比较小，就和她有很多共同的话题聊。

我问："宝宝几个月了？"

"两个多月。"

"那你应该是母乳喂养喽。"

"是的。"

"奶水够吗？"

"够。"她有点不好意思地说，"你看，现在都不敢走太多的路，走多了，奶水都会自己流出来，夏天穿的衣服薄，很尴尬的！"

"嗯嗯，是的！"我深有同感，并建议"那你可以买防溢乳垫……"

我一边和她聊着，一边和那个抱着她宝宝的姐姐说："来，姐，我帮你抱吧！"说着就把小宝宝抱过来。我抱着小宝宝，对着她笑，宝宝也冲我笑！

我问姐姐："你是美女的什么人呀？"

"我是她姨，在这里照顾她！她还没有过百天，就要跑出来！"

我对着美女说："美女，月子，一定要养好！我那时就没有养好，现在腰会痛！"

她说："怪不得，我走路走多了，脚后跟会痛！"

我说："那你真的还是少出来跑啊！"

我们聊天的这个过程，小慧一直在给她试鞋子，应该说她是比较满意的，和我脚上的是同款。

我说："美女，这个鞋子，你就放心带回去吧！真的很舒服，我每天在店里跑13个小时，从早到晚，很轻，脚感很舒服，不会累脚的！"

她说："那好吧，就这双！"

这单，很轻松成交，没有套路，有的是跟顾客聊一些初为人母的话题。

然后，送她们到门口，真不巧，又下雨了！

她们一把伞也没有带！

我问："你们怎么来的？"

美女指了指远处的公交车站，说："坐公交车来的，现在我们要去那边坐车！"

那一刻，我主要是看宝宝太可爱了，真的怕把小可爱淋着了，心想："怎么办？"

我说："那你们要不把我这把伞拿去用吧，回头给我送来！"

美女说："我没时间送过来，回去了，最近就不打算出来了！"

我说："那走吧！我送你们去那边坐车！"

就这样，送她们去坐车的地方！

路上，美女说她脚底飘轻，走不动！

我说："回家真的要好好休息了，不能乱跑！"

她说："嗯嗯，好的！你真好！"

送她们到坐车的地方，一直等到车来了，看着她们依次上车。

美女从车窗探出头来，对我说："下次我还来找你！"

还没机会回应她，车子便绝尘而去，一片雨水顺着车窗向后花落。

我相信，她真的还会来的！

045

享受每个销售的过程，处处有感动，真的很美好！

你怎么对别人，别人就怎么对你！

爱出者爱返，福往者福来！

我真的相信！

## 18 我们卖的不仅是衣服，更是感情

这是一个真实的案例。

那天晚上 6 点左右，一个阿姨，和一个叔叔，在外面看着我们的店铺，好像在找什么品牌。

我推开门跟他们打招呼："阿姨，进屋暖和一下吧，外面冷。您想给谁选衣服呀？"

阿姨说："给孙子。"

"喔，我们这个品牌就是这个年龄穿的。"我说，"我陪您看一下好吗？正好暖和暖和，阿姨。"说着我就挽着阿姨的胳膊，她就进来了。

阿姨说："孙子是我带大的，从小到大都是我给买衣服。他要我买小衫，明天演出用。我也不知道孩子穿的品牌，一家家地找。"

我说："阿姨，现在您不用找了，这就是孩子们喜欢的品牌。"

我们聊着天，陪着阿姨来到楼上，我说："您看看喜欢哪款，我帮您选号码。"

阿姨说："选件不贵的，我的条件有限。"

我说："您放心吧，我会为您着想的，我给您选 200 元以内的行吗？"

阿姨搂着我，笑着："选个带衬衫领的毛衫，保暖又时尚。"

阿姨指着一件毛衫说："就要这件吧。"

可能是感冒的原因吧，叔叔在旁边一直咳嗽，我给他拿了瓶水。

买单时，需要交款 219 元，阿姨说："我就 200 元钱。"

我说："我给您垫上 19 元。"

阿姨感激地说："我会来还你的。"

我说："没事的。"

走的时候我说："阿姨，号码不合适您来调换，我全天都在的。"

我把阿姨送出了门，阿姨握着我的手，在手机上写我的名字。

我很开心，老人能记住我的名字。

故事到这里还没有结束。

星期天的中午，有人喊我的名字。

我回头看了下，是阿姨。她手里拿了 20 块钱，说："孩子，还你。你中午没吃饭吧，我蒸的包子给你，一会你吃，热呼呼的。"

我是感性的人，快哭了，我说："谢谢您，您这么大年纪还惦记我，我好感动啊。"

阿姨说："你姐来了，是我小女儿。你去选套衣服给她，她有钱，照顾好她。"

我说："好的，阿姨的女儿好漂亮。"

阿姨的女儿握了下我的手，说："我妈妈说你可好了，老是念叨你，说你给她垫上了钱。"

我说："这么小的事情，不叫事的。"

阿姨的女儿说："我选套衣服，你帮我选吧，我信你了。"

就这样阿姨的女儿选了一件白色的羽绒服，一条阔腿裤，一件韩版毛衫，1300 多元。

我说："给你办张会员卡，下次来新款都能打折了。"

阿姨说："以后孩子的衣服就包在你身上了，你心眼好，孩子，咱娘俩有缘。"

我说："谢谢您来找我，我很感动。"

阿姨拉着我的手，说："天冷多穿衣服，再忙也要吃饭。"

我把阿姨送到了门外，阿姨恋恋不舍地离开了。

一瓶水，19 元钱，换来的是一份爱，一颗心，一份感动。

## 19 我爱我的工作，我爱我的顾客朋友们

阿姨又来买衣服了，这是开业三个月第六次来了，每次都买几套，都是中午这个点！

还记得第一次来的情景。

阿姨穿着厂服，进来就问："你帮我找和你身材差不多的衣服吧，要长裤子啊，我女儿刚生了宝宝，还没出月子！"

中午这个点刚好也不忙，我花了半个小时把衣服挑好，一条棉麻九分裤，一条雪纺九分裤，一条针织裤，并且搭配三件上衣。

"要不我帮你试一下，你看看效果吧！"

"不用不用，都包起来吧。"

这阿姨一看就是性格很好的，我包衣服时，她指着一款裙子说："我这都帮姐姐买，这小的不有意见啦，这条裙子帮我拿个小码的吧，买给妹妹！"

"感觉你家俩美女有你这么好的妈妈，真的好幸福啊，你真疼她们！"

"是的啊，我想得开，有的人一场牌就输钱几百块，我又不打牌，买点衣服给小孩穿，心里高兴。"她说，"就是喜欢买！"

买单时，阿姨把钱夹里所有的100元都用完了，她开玩笑："我这钱是放不住的！"

送了两个杯子给阿姨，她高兴地走了。

第二次来，看得出来阿姨不是很高兴。

原来前些天，她去了武汉光谷，发现那里的衣服也不贵。

她说："你家衣服还是蛮贵的，比武汉光谷还贵。"

"阿姨，你经常买衣服，知道衣服类似款会有很多个价位，但是面料、做工、细节处理、设计版型等等都会不一样。"接着，我赶紧转移话题，"上次的衣服，美女们穿得怎么样！？"

阿姨这才高兴地回答："两个宝都很喜欢，都说穿着舒服，高兴得很！"

第二次又是把带的钱买光了！

"你再多送我几个杯子呗，我大女儿很喜欢，送几个等出月子她带回婆家去，上次送的两个我留着她下次回来用！"结账的时候，阿姨说，"我完全是为了杯子来的！"

"小事，小事，喜欢什么颜色我来拿！"

装好衣服和杯子，开心地送她出门。

后来又来了几次，又买了好几件！

那期间我在外出差。

等我回来没几天，她和同事一起来了。

她同事想帮儿子买件 T 恤，但是怕大了，一直犹豫买不买。

阿姨自己挑了两条裤子，一件短袖 T 恤，结完账，她就对同事说："不碍事，大了小了可以来换的，这怕么事呢，是吧？"说完看着我！

我赶紧给她吃颗定心丸："是的啊，不合适都能来退换货的，阿姨都是我们家老顾客了，没事的！"

于是，她同事也笑着买单了。

付完账，阿姨说："等有新款我还要来买的。"

送走她们，心情很好，并不完全是开单的喜悦，更多的是得到别人信任的感觉很美！

四年前，全凭自己的喜爱加入服装这个行业，现在因为顾客朋友们的信任和爱，使我想学习更多关于服装的知识，不断完善自己，更好地为大家服务。

049

虽然现在还感觉自己是个小学生，但每次看到顾客朋友们穿着我搭配的衣服美美的，这心里呀，满满地开心！

谢谢亲爱的你们！

050

**小结：**

　　销售高手们在没有顾客时，或者一有机会时，就会主动出击，使用一切可行的办法，把新老顾客迎进店铺。进店后，又会珍惜进店的机会，促成销售。

# 提升成交率

　　顾客进店，机会来了，如果不能把握住机会的话，那真的是很可惜。尤其是现在逛街的顾客并不多，所以提升成交率显得格外有意义。有时候，如果同一名导购连续接待两拨顾客都没有成交，那么可以委婉地让她休息一下，调整状态，让其他状态好的导购来接待顾客。不然，一个导购如果连续被拒绝，内心压力会很大，表情很紧张，这样的话，不利于成交。

　　我们的销售高手们，不仅要能很好地把握住销售机会，还要创造机会成交。

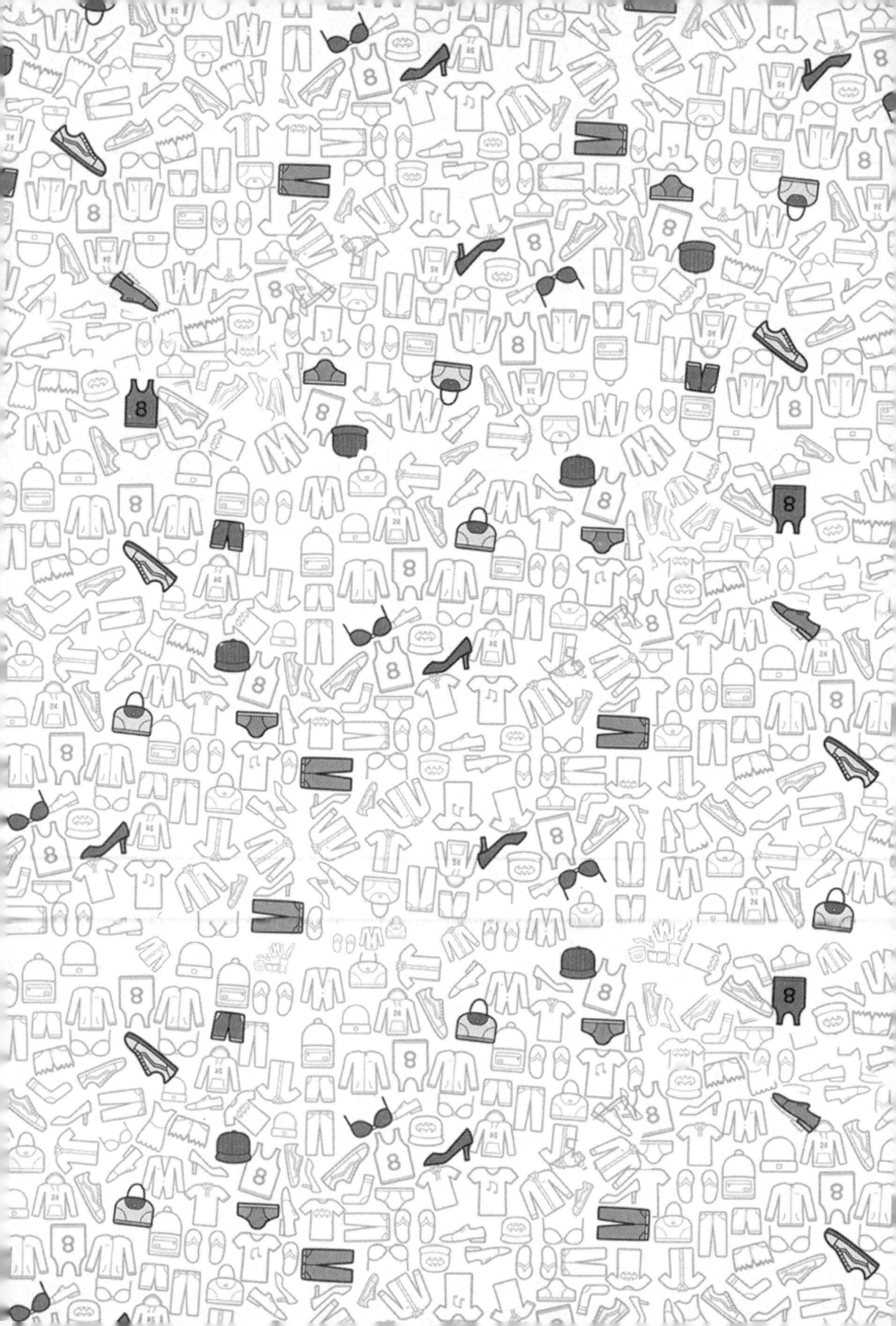

## 20 我擦的不是鞋，而是顾客买鞋的理由

有一天早上，店里进来了一位帅哥，一进来就看男士鞋子。

我走上前问帅哥："您是看休闲鞋，还是看凉鞋呢？"

帅哥说："我就随便看一下。"

在他说话的时候我拿了一款男士休闲鞋，对帅哥说："这鞋子今天我们可以打七折哦，打完折下来是 125 块钱。"

帅哥跟我还价，他说："就 120，一个整数！"

我难为情地说："不好意思，这个我们是不能少钱的，少钱了，要我们贴钱还要罚款呢！"

053

帅哥一边说"120 就要"一边往外走，刚好在这个时候，他的老婆还有妈妈一起进来了。看到这个情况，他们就帮腔："120 就让他拿走嘛，反正家里还有好多鞋子，也不差这一双，120 就要。"

我说："不好意思，这个我们真的不能少钱。"

他老婆说："不能少钱，那就走吧，反正也不差鞋子穿。"

于是他老婆和妈妈就往外走了，我立即跟帅哥说："帅哥你坐下，不管你买不买，来者是客，我帮你把鞋子免费护理一下吧！"

帅哥开心地说："刚好我的鞋子正需要擦一下了。"

擦鞋时，感觉气氛不错，我就叫丽珍姐帮我开了单，125 块。

帅哥爽快地把单买了，也没有再说少 5 块钱的事。

在擦鞋的时候，我发现他的鞋子边擦边掉那个黄色的油，就跟帅哥说："你平时用的是棕色的鞋油吧？下次就用无色鞋油吧，这样就不会轻易掉色了，或者方便的时候你拿到我们这里来，我来免费帮你打理鞋子。"

正在这时候他老婆和妈妈又从外面走进来，问帅哥："怎么啦？你的鞋子买了吗？是给你少了 5 块钱吗？"

帅哥指着锃亮的皮鞋说："她们还帮我把鞋子擦了一下，反正去外面擦个鞋子也要十几块。"

然后这三位顾客就走了，很开心的样子。

## 21 跑单并不可怕，我们要不断总结、不断改善

中午 11 点 40 分左右的样子，店里进来了一对夫妻，男的想看个包包，让导购红红把最上面层板上的包拿给他看，然后问："多少钱？"

红红："799。"

男的说："那就这个了。"

红红说："哥，你再挑双鞋子吧。"

他说："好，可以，我看看先。"

于是，红红给他挑了款鞋子，他穿上后表示满意。

这时，他老婆可能嫌他挑的那个包有点贵，就指着其他的包包，问我们这个多少钱、那个多少钱？

我们一一拿下来让他老婆看，他老婆每个都问多少钱，最后终于看中了一个包，我们告诉他 599 元。

她老公可能这时候还在给老婆留面子，说："那就这个！"反正她老公这个人呢，可能觉得只要是个包就好。

他老婆又问我们："为什么蓝色和黑色的摸着手感不一样？为什么蓝色的软一点？"

她老公忍到这个时候已经很生气了，有点烦躁地说："就这个蓝色的吧！"

他老婆却非要我拿一个新的，她老公这个时候真的生气了。

等我从楼上仓库把那个新的包拿下来的时候，她老公黑着一张脸，说："不要了！"

最后呢，再怎么说，他都不要那个包了，只买了一双鞋子，鞋子打完折只有 298 元！

当时呢，我很不开心。

这对夫妻，我们去了四个人服务，店里小艳当时也接了一个女孩顾客，但是只有她一个人在服务，那个女孩也没有买！而且小艳连那个女孩为什么不买的原因都不知道！那个女孩，就这样流失掉，猝不及防，没有一点

预兆的！也许，那个女孩看这么多人服务这对夫妻，感觉自己被忽视了！

我们心有不甘，接下来大家一起讨论、总结，看看问题出在哪里？

首先，人员默契度不够！她老婆一直在挑毛病的时候，就应该把她老婆转移开来，可以从四个服务人员中安排一人陪他老婆聊天，为她端茶倒水，给她擦鞋，让她全程少参与或者支持我们。

其次，我们自己心有点贪，想把单做大，其实他确定这个包的时候就应该先快速买单，再推荐其他的。

再次，店长应该把员工分组，以免分工不明确，手忙脚乱却有些事情没人做（例如没有专人服务他老婆，导致她频频参与购买决策并不断地否定），最终没有收获。

最后，不管顾客买不买单，一定问出为什么，也好在下次的时候改善！

我们跑掉一单不要紧，但是一定要把问题找出来，避免同样的问题发生两次！我作为店长，也要随时发现自己的问题并加以改善。

下午的时候，就来了一个叔叔，一个阿姨，带着小孙女，这单销售我全程几乎没有参与，但是大家就按照中午总结的去做，分工明确。现场非常氛围非常融洽，很快就买单了！

店铺不忙的时候，尽量做到单单总结，单单提炼！每个小点做好，慢慢就会越来越棒。

## 22 顾客是来闲逛的，后面想买坡跟，最后却买了两双平底

晚上八点多的样子，进来两个顾客，其中一个手里提了一个袋子。

我们上去招呼，我问："美女买了什么啊？"

她说："买了衣服！"

"给我看看可以吗？"

"好的。"

我打开看，是童装，就说："哦，这个童装的店就是前面，质量挺好的，也有点小贵的。"

她说："嗯嗯，是的！"

我拿着她的衣服看，小伙伴红红呢，就跟着她另外一个小姐妹，转了一圈，似乎没有发现喜欢的。

为了打开局面，我问："给你们俩谁看呀？"

她说："我们都看。"

我问："你想看什么样的？"

"坡跟的。"

拿了一个坡跟的给她看。

她说："不要这种，要坡跟的拖鞋！"

然后就拿拖鞋给她看。

"不喜欢，坡跟不够高！"

似乎已经有点进行不下去了，给我们的感觉，就是她们要走了！

这时候，她的小姐妹自己拎了一个黑色反毛皮的凉鞋，说："这个 37 码给我试一下。"

这个黑色反毛皮是最后一双，39 码的，我鼓励她："来吧，美女，你先试试灰色，先看看，如果觉得还是喜欢黑色呢，我们也可以调货的！"

她穿上后，效果应该说还好，但不是特别好看。

她就要脱掉，穿自己的鞋子了！

我赶紧又拿了一个黑白一字带的给她试，和她刚刚试的那款一样，跟都是有点粗的。

她的腿不是特别细，但是很直，穿上这款鞋子后，整个人的气质，还有腿部线条真的都突显出来了，很漂亮！

我觉得可以用金星说的两个字"完美"形容的时候，提童装袋子的这个美女赞许地说："嗯，还不错。"

她们说的是本地话，后面说的我也不怎么听的懂，但从表情来看，应该是满意的。

这时候，红红又给她推了一个平底的，她穿上后，提袋子的这个美女，又叽里呱啦说了一句，意思大概是平底的也漂亮！

可能是被同伴的试穿效果感染了，提袋子的美女，开始往货架最下面这层看了，因为我们平底的鞋子都放在下面！

她指了其中一个款，说："给我拿这个试试！"

也许女人很奇怪，她们虽然是闺蜜，也不想穿一样的，但是她自己拿的这个款呢，确实没有她小姐妹试的那个漂亮。

这时候，小伙伴小燕很聪明地拿了一个和她小姐妹那个颜色一样，款式有点区别的给她试，穿上后，也很好看！

然后她小姐妹，又把那个高跟的再试了试，应该说两双都喜欢，于是纠结拿哪双了！

057

就在这时候呢，又来了一个顾客，她是我们隔壁隔几家店的老板娘，是来售后的！一进来，大声地说："美女，你看我这个鞋子才穿了几天啊，就成这个样子了！"

我想，如果我和她在卖场去聊这件事，那么有可能，小姐妹这两单就要黄掉了！于是我拉了她的手，说："美女，来，我们里面聊！"

然后就拉她进了我们库房里，问她怎么回事！她给我看了鞋后，我看确实也是质量问题，而且她也确实没有穿几天，就说："现在店里有顾客，你今天先穿回去，明天给我拿过来好了，我让公司看看，尽量帮你解决。"

她说："可以的。"

我们正准备出库房，她突然说："那我待会就给你拿过来好了！"

她待会儿过来，万一店里这两个小姐妹的鞋子还没有买单呢？于是我说："那这样吧，待会儿我去你店里拿过来好了！"

她点了点头。

这整个售后过程，那两个小姐妹是不怎么知道的，而且我和这个老板娘是边说边笑着出去的！

很快，小燕和红红就给这两个小姐妹买单，两双平底鞋！

　　这个案例我想说什么呢？

　　做销售充满了随机性和不确定性！这两个小姐妹，其实是闲逛的，后面想买坡跟的，最后却买了平底的走了！女人往往是感性的，遇到喜欢的，就会买！只要我们推荐合适的，让她心动的，她就会买！处理售后呢，尽量压低声音，并且避开正在选购的顾客，不要影响到其他顾客的情绪！而且要面对质量问题！

　　后面我们三个人也分享了这单，大家一直认为，团队合作很重要，也许顾客不喜欢你推荐的，却喜欢别的小伙伴推荐的！

## 23 所谓销售高手，就是发现甚至创造并满足顾客的需求

什么样的顾客，才会让我们记忆深刻？！

话说这个新店开了一个多月，他们已经购买三次了，我相信他们还会再来。

他们第一次来，应该只是需要一双鞋。对于他们第一次的购买经过，我已经记不清楚了，可能因为他们太爽快，或者可能因为他们没什么特点。总之，第一次的服务已经印象模糊。

第二次是老婆带了女儿过来，要购买一个钱包，送给老公。

她说："我老公今天生日。"

姐姐一边挑钱包，一边还说："前几天在这里给我老公买了一双鞋。"

我笑了笑，实在没记住他们，但是又不能表现出来，我说："感谢姐姐对我们的支持。"

后来钱包挑中了，可是那个钱包比较大，店里没有相应的包装。

讲真的，如果我当时不包装，她也会买走！可是我觉得，她要送给老公做生日礼物，那肯定是想要精致一些，让老公感动和惊喜。

于是我就说："姐姐你稍微等一下，我去帮你弄个包装吧！"

然后拿了30块钱，一路跑着去精品店，以自己的眼光挑了一个精致的盒子，花了20块钱！

又一路跑回来，气喘吁吁的。

她女儿看到我拿的那个盒子，惊叹道："哇哇，好漂亮的盒子！"

姐姐也说盒子上档次。

然后我就帮她把钱包包起来，姐姐开心地走了。

说实话，第二次，我还没有记住她的长相，只是记住了这个事情。

昨天晚上，一个男人进来了，一进来就冲我们笑，感觉很熟的样子。

说实话，我们几个都没有记忆。

他笑着对我说："我想挑双透气薄点的鞋子，脚上这双太闷了！"

我说："好啊！"

然后推荐了一个比较商务一点的，他试了试，说："不舒服！"随后他自己选了一个款。

他的脚比较大，43码！我们倒吸一口气，这个鞋子就只有40和43两个尺码了，有点窃喜的感觉！然后给他穿上，他满意地说："很舒服。"

这时候，一个女的带着一个小女孩进来了，我还以为这是另外一波顾客呢！没想到这个哥，就直接冲着这个女的说："你看这双怎么样？"

女的说："不用问我，自己觉得舒服就好。"

我们说："哥，那就这双吧。"

他说："好！"

然后就随我们来收银台买单，买单的时候，他一边掏钱，一边说："这个钱包就是上次老婆送我的生日礼物，也是在你们这里买的！"

我这才恍然大悟，也才把这几次的事情连起来！原来他和这个女的以及小女孩是一家。

我说："感谢哥对我们的支持，您已经是第三次在我家买了，真的非常感谢！"

哥和姐姐都很开心地笑了。

这次，我是真的记住他们了。

他们能买三次，第一次，可能是需要一双鞋，正好我们的款式他觉得可以，价格适中，服务还满意就买单了。

第二次，我们只是用了心，站在了她的角度为她着想。

这次他们能回来，是因为跟我们已经产生了黏性！

他现在买东西，真的不是冲着奥康的品牌，是冲着这家店铺所有人的用心来的！我相信他们还会再来。

因为我们曾经的一点优质服务，因为我们曾经的一点点用心，换来的也许是我们和顾客的情感链接以及源源不断的回头客！

所以，做什么事，最怕用心二字！只要你用心做了，那么应该结果不会太差！感恩！感恩！

## 24　中午的销售演练，
成就了晚上的一个二连单

五一后，店里新入职了一名导购，之前做过贵人鸟，今天是第三天。

正好中午下雨，顾客少，我说："来，小燕，我们俩情景模拟销售一下。我做顾客，你做导购。"

小燕说："好。"

然后我们俩就开始了销售演练。

我是顾客，假装进店，她微笑着和我打招呼："欢迎光临奥康！"

然后她直白地问我："美女想看单鞋还是凉鞋？"

我说："随便看看。"

061

因为是第一次和她演练，我已经做好准备，不能太刁难，怕打击她。

我在细高跟的凉鞋前停下脚步，在那里看，但是手没有触摸鞋子，就想看看她的反应。

她反应还挺快，顺手拿起一款黑色带亮钻的高跟鞋让我试，我说："我不喜欢这个款。"

于是，她又拿了另外一个黑色细高跟，说："姐，那你试试这个吧。"

我说："好，我试试。"

穿上后，新来的小燕就一直说好看："姐，这款黑色细高跟鞋跟你的气质很搭，然后配上你的裙子真的很好看！"

讲真的，被别人夸，真的是一件开心的事情。

演练继续中。

我把这双鞋子脱掉了，也没有问她价格，也没有说好看，只说了句："还行。"

接着，她又介绍了鞋子的卖点："防水台比较高，还挺稳的。"

我还是没接她话，又走到高跟鞋区域，盯着一款粗跟的恨天高（"恨天高"一般指人们对于高得离谱的高跟鞋的戏称）看。

小燕看到我在注视，赶紧拿了其中一款米白色，说："姐姐，你试试。"

"这个颜色不喜欢！"我说，"我试试绿色吧。"

她说："好的。"

试了后，因为我的脚太宽，真的不好看。

她也诚恳地说："姐，真的不怎么适合你！"

我把鞋脱下来后，也没有要买刚才那双黑色细高跟的意思。

我以为到这里，这个演练就进行不下去了。

但是，小燕还在坚持！

她立马说："姐，你刚才看了高跟的，要不再看双平底的？"

我说："我个子这么矮，平底不适合！"

她说："高跟鞋是好看，可是平底鞋也要必备一双啊！"

我觉得这句话比较受用，说："那好吧，你帮我挑挑看。"

然后，她给我建议了一个款，说实话，真的不适合，肉都鼓出来了，但她依然说好看。

我把鞋子脱掉了，她可能也看到不怎么合适，赶紧换了一个款，这次推荐的这个，真的挺适合我的脚型的！

但是两双鞋子，我都没有敲定。然后就开始找问题，问她："这个黑色高跟鞋上面的钻会不会掉？"

她说："姐姐，不会掉的！这个都是高温压过的！"

我没接话。

后来看我不拿主意，她就讲："那你拿这双平底的好喽。"

其实，讲真的，如果我是顾客，我会买那双高跟的！不过后来，为了使我们第一次的情景模拟销售让她变得有信心，就开始问价钱。

她说两双打完折多少钱，我说有点贵，她说真不贵的，而且提供终身售后服务。

就冲这句话，两双一起买单了！

销售演练到此结束！

接卜来，我和她一起分析了整个过程。

我肯定了她的亲和力和笑容，说她打招呼的声音好听，然后问她："为什么给我推荐高跟鞋？"

她说："看你在那里注视，但是又不知道你的眼光在瞟哪双，就随便拿了双让你先试！"

我说："嗯嗯，不错，观察力还是有的！"

不过我也提了一个她需要注意的点：没有和顾客链接，没有穿插赞美和非销话题！

然后我又问她："为什么在我试完高跟鞋之后，没有让我拿着，而是给我推荐了一款平底凉鞋呢？"

她说："看不出你确定要，就想着再推一双，最起码你会选其中一双，如果只推一双，那么你可能买，可能不买！"

我感觉她很棒的！然后，又提了一个需要注意的小点：顾客问钻会不会掉，不要说不掉！就说一般不会掉的，即便掉几颗，也看不出来的！如果真的掉了，觉得影响美观了，那么拿来店里，我们帮忙补上去。

"我们不要把话说的那么满。"我补充道。

到了晚上，进来一对夫妻，给老婆买鞋子。

他老婆一进来，就指着一双黑色的单鞋说："我试试这双。"

给她试了，她问老公："好看吗？"

她老公说："别问我好看不好看，你先看舒不舒服！"

她说："我的脚太宽了，不好看！"

然后我就说："那你试试这款白色的，这个包脚性比较好。"

她说："白的不要，不好看！"

我说："没关系，试试不要紧的，不买没关系，不要有心理压力，就试试！"

说着，赶紧拿了大码给她试。

穿上后，说实话，显脚瘦。

然后她就开始在镜子前照，并问老公："好看吗？"

她老公又说："别问好看不好看，就看舒不舒服！"

然后女的就又不说话了。

063

其实这时候，我心里也是没底的，就跟我们早上情景演练时小燕的心理一模一样的！

我仔细地看了看，她的脚挺宽，和我的脚一样！

然后就去库房拿了我脚上自己打样的款，说："姐，你的脚型和我的脚型一样，都属于比较宽的，你试试我脚上这个！"

她说："好吧，那我试试。"

试到脚上后，她说："哎，你还别说，真的挺好看的！"

她老公说："就这双！"

我说："那双白色也好看，两双一起带，白色是单鞋，这双是凉鞋，不冲突。而且不同风格，两双鞋子，家里所有衣服都可以配了！"

姐姐点了点头，说："好，就这两双！"

一起 667 元！

感谢今天和小燕的演练，她在别人不确定的情况下，推了平底！我学以致用，在不确定顾客要与不要的情况下，也推了平底，结果两双都成交！还有一个前提，我一直在找顾客的特点，哪怕是脚宽的缺点！根据她的需求推荐适合她的！她会觉得你站在她的角度想问题。

今天上午刚刚演练的，晚上就用上了，好开心！

## 25 专心做服务，专业卖女鞋

好的服务能改变顾客对你的态度，从慢慢接受，到喜欢和你沟通。

那天傍晚，有两位女士进店看鞋子。

她们都不胖不瘦，身材高挑。一个长卷发，姿态娇媚。另一个盘着头发，着装发型都精干利落。

我上前和她们打招呼，但她们是属于高调、傲慢型的，没怎么理睬。

她们的目的很明确，进店就告诉我："我们现在要去聚会，急需一双高跟鞋！"

试穿了几款，选到一双特高的高跟鞋，一千多元。款式比较喜欢，但有些嫌贵。

"这双鞋子采用的是 A 级高档皮料，配件和辅料也是很高档的，这双鞋子属于高跟的，把您身材高挑的优点进一步放大了，给人惊艳的第一感觉，令到聚会的人对你印象更加深刻……"我使劲捍卫这双鞋子的价值。

可能是我说到她动心了，也许是她都没有时间逛街了，这双鞋子很快就成交了。

这次后，发现她俩真是一对爱逛街的闺蜜，几乎每天都能看到她们从店门口经过。

那天，她们进店告诉我，她买的那双鞋子穿着真不舒服。

"那么贵的鞋子还不舒服，是牛皮的吗？"

说话语气有点不友好，言语中流露出傲慢和轻视。

我很详细地讲解了鞋子的材质，是优质小牛皮，里外都是真皮的。

"也许你已经习惯穿休闲鞋，把脚放松了，突然穿高跟鞋还没适应。"我小心翼翼地解释，"高跟鞋多穿几次就适应了，不久定能平步青云！告诉你有些顾客一直穿高跟鞋的，突然穿休闲鞋她还说会摔跤呢！"

她俩喝着茶，试穿着现在流行的小白鞋，边试边说："这鞋子就是难打理，弄脏就不好看了"。

065

我告诉她说："放心的穿吧！以后鞋子的打理交给我，我们擦小白鞋是专业的，肯定让你满意。"

在她试穿的时候，我已帮她把她的鞋子打理干净了。

帮这位大眼睛、长卷发的美女解除了后顾之忧，这双鞋子也就成交了！

几天后，这位长卷发的美女穿着隔壁服装店的拖鞋，提着小白鞋，进来告诉我："我和朋友在隔壁买衣服，你给我把鞋子擦一下。"

我的搭档给她倒了一杯养颜茶，我则拿出擦鞋工具迅速的把鞋子擦干净。

又过了几天，这俩闺蜜再次进店，没等她说擦鞋，我又迅速地拿出擦鞋工具，我的搭档则倒着茶水。

我给她们擦着不是我们店买的黑色皮鞋。

盘发的美女试穿了她闺蜜上次买的那双小白鞋的同款，因为没有白色了，她拿了双银色。

她们说："还是浅色好看些，也不怕擦不干净。"

我们也会聊聊她们衣服的搭配。

我羡慕地说："真好看。"

一段时间后，她俩再次来了。刚进店我就赶忙拿出了擦鞋工具。

那长发美女笑嘻嘻地对闺蜜说："我可没说要擦鞋，她就把擦鞋工具拿来了！这么可爱！"

066

长发美女试着鞋，我们一边聊着天，她鞋子也擦干净了！美女说着谢谢"，两人都亲切的和我交谈着。

长发美女看上的鞋子，没有她的码了！只有小一码的。

我告诉她如何轻松把鞋子撑大的方法，她很开心地买下了这双鞋子。

再后来她们两个美女总会来光顾着我们店，有时还带她们的爸爸妈妈。

昨天她们带来另一个闺蜜，由于我下班了，当时也没什么事就回到店里看看，遇见了她们。

两个美女看到我后亲切的打着招呼，让我帮忙看看哪双鞋子好看。

我的建议她们采纳了，并开心地买了下来！

专心做服务，专业卖女鞋，顾客总会习惯性地来找你，成为熟客、朋友、铁杆粉丝。

# 26 饮料是能够提升成交率的

店里刚刚试营业，一切还没准备就绪，饮水机也没有到位！

昨天一直到 11 点半，还没开张！好着急哦！

去对面超市买了一大桶农夫山泉（5 升装），再买了一瓶果粒橙！

过了一会，几乎同一时间，进来了两波顾客，一波是夫妻，另外有个女孩子是独自一人！

夫妻是有意向直接买鞋的，店里小荣已经开始为他们服务。

独自一人的这个女孩，就是闲逛型的顾客。这个女孩身材超级棒，长得也很漂亮。一进来，就摸了摸店里面一双大红色翻毛皮的鞋子。

店里小安说："美女，上脚试试看？"

她说："我不喜欢上面这个带子，穿起来很麻烦！"

然后店里的美女又推荐了一款其他红色的。

她说："跟太低了。"

我也拿了一个款推荐给她看，并介绍了鞋子的卖点。

她看了看，说："那我试试这个！"

小安赶快拿下来让她试。

旁边那对夫妻也在试鞋的过程当中。

这时候，我赶紧倒了三杯果粒橙，先后给那对夫妻、那个女孩。

那个大哥，看着我给他倒的是饮料而不是一杯白水的时候，开心地朝我点点头，说了声："谢谢！"

他老婆也很礼貌地说了声："谢谢！"

那个女孩也很开心地朝我笑了笑，然后一边喝着饮料，一边照着镜子，好开心的样子。

这时候，没过一分钟，小荣服务的夫妻那单已经成交了。

然后小荣过来协助，和女孩聊，夸她的身材，说："有些女人是有身材没脸蛋，有些是有脸蛋没气质，你是三样都具备了，让我们这些人怎么活？"

067

于是大家一阵笑，很快也轻松成交了。

送走顾客后，大家一起分享了这单，都说那三杯饮料起了好大的作用！我觉得也是，我们总是讲服务的差异性，可是我们经常性的就是一杯白开水，也许我们改变一点点，能带来意想不到的结果。

## 27 这信任，来自浓浓的湖南乡音

今天早上外面飘起了小雨，路上行人稀少。

我和伙伴们打扫完卫生后开始调整陈列，橱窗上自己做些小装饰。春天来了，我们把剪的柳条贴上去。

临近中午，一对老年夫妻提着好几袋衣服进来，是刚买的新衣服。看看他们提衣服的包装袋就知道是在自由市场买的，比较便宜。

老年夫妻应该接近 70 岁，穿着比较简单朴素，阿姨脚上穿了一双已经起皮并带些泥巴的鞋子。

他们今天是特意到街上来买衣服和鞋子的。和阿姨聊天了解到，她想买一双舒适、带点跟并且时尚的皮鞋。

我拿了一双英伦风的时尚款，因为这款比较舒适，黑色又不挑年龄。

阿姨有些担心地问："可以试吗？"

"阿姨，您放心试吧！"我鼓励道，"买鞋子不试怎么知道好不好。"

阿姨还是有些担心。

这时候她的老伴用湖南话鼓励说："试鞋子又不要钱、你就试吧！"

由于我们这县城是在湖北、湖南交汇处，所以有三分之一的人会说湖南话，也包括我。

为了让阿姨放心试穿，我也用湖南话说："阿姨，您就试穿吧！买不买都没关系，您就只当帮我们试试这鞋子的脚感。"

阿姨听到我说湖南话，开心地说："湖南人就是亲切些。"

阿姨想穿 37 码，但是没码了！

我拿了一双 38 码给阿姨试穿，阿姨试穿后说："很舒适，大小刚好，款式也比较喜欢。"

我告诉阿姨："好鞋子比较养脚、耐穿。"

阿姨问："什么价钱？"

"折后价 398 元。"

069

　　阿姨脸色一沉，坐下，把鞋子脱下来，说："我就试一下没问题吧！？"

　　"阿姨，当然没得问题，您还可以在我们这慢慢喝茶，休息休息。"

　　阿姨换好鞋子，站起来拉拉老伴，说："我们回去吧！"

　　叔叔第一次没动。

　　后面，他缓缓地站起来对我说："麻烦你了！"

　　我笑着回应："不麻烦，您可以常来喝喝茶。"

　　阿姨边走出门边说："我就想买一双便宜的，几十块钱的。"

　　过了不到五分钟，他们回来了。

　　叔叔进来就说："把鞋子包起来！"说着，就拿出钱来结账。

　　"好的，鞋子还在这，马上包好。"

　　我把鞋子递到阿姨手中，笑着说："阿姨您真幸福！一定是叔叔劝您买的吧！？"

　　她点了点头，说："是的。"

　　言语之间，阿姨的脸上洋溢着些许自豪的表情。看到他们远去的背影，我忽然想起了爷爷……

## 28 在工作中学会工作，我卖给大姐 2 双鞋

有时候顺利的大单或连单记不住，但是往往难成交的顾客成交了，却记忆犹新。

那天想去买一件外套。

我是一个比较理性的人，所以基本上不会为一件衣服睡不着觉或者冲动地买下！

这条街都不是很贵，所以我来了！我的理想价格是不超过三百。

看了几家，虽然价格便宜，但都不是很喜欢。

平时很少逛街，也没有耐心一直逛下去。

在逛最后一家店时，试了试，还可以，比较满意。

问问价钱，七百！超出我的预算。

我直接坦白地说："贵了！"

老板说了很多，其中一句话击中了我，他说："这件衣服就是很大方很大牌，虽然休闲，却很精致。"

同时，老板同意打个 VIP 折，成交价 480 元。

这超出了我的预算，但我还是买了！

这次经历给了我一些启发，我想找个机会用一下。

第二天，回店里上班。

进来一中老年妇女，穿着比较简单朴素，衣服都是暗色的，乍一看像农村妇女。

她提着一款男士手提包，手提包比较旧，但是真皮的。进来之后，她接了一个电话。我一眼看见她包里都是资料或者账本。

接下来她试了一款白色休闲鞋，穿着很舒适，显年轻。

她有些心动。

她穿鞋的码数比较大，38 码，试完休闲鞋，还想试试高跟鞋。

于是我拿了一款 37 码，但版型比较大的，她试了之后说比较舒服。

071

这时候我告诉她："您穿上这鞋子之后，整个人瞬间气质就不一样了！您一看就是一个比较有福气的姐姐。"

她说："哪有福气哦，这么胖！"

我笑笑说："咱们的国母就是很有福气的人！她的穿衣风格多有气质！那走出国门我们看到也是很骄傲的。"

姐姐问："这多少钱呢？"

"491元。"

这时候，姐姐把鞋子脱下来，提在手上，并看其他的鞋子。

我知道她很喜欢，舍不得放下。

她还不停地还着价。

我告诉她这鞋子是真皮的，上档次，大牌，除了舒适之外，更能彰显她的气质。

几经纠结，最后姐姐依依不舍地把鞋子还给我。

"太贵了！我有点接受不了！"她说，"我再去看看便宜些的。"

"我们这也有便宜些的，但我觉得这双最适合您，最能体现您的气质！"

姐姐最后还是放弃了，走了出去。

我热情地送到门口，说："姐姐您喜欢就回来。"

这时候同伴问我："她会回来吗？"

"一定会回来的，她太喜欢了！"我说，"不回来她会睡不着觉的。"

一小时后她回来了！直接包起来。

买完单之后，我再推第一次试过的白色休闲鞋。

我说："这双高跟鞋和这双休闲鞋各有所长，高跟鞋显气质，有女人味。休闲鞋显年轻，现在春天去踏青，那是再合适不过了，拍照片都会很美！再说了这休闲鞋是我们厂价直销的，性价比高。"

姐姐再次心动，就这样又买了休闲鞋。

## 29 服务好，业绩好

今天下午，天气有点小冷。可能是昨天 3.8 妇女节太火的原因吧，今天街上比较冷清。

我正在跟一位朋友聊微信，这时，进来了一位女士，抱着一个约 1 岁半的女孩儿。

女士穿着一条黑色的裤子，以及一件黑白条纹相间的短款毛衣。

小巧微笑着迎上前去，说："小朋友，你好可爱好漂亮呀！"

确实，小女孩很漂亮，招人喜欢。

女士笑了笑，没说话。

小巧又说："姐姐您长得真漂亮，把这漂亮都遗传给了您女儿！"

女士还是笑了笑，并把小女孩放下。

小巧说："这几天到了一些新款，反正您是出来逛逛的，试试呗。"

女士说："我就随便看一下，不买衣服。今天主要是到超市买东西的，只带了 100 多块钱。"

下午一直没什么客流，我也没什么事，就过去跟她寒暄几句。

我说："您生小孩后，身材恢复得这么好，真羡慕啊！"

说着，我忽然发现女士裤子的右大腿处裂开了约 2 寸长的线，里面红色内裤都看得到。

于是，我轻轻地把她叫到试衣镜前，朝着她的右大腿处指了指，小声说："您的裤子好像出了一点状况哦。"

她顺着我指的方向一看，脸霎时红了。刚才一路上不知道被多少人看到了呢！？

见状，我赶紧建议："要不，您先把裤子换下来，我帮您缝一下。"

她感激地点了点头。

小巧很快帮她找了一条黑色的裤子。

她接过裤子，说："我只是临时穿一下啊。裤子我家里很多的。"

过了一会儿，她从试衣间出来后，我还在收银台帮她缝补。

其实我也不怎么会缝，缝得歪歪扭扭，不过好歹可以遮住大腿。

小巧说："没那么快缝好的，要不试一下风衣吧，我们家风衣和衬衣最强了，下次有需要再来买。"

她点了点头，先是试了一件米白色的风衣，439元，效果还是不错的。

在试的过程中，她又看中了一款烟灰色的风衣，这款399元。

以上两款她穿的效果都还不错。

但是她身上只有100多块钱，也没有带卡，所以，她并没有表现出买的意思。

这时，裤子我也帮她缝好了。

我说："我的手工也不咋地，您先穿上，改天有空把这条裤子拿来，我们在前面商场也有店，我拿到商场帮您免费改好。"

她连说了两句"谢谢"。

我说："虽然大腿是遮住了，但还是看得出来。刚才这风衣跟您的气质挺搭的，您可以买件风衣，刚好也可以遮住开线的这个地方。"

"可是，我身上只有100多块钱。"她不好意思地说。

"没事，我们这里接受微信和支付宝支付。"我说。

她"哦"了一下，然后在米白色和烟灰色风衣之间犹豫。

这时，我和小巧异口同声地说："这件烟灰色的比较好。"

"您带小孩，烟灰色耐脏。"我补充说，"这件烟灰色的风衣配了腰带，系上去后，腰显得更细。"

其实，我也怕她身上的钱真的不够，所以推荐这件399元的。

她点了点头。

于是我们一起看她的微信红包零钱和支付宝余额，加上她的100多块现金，最终凑齐了399元。

买完单后，她身上只有几块钱了。她右手抱着女儿，左手提着购物袋，直接回家了。

我想，如果是昨天，可能就忽略了这位顾客，失去了一次销售机会。在我们的销售过程中，需要敏锐地发现并把握为顾客服务的机会，因为，服务可以成就业绩。

## 30 同伴帮忙，成交率大大提升

万达广场二楼女装店，周一。

晚上 9:45，进来一对闺蜜。

其中一位身高 1 米 75 的女士是来购物的，她叫阿梅。另一位陪同者叫妖姐（微信昵称）。

阿梅身穿黑色 9 分裤，黑色上衣。经了解，她是沙宣美发工作室的老板，曾经在晋江青阳待了 20 年。妖姐看起来并不妖，而是温和美丽型的，她是做眉毛美容的。

阿梅一进来就说："你们要把我搭配得时尚一点。我不喜欢穿毛衣，不喜欢穿白色衣服，不喜欢穿衬衣。"

她喜欢穿纯棉的。

导购燕君和华琳帮阿梅搭配，满场子找衣服。

阿梅进去试衣服时，我和妖姐聊了起来。

妖姐说："她比较霸气。我本来也是谁也压不住的，就是阿梅压得住。"

说着，妖姐对我笑了笑："这么多年习惯了。"

后面妖姐也试了几套红色双面妮大衣，她说："你们帮她搭配，我今天不买。"

妖姐跟华琳她们说："你们可以推荐顾客到我那里做眉毛。"

华琳和燕君对做眉毛很感兴趣，她们问妖姐做眉毛的事，妖姐说一整套做下来要 1280 元。

我说："小姑娘一个月也就 2000 多块，要打 5 折。"

妖姐看了看燕君，说："你们去找我，600 块。"

说着，妖姐递给燕君和华琳各一张名片。大家互相加了微信。

接下来，她们交流了一些做眉毛的细节。

阿梅试了一条黑色皮裤，从试衣间出来后，问妖姐："你觉得这条皮裤怎么样？"

妖姐说："皮裤还可以的。"

　　这时，燕君又搭配了一条黑色背带皮裙，一件黑色圆领毛衣，一件黑色长马甲。

　　我们说："毛衣你先搭配一下，回去自己可以搭配类似的衣服。"

　　妖姐对着阿梅点了点头，说："你去试穿一下呗，这套可以的。"

　　阿梅很快就试穿好了，出来后问妖姐："这件皮裙后面的效果怎么样啊？"

　　妖姐说："蛮不错的。"

　　阿梅说："皮裙小了，穿着有点紧，不大舒服。"

　　到了收银台，阿梅说："皮裤太小了，不要。皮裙也偏小，不要了吧，要这件马甲，马甲可以。"

　　燕君在电脑里查了一下，厦门那里有大码，于是说："可以调货哦，从厦门过来只要2天。"

　　阿梅嫌麻烦，不想要。

　　我说："我们大家包括你最亲近的闺蜜都说好，你的气场大，这条皮裙只有你才能驾驭得了，从后面看到了一瞬美，你的身材修长优美。服装嘛，就是要放大你的优点，你的优点是修长。"

　　妖姐也说："是啊是啊。"

　　到此，阿梅没再说什么，就对华琳说："你要在小票上写明，衣服还没有给。并要确保调来的货品质没问题。"

**076**

　　我说："这个您放心，品牌公司调货都是有流程的，调出前必须要检查品质。"

　　22：15分，阿梅买单，这单是960多元。

## 31 很想成交，很想成交，
## 想着想着就追出去了——最后顾客就买了

晚上 7 点左右，街上有几个人在边走边抽烟。

他们在看每个门牌，似乎在找哪个品牌，快到我这店门口时，我就叫他们进来看看。

他们笑着说吸完烟就进来。

我就在一旁等着他们。

他们有 4 个人，一看就不是本地人，因为他们感觉很冷。

烟吸完了，他们就乐呵呵地进来了。

我说："楼上男装看一下吧。"

他们问："有羽绒服吗，这边好冷啊。"

我说："有的，新到的货。我帮你们选暖和一些的。明天还降温，你们可得多穿衣服，别感冒了，就不值了。"

他们很好沟通，一到楼上就试。

他们中有个人说话很管用，我就一看就懂了，于是我就主聊他。

"你们几个随便试穿，让你们老大给你们把关。"说完，我就看着这个人。

他一直笑呵呵地说："我们就是试，不要钱吧？"

我说："谁买衣服不买顺心的？喜欢哪件就试，我们不强买强卖。"

说话的功夫，几个人试了 10 来件。

我一看情况不好，他们有些花眼了，得快点给予一些肯定，锁定目标款。

我说："帅哥，第二件好看，这是咱家卖的最好的一款 8 大功能户外外套，我给您说一下它的好处：第一防紫外线，第二防辐射，第三有笔袋，第四耳机固定，第五有钱包袋，第六可以装平板电脑，第七自带 u 形枕，第八自带防风眼罩。怎么样？很实用吧！"

他们几个被我说晕了，笑声一片。那个说话管用的人说："那这件衣服不是变成仓库了吗？"

我也笑了，说："哥，你好搞笑，你是哪里人？"

他说："你猜。"

我说："你是河南人。"

他说："不对。"

我说："你有山东口音，你是河南山东人。"

他们又开始笑了。

就这样，话题已经聊开了，并开始切入主题。

我说："别的别看了，就拿这件吧。"

那个大哥问："多少钱？"

我说："529。"

他说："打个折吧，太贵了。"

我说："新款没有折扣哦。"

他说："我们有衣服穿，看你太热情了，所以进来的，打折我就买，不打折我就走了。"

我说："哥，我们有打折的，但那些不是新品。你的眼光好，喜欢的是新品，真的适合你的。"

他笑着说："我转一圈，一会再回来。"说着就下楼了，我送到了门外。

我说："我相信你会回来的。"

他说："会的，你那么热情。"

我目送他们去了小吃街，远远看着他们在吃地瓜条，似乎还在说那件衣服。

我心想，这单不管成不成我要截流。

我和我们家小美女说："我去叫他们回来，等我好消息！"

我跑到小吃摊，他们看见我说："给你来一份呀。"

我说："谢谢，那件衣服您就带着吧、明天就降温了、正好穿，我把它放在收银台里，一会你们过来取。店里9：00闭店，等你们回来。"

说完我就跑回来了。

没过多久，大哥回来了，说："把那件打包吧。"

他还说："我去过你们另外那个店了，没买。你那么热情，我肯定会来找你呀，不能让你白追我那么远呀。"

我们做销售就是要有不要脸的精神，坚持就是胜利！

有时就是很不想放弃，很想成交，很想成交，想着想着就追出去了，顾客感受到了我们的敬业精神与执着，触动了他内心的那根弦，最后就买了。

## 32  没有不可能，
我把衣服卖给了一位 68 岁的老人

　　早上刚开门不久，进来了三个人，一个 60 多岁的老人和一男一女。

　　他们一进店就问有没有老人穿的衣服。

　　我一看叔叔有 65 岁以上，有些犯嘀咕，心想我店里大都是学生穿的衣服，有些难度，但是只要进店的顾客一个也不能放弃。

　　我说："叔叔，有您穿的。"

　　这时，他问我："一套大概要多少钱？我不要贵的。"

　　我说："好的好的，我不会给您选贵的，给您选舒服的。"

　　我听出了叔叔的山东口音，就更加小心了。我了解过山东人的性格，他们比较仔细。

　　一楼面积较小，我们一边寒暄，一边上了面积较大的二楼。

　　我说："叔叔，您自个儿走一圈，看看喜欢哪款。"

　　老人就去看衣服了，我正好有空和那个女孩聊天。

　　我问："您是叔叔女儿吗？"

　　她说："是的。今天是我把的生日，我想给他买套衣服。一早上，走了 10 多家店了，就是不买。他脾气大，一会有脾气你别介意。"

　　我自信地说："我脾气好，喜欢老人，我能让他开心的，交给我吧。"

　　这时那个女孩说："一会你就只管给他选，别提价钱，他问你，你就说几十块钱 1 件，我们合作好了。"

　　我说："好的。"

　　老人的女儿成心想给父亲买衣服。

　　我走过去说："叔叔，您身体真好，保养的好，是不是山东气候好，特别养人，我一直想去呢。"

　　叔叔说："想去我带你去。"

　　我笑着说："好呀，好呀，到时候你就做我的导游，就这样定了。"

　　老人笑了，接下来我就陪着他看衣服，聊天，让他没有压力，接受我。

079

过了一会儿，我说："叔叔，我给您选一套吧。我知道您喜欢穿什么样的，您信不信？您喜欢深色的衣服，喜欢宽松的，喜欢带领的衬衫，裤子喜欢筒裤，宽腿的，穿起来舒服的，我说的对不对？"

他说："你忘了说一样，我不选贵的。"

我笑着说："是的是的，要选合适的，选您喜欢的，选便宜点的。"

他笑了，说："丫头，你帮我找一套试试看。"

我找了一条蓝色的休闲筒裤，和一件拼接的棉麻衬衫，都选了宽松版的。

我说："叔叔，您进去试衣间试一下，让我看看好不好看。"

他进了试衣间。

这时她女儿用手拉了我一下，我懂了，就跟她去了远一点的地方说话。

她女儿说："我爸爸问你多少钱，你就说2件100多块，他不让我们花钱。"

我说："懂了，我现在去试衣间外面等。"

不一会叔叔出来了，照照镜子说："太年轻了，不行，不行！这裤子有些瘦，再大一号吧孩子。"

我一听，有戏，飞快地又找了大一号的裤子。

我说："叔叔，您再试一下。"

他又进了试衣间。

080

出来的时候，衣服的扣子没扣好，我说："叔叔，我帮您弄一下衣服。"

帮他扣好扣子后，我又蹲下给他卷了裤脚，整体效果非常好。

我让他女儿看，她女儿说："爸爸，就这套吧。"

叔叔问："多少钱？"

我说："给你打折，100多块。"

老人家说："好吧，我去把衣服换下来。"

这时我跟她女儿说："你自己去收银台买单吧，让你老公带叔叔先走。"

她女儿对我做了一个胜利的手势："就这样办。"

叔叔从试衣间出来了，我把衣服给了她女儿，我们去收银台交了款，一共416块钱。

就这样，和她女儿配合着卖了这套衣服。

我开过千元大单，万元大单，没激动过。一位68岁的老人在休闲店买了一套衣服，我很开心。我和店里人说，不许说没有老人穿的衣服。

## 33 与同伴聊开了，顾客妥妥地买单

前几天，碰到过同伴干扰购物的情况，但是我努力消除了同伴的发言权，于是有了交易的成功。

是这样的，当时店里来了两个二十出头的小伙子。

两人性格很鲜明，一个有个性的，他手里拿了篮球在转着，另一个没主见。

没主见的那位要买鞋，挑了几款自己试穿。

这时候，有个性的那位发话了："你看你挑的鞋多丑又不好看，我脚上这种款式好看。"

说完，他特意把脚伸出，跟买鞋那位脚上试的鞋对比。

081

而他脚上的版型我店里又没有，如果让他继续搞下去就要泡汤了。

我的脑子飞快转动起来，得找到这个同伴感兴趣的话题。

进店不久就已经判断出他们单身，没女朋友，我相信聊这方面的话题可以分散他的注意力。

于是我说："萝卜白菜各有所爱，你们的性格和风格是完全不同的，以后喜欢女孩子也会是性格迥异的吧？他喜欢的类型你不 定喜欢，你喜欢的类型他也不一定喜欢对吧？所以你就让他自己挑，不发表意见就好了哦。"

我用了调皮且和蔼的语气，他认同了。

在接下来的过程中他是沉默的，也没给意见，但我也没有让他闲下来，还要争取他的支持呢。

他抱着篮球，于是我跟他聊篮球。

我说："我以前是学校女子篮球队的。"

他瞬间感兴趣了，激动地问："你上了大学？"

我微笑地点头，接过球拍了几下。

我说："这球质量不错，弹力很好。"

他更开心了，自豪地说："买的很贵呢！"

在这聊天过程中，我给试鞋的那位拿他想要的鞋和码子。

没主见的小伙子很快就试好了鞋。

他的同伴，这位有个性的小伙子则是一副认可、欣赏的表情看着。

没主见的男孩似乎受到了无形的鼓舞，信心大增。

在很融洽的氛围中，成交，买单。

他们出门后，有个性的那位还特意转过头，跟我挥手告别呢。

总结成功的关键：打了很好的找女朋友的比喻，让顾客的同伴放弃发言权，甘心成为一个旁观者。跟他聊篮球方面的共同点，防止他催促，导致没必要的突发状况产生。

082

## 34 吊牌都撕了，买吧

今天早上，进来 3 个学生，一看就是能深挖的顾客。

我的感觉没错，那个男孩说："给我选套衣服，500 块钱左右。"

天气好热，他有些急燥。

我想号码一定要拿准，不能让他对我不信任。

我拿了一条牛仔短裤，一件短袖 T 恤，一件棉麻衬衫，一双鞋。

我说："你试吧，一定会喜欢的。"

他进了试衣间。

出来的时候，试穿在身上的是牛仔短裤和棉麻衬衫。

083

他对着镜子照了一下，没说话。

我说："怎么样？是不是焕然一新，帅气好多？！天气这么热，你的长裤该换了，棉麻衬衫透气性特别好，单穿，或者是当外搭穿都行。"

我不停地在讲卖点，一直在和他说话，不让他有独立考虑的余地。

他的两个同伴则在无聊地玩着手机，我偶尔搭上一句话。

他说："我一会赶车，包起来吧。"

说完，他进了试衣间，换衣服。

这时旁边有个同伴说话了："我们还有 20 分钟的时间，你别着急。我们再逛逛，没有合适的再回来。"

试衣间那个男孩出来了，说："好吧，一会再回来吧。"

我一听，要走啊！

我赶紧说："这条街，全是运动品牌，不大适合你，你穿休闲更好看。天气那么热，时间那么紧就别逛了呗！"

但是没有说服，他们就这样走了，再也没有回来。

我总结本次失败的原因如下：

第一，他说包起来吧，我就应该说"你不用换了，直接穿走就行"，并且迅速把新衣服的吊牌撕下来，把他换下的衣服拿出来，直接打包买单。

第二，非销没聊开。

第三，只关心买的顾客，忽略了他一起去的两个同伴。如果和他的同伴多聊聊天，并得到他同伴的支持，那就不会跑单！

特别说明的是，迅速撕吊牌真的很管用，顾客会觉得，吊牌都撕了，买吧。

撕吊牌其实是假设成功法的运用，假设顾客已经同意买了，所以撕掉了吊牌。

下午的时候，实战了一下。

基本上每个顾客都撕下吊牌了，都不换衣服，直接穿上新衣服到收银台买单了。成交真是几秒钟的时间，有时候不能让顾客缓过神来。

该出手时就出手，风风火火跟我走！

## 35 不抛弃，不放弃，他终于买了

早上刚开店门，到货了，我们一起整理货品。

这时，进来一个小伙子，满头的汗，很生气的样子。

他问："有没短裤？"

我说："有，新到的款，在楼上。"

顺手抽了几张纸巾，我就带他上楼了。

看他那么热，就打开了空调。

这时他说："我刚刚在隔壁店试穿了几件衣服，不喜欢，那个导购就不高兴了。我一看她生气，就没买～我花钱看她脸色吗？！"

说完，就看衣服。

这时，我就懂了他的心理。

我连忙把纸巾递给他，说："快擦擦汗，别生气了，大清早的不要生气。你说的对，我们花钱要花的舒服、顺心，对吧？"

我一边说着，一边在心里想："他一定很挑剔，拿款必须要准。"

我说："你放心，在这里你试穿10件，我都不会生气的，因为我也是消费者，懂你们的心理。"

他擦着汗。

我就近拿了一套，向他介绍："你试试这款九分裤，还有这款今年最流行的棉麻衬衫。"

他说："好。"就进了试衣间。

我就在试衣间外等他。

二楼有些大，空调不给力，我顺手拿了把扇子（试衣间旁及收银台都有备放一些扇子）。

他出来了，照境子，左看右看，屁股扭来扭去。

我就边给他扇风，边讲解这套衣服的亮点。

他笑着说："我今天要是不买，怪不好意思的。"

085

我说："没事，顾客是上帝，我得让你顺心是吧？！"

他说："这件衣服还行，但是我不喜欢这裤子。"

我说："帅哥，这是今年最流行的款。你看看，你穿上后和刚进店是不一样的，男人穿衬衫就是有气质，你说，韩剧有几个不是穿衬衫的？"

他坚持说："你再换一套吧。"

我说："好。"

我拿了一条磨破效果的牛仔裤，和一件带花卉的短袖衬衫给他。

我说："90后穿上一定有活力。"

他第二次试穿，在试衣间换好衣服出来了，笑了一下："呀，是不是太嫩了？"

我就不停地讲卖点。

他不说话了，一脸认可的样子，让我算一下多少钱。

我说："一套300多。"

他说："我再到其他店转一下，一会回来找你。"说完就进试衣间换衣服去了。

我一听，怎么个情况？我哪里出了问题？我不甘心，大清早的一定要成，我性格直，得直接问他。

他从试衣间出来了，就要下楼。

我说："帅哥留步，如果不喜欢你也不会试穿这么久，你非要走，肯定是觉得差在哪里。我服务怎么样小伙子？"

他笑了，说："好。"

我又问："搭配怎么样？"

他说："没问题。"

我说："那你还走？"

他不好意思地说："我手里就300块钱，想买一套。"

我说："哦，是这样。"

他笑了，我则一直拿着扇子给他扇风。

我说："我们打个赌，你再试一套，如果喜欢你就买单，不喜欢你转身就走。你信我好吗？"

他笑了，说："好。"

这次我拿了一条慢跑短裤，一件韩版T恤，并刻意把价格牌翻了出来，两件总价200多块钱。

我递给他衣服，他进试衣间，第三次试穿。

出来照了照镜子，他说："不错，有感觉！下楼吧，我输了，下楼买单！"

见我开心的样子，他笑着说："这钱我花得顺心。"

买完单，我把衣服包装好递给他，说："要多来几次哦。"

说完，我把他送了出去。

望着他离去的背影，和那自信满满的步伐，我的心里突然涌现出一股莫名的感动。

这个早上收获了好多，我终于知道了这个顾客的内心想法。如果不问他，我真的不知道他为什么不买；如果他走了，回来的几率不大。销售，真的要做到不抛弃，不放弃。亲们，加油！

## 36 坚持、努力，就能成交

昨天成交一单，感触颇多。

一姐姐下午来店里买鞋，我给她介绍、推荐，她都没有回应我。

后面，她看中了两款鞋，一款贵一点，一款特价。

她先后试穿了一下特价那款和贵的那款，然后自己拿着鞋，仔细研究、反复比对了一会，没有说话，最后放下鞋就走了。

即便这样，我的服务还是按照老样子，没有任何不耐烦。先是给她倒了一杯温开水，后面又客气地把她送出门。

买不买都是客。

晚上，她又过来了，这次是跟老公一起。

一进门，姐姐直奔贵的那款，而且她自己兴致勃勃地给她老公介绍。

这样看来，我下午的努力介绍、推荐和服务不是没有效果，而是她有顾虑：怕老公不同意！

这下我明白了问题所在。

她给他老公介绍的过程中，她老公讲的话很不好听，脸色也很不好的，说："你那么多鞋，还要买！"

说着说着，他喊她老婆走。

可她还在努力，继续介绍。

我也在极力给她老公介绍："鞋子是厚毛的，保暖性很好，底防滑，鞋跟也不高，很适合你老婆穿哦。"

这姐姐和我所有的介绍都是讲给她老公听的，可他老公还是不同意。

交谈过程中，听口音他们是四川人，于是我说："姐姐是四川人吧？"

她笑了笑，点头。

可是他俩还在往门外走，于是我赶紧把话题拉回来。

我拿着鞋，对着她老公说："这款真的很适合姐姐，姐姐都跑了两趟，说明她真的很喜欢这款。难得碰到她如此中意的，把这鞋买回去姐姐得多高兴啊！"

这时，他老公心软了，可是他说："回老家东西太多，不好拿！"

于是我判断他们是外出务工的，我说："过年回家，在老家时间都不会太长，带的东西精简一下就可以了。再说现在物流也很方便，提前把要用的东西寄一部分回去就可以了。"

她老公觉得有道理，东西多不好拿的顾虑打消了。

接下来就是价格问题，这个就不细说了，价格没打折，送了一双袜子。

买完单，姐姐说："每次出门都要买东西。"

我笑着说："这说明你老公很爱你疼你，回去给他弄点好吃的。"

他老公说："小姨子说我不好。"

于是我说："你的好不用外人懂，老婆懂就好。"

我把购物袋递给他老公时，开玩笑说："小姨子要是懂你的好那就麻烦了。"

大家都乐了。

出门的时候，他老公很开心地说："谢谢。"

卖得辛苦，但结果是愉快的。

在日常销售工作中，我们很容易被顾客左右，中途放弃。但是，只要坚持、努力，就有可能。很多时候只要我们再坚持一下、再努力一点，生意就成了。

089

## 37 知己知彼，从容卖皮衣

昨天上午十点左右，店里来了三位男士，两位穿着普通，有一位是穿一件皮毛一体、表面类似打蜡效果的皮衣，很有特色。

他们逛了一下，似乎没看到合适的，准备出门。

我急忙说："有几款限量版皮衣，要不进去看下？！"

于是，穿皮衣的那位准备随我进去了，可是他的同伴却说："对面店在做活动，全场 5.9 折！"

这样一来，他们就出门了。

我心里一下子泄气了，但是，转念一想："对哦，对面店里没皮衣，他们肯定还会过来！"

于是，我边送他们出门，边说："没关系，您先去对面看下，如果没喜欢的，再过来好吗？"

过了十来分钟，他们真过来了，直接走进 VIP 室看刚才的几款皮衣。

（VIP 室是个独立小间，顾客可以自由进出，但平时不怎么打眼，要靠导购引导进去，陈列一些比较独特的款式，冬天会挂一些比较高档次的衣服）

在聊天中得知，试衣服的这位皮衣男士是经常在本地 OD 高档名店消费的，属于高质量的消费群体。我猜想：他肯定喜欢限量版，以及与众不同的风格。

所以，我极力塑造这款皮衣的稀缺性。如，我们这只有四件，并且整个市场只有我们家有卖。然后开始夸他有品味，说一进店就被他的气场震住了，说他做事是"一看就是很有魄力的人"。又团结他朋友跟我一条战线，夸他朋友几个都是场面上的人物。

皮衣男士终于被我说动了，但是想打个折扣。

我说："折扣是真不能少，您想想那个 OD 名店一件呢子大衣 2 千多，一件羽绒服 3 千多，这件限量版貂毛皮衣也才这个价格，真的是很值的好不好？！"

他朋友也帮我说："是啊，去年你在海宁买的也不便宜，喜欢就带上吧。"

他听朋友这样说了，就没有再砍价："那帮我包起来吧。"

打包后，我说："你穿的这么好看，要帮我们打广告哟。"

然后他朋友开玩笑说："打广告有红包么？"

我笑着说："肯定有，那是必须的。"

然后他们愉快地走了，一人叼着一根烟，挺和谐的兄弟伙三个。

通过这单，我体会到：只要认真观察顾客，了解他的需求，了解竞争对手，通过非销话术进行适当赞美，并拉拢团结的同伴……做到这些是很容易成交的。

## 38 我说这 2 套适合你，那就是适合你

和大家分享一个读不懂的顾客，非常的有意思。

他是个胖子，一进门就说："有我穿的吗？"

说这话的时候，没有目视任何人，更像是在自言自语。

然后，就自己看，不说话了。

任同事们怎么切入话题，就是不理你，防得死死的。

你一开口，他就说自己看。

她们叫我："你去看看吧，他不让接近。"

我就不信了，也很好奇，想挑战一下："我亲自料理！"

我深呼吸了一口气，来到他的面前，问："你喜欢什么样的？我比较专业，这么热的天，只让你试一次。"

他没看我，但是也没法忽视我的存在。

再问："我理解你的心理，你怕麻烦，不喜欢换衣服，对吧？"

他终于开口了："是的。"

"我们一次性试穿怎么样？"我追逐着他的目光，不让它溜了，"我选款，你试穿，信我的眼光。我每天很晚才睡，就是在学搭配，所以很专业。"

他似乎被逼到了墙角，说："好吧。"

我选了 3 套。

我说："就试一次，喜欢就买，不喜欢就换掉！"

他进了试衣间。

有意思的事情发生了。

他出来照镜子，老是摇头。

我一直在旁边观察，并坚信我搭配的没毛病。

他又进去了，换了另一套。

出来照镜子时，还是摇头。

我说："帅哥，怎么样呀，你要自信些好吗？！你对自己要求太高了，

你穿的这 2 套都不错的！"

他弱弱地说："我太胖了。"

就这样，衣服试了 2 套，第 3 套不试了。

他换回了自己的衣服，说："我们再看看。"

我带他转了一圈。

转完后，按说他就要走了，可是他突然说："把刚刚那 2 套包上吧！"

说实话，我感到很奇怪，他自始至终一直不满意，最后竟然神奇地全要了！

所以说对这样读不懂的顾客，或者说不自信的顾客，我们就要自信地告诉他："这件衣服就是适合你，就是好看！"我们要引导他，把主动权掌握在我们手里，对待这样的顾客不需要柔和了，需要强势！

## 39 女装店长，如何帮助店员做销售

有次到绍兴见一女装零售商，因她还未到店，店长也不在，我临时客串了一次店长。

有一位女顾客带着女儿进店，女儿约10岁。她试了一条深蓝色的九分裤，挺喜欢的样子。然后，以此裤子为基础展开了上衣的搭配。

先后试了一件浅蓝底白色点缀的上衣，和一件与裤子同样深的蓝色上衣。

店员的说法是件件都好，各有各的好。

我认为这样反倒令顾客更加犹豫，于是果断出击："这件深蓝色的上衣与裤子的颜色太接近了，没有层次感，搭配起来显得太沉重、沉闷，而这件蓝白色的上衣穿起来，就有了亮点，显得轻松多了。"

顾客表示认同。

既说不好，也说好，而以好为主，最后回到好的方面来，这样更加客观，顾客较为认同。

后面，她女儿给她选了一条黄色项链搭配。

她戴上后，认为显得人年轻了。

这时，假设成功法是有所作为的。

"这是自己的女儿选的，戴上这条项链的妈妈在女儿眼中是美丽的妈妈，"基于这一假设我直接说："从刚才的情况来看，你是一个好妈妈，在不是特别满意的情况下，尊重了女儿的选择，你们母女的关系应该不错。"

（也许她还在犹豫呢～但我假设她已经同意了女儿的选择）

她笑了笑："是的，我在绍兴打工，她在老家读书，放假才过来住一段时间。我们难得见一次，一般情况下，我尽量满足她。"

正要买单时，顾客发现项链的一个地方有缺陷，提出打个折。

店员表示，品牌有规定，不能打折。

气氛有点紧张，搞不好就会跑单。

我走到收银台，对店员说，规定是针对一般情况的，这个项链确实有一

点质量问题，属于特殊情况，可以打个 8 折。

最后，项链打了 8 折，其他两件没打折。

顾客很高兴地牵着女儿的手走了。

品牌是不假，但品牌也没有那么神圣，说到底就是前几年取的一个名字，对于生意而言，只是一个工具。

## 40 非销成交法（罗平版）

4月29日，我在罗平为某男装品牌做销售爆破项目。

该店实行免费洗涤服务，即顾客在该店购买的衣服，可以拿到店铺，由店铺免费洗涤。

上午10点左右，有位女顾客送衣服来洗。该女士30出头，戴着一副眼镜，穿得挺职业的，白色短西装，与黑色西裤搭配，像个老师或公务员，带着一个约5岁的小女孩。

她好像也没有什么其他的事情，于是我们坐着闲聊，而且聊得比较投机，她连喝了两杯水。

聊着聊着，就聊到了家庭、婚姻。

我："作为一个女人，要用心经营家庭和婚姻。这点，你认同吗？"

她点了点头："是的。"

我："我有个朋友，有次我们一起去香港，她站在手表店久久不肯离去，犹豫了半小时，给他老公买了一块5000多元的手表！"

她睁大眼睛，好像有所启发。

我继续补充道："她老公看到手表时，眼睛都红了！我这朋友平时很朴素，不爱打扮，也不怎么花钱，可是一下子给她老公买块5000多元的手表，是个爷们都会感动！"

她连连点头，一边喝水，一边好奇地看着我，好像是在等我继续说下去。

我："有一位女士，她老公每次出差，她都会偷偷把一些实用的小东西塞到行李箱内。到了目的地，当她老公正自怨没带剃须刀或充电器时，她回微信说放在哪里哪里了——这种细心的老婆是一定会让老公感到很贴心的。"

她连忙点头。

我总结道："女人要懂得经营家庭和老公，舍得投资，感动老公。"

说完，我问："你老公是做什么的？"

她说："体育老师。"

我惊叹道："体育老师！那身材一定很好！"

她笑了笑："还行吧。"

我推荐道："你今天拿衣服来洗，说明是老顾客了。平时很少搞活动的，今天店里搞活动，你可以给他选几套，给他一个惊喜！"

同事在一旁帮腔："先帮他搭配好，然后叫他来试穿！"

于是同事跟她一起去选衣服，选了2件T恤、1件衬衣、1条裤子。

到了11点40分，她老公来了，满脸笑嘻嘻的。身材确实挺好的，一身的肌肉。我跟他握了握手，假装斥责道："你看你看，打了你几个电话，现在才来，你太太和小孩足足等了你将近2小时！"

他憨憨的笑着，不好意思地说："刚好学校有点事。"

这时，同事拿着衣服过来，说："赶紧试吧，这是你老婆精挑细选的，可不许说不！"

他拿着衣服就往试衣间走。

我们笑了，对着她说："你老公挺腼腆的，这么好的身材只给自己的老婆看！"说完大家一阵开心大笑。

她老公试了一套，刚好合身。于是他说："其他两件不用试了。"

结果买了4件。

一家三口提着大包小包，牵着小孩，有说有笑地回家了。

## 41 成交，是最好的服务之一（昭通版）

5月10日，下午至晚上，云南昭通。

下午，一对年轻的夫妻进店选购。

是老公要买衣服，老婆作陪。

老婆怀孕约7个月了，一来就直接坐到沙发上。

老公在沙发前面不断地试衣服。

老婆时不时说句：这件不好看。老公听了赶紧把衣服脱下。气氛变得有点尴尬。

于是我陪他老婆聊天，说："是啊，当局者迷旁观者清，您最了解他的喜好以及工作场合了，要不，您给个建议？"

他老婆笑着说："其实我也不知道哪件好看，让他自己选吧。"

我说："您老公从进来到现在一直在笑，很阳光啊！您真的好幸福哦。"

她笑着说："他呀，平时性格蛮不错的，但是一发起脾气来就不得了！"

我说："这倒是，平时不发脾气的人，一发就是大脾气！"

我问："听您的口音，普通话很标准，不像是昭通人？"

她说："是呀，我是河南商丘人，我和他都是在郑州读的大学，同一个学校不同系。他读工商管理的，我读教育的。"

说着，她指了指带过来的樱桃，说："我刚买的，你也吃吃，味道蛮不错的。"

我吃了几个，果然味道很好，又很新鲜，说："我昨天也吃了，没你这个好吃。"

她得意地说："你可能不知道，这樱桃一般有几种，有7块1斤和9块1斤的，我买的9块1斤的！"

我说："哦，难怪我吃的那个味道差一点，应该是7块1斤的。"

她突然冒出一句："我们在郑州做过1个月的劲霸呢！"

听罢，我赶紧跟她热情地握手，"同行同行！幸会幸会！"

那边，还在继续试穿。

聊着聊着，得知男的是昭通人，女的嫁到了昭通。男的工作环境偏商务型，所以穿着还是相对正式一点。

这时，她老公试了一件浅色碎花的短袖衬衣，问她的意见："这件怎么样？"一边说一边舞动着双手。

女士使劲地看这身效果，左看右看，但是没出声。

我赶紧说："这件衣服穿起来像花花公子一样，与你的身份不符合！"

男士不好意思地笑道："哦。那不要这件咯。"

她也笑着，算是默认了。

其实我们在向顾客推荐衣服时，不必说：每件都好，各有各的好。还是要有好有坏，但以好为主，最后回到好的一面。这样比较客观一点，顾客更容易信任你。

后面，又让同事拿了一些其他的款式和尺码，尽量让顾客在此店完成比较，让他感到自己是最佳购买者。

顾客反复比较款式风格、尺码大小，确定了 2 条蓝色裤子，并围绕着 2 款裤子，选定了 1 件短袖衬衣。

我说："刚好今天我从总部过来，带了一些赠品，如果购买 2 件，送一把晴雨伞；购买 4 件以上，再送一条真皮皮带！"

说着，拿出赠品给他老婆看。

他老婆把雨伞撑开，很喜欢。

099

我说："这是防紫外线的，对胎儿起到保护作用。"

她笑了笑，继续玩伞，把伞左转右转的。然后，打开皮带，也挺喜欢的。

后面，顾客又开始试穿短袖 T 恤。

最后，一共买了 5 件。

改完裤脚，高高兴兴地走了。

走的时候，他老公走在前面，只顾自己走。

我赶紧说："你看你看，得意忘形了吧，难道购物袋还要你太人拿呀。"

他很不好意思地笑了笑，赶紧回来拿购物袋。

几个小时后，他又来了！他和他太太，还带了两位男士，是他的弟弟。

一进门就问我在不在。同事告诉他们我还在呢。

我当时恰巧在隔壁吃面，回来后知道他们来了，就没有上二楼，在一楼守着。

同事说："他们肯定会找你要赠品的！"

果然，约一个小时后，同事在二楼楼梯口叫我："周总，他们想要赠品！"

原来他们又买了 6 件，一个兄弟买了 2 件，送了一把雨伞，另一个兄弟买了 4 件，送了一条皮带和一双袜子。

所以我说：成交，是最好的服务。

　　下午的时候，他们夫妻俩在这里度过了一个愉快的下午，买到了合适的衣服，又拿到了品牌公司的赠品，这种喜悦是要释放和分享的。他们与两个弟弟分享了喜悦的心情，并把两个弟弟带来购买了 6 件衣服。

　　另外，感谢同事得配合，没有同事们的二拍一合作，就没有这个成交案例。

## 42 成交，是最好的服务之二

昨晚临下班的点，进来一位帅哥顾客，我赶紧上前迎接！

帅哥在 T 恤区看了一圈，好像没有看中的，然后指着自己身上的短 T 问："有没我身上这种款？"

我推荐了一款让他试穿，在取衣服的时候他就问我价格。

凭我经验，他这种情况都是试着好玩的。

他什么都没说就进试衣间了。

出来后，照照镜子左看右看的，看得出来他很喜欢！

他笑着说："大小刚好啊，嗯，可以！"

他说着就让我剪吊牌。

然后他就自己拿着换下的衣服。

"要不要看一下裤子哦，这款和你身上的 T 恤很配的！"我说着就把他穿的码递给他。

这次，他没试就问我多少钱。

我就说我们每个季度都会有回馈新老顾客的特惠款，这条裤子打完折后 120 左右！

帅哥听后，就说："我今天刚从武汉光谷回来，相比之下你家的衣服好便宜啊，这裤子穿着很舒服的！以前我买过这样的都要几百！"

我说："感谢你对我们的肯定，我们现在款式不断上新中，过几天天热了，欢迎你再来！"

结完账帅哥高兴地说："我这是第三次来你家店买衣服，下次就直接你家了！"

群友 A：导购员要在销售过程中练就"一拿准"的本领，根据顾客的衣着、谈吐、职业、身材，争取一次性拿准适合顾客的款式、价位、尺码。

群友 B：顾客进店，若能买到合意的衣服，都会很开心；若每次到某店，都不能购买到合适的衣服，那么就会降低再次进店的欲望。成交，才是对顾客最好的服务。

101

## 43 有钱的顾客买的是尊重

顾客陈女士，10年前就认识，那时候我在某高端女装做店长，她是我的老顾客，不仅长得漂亮，而且很有钱，在2010年就买了一辆宝蓝色的迷你型宝马。

现在我自己开了女装店，她经常来店里溜达，却很少购买，可能是店里的衣服档次达不到她的最低要求。

有次聊天时说到，她有很多包，经常送人，我们一脸崇拜。她很开心，当即表示要送我两个。

过了几天，她真的带两个包来了，外形和皮质都还不错。

我欣喜地接受了。

老实说，我自己背的包也是很贵的，别人的二手包背起来怪怪的。但是为了表示尊重，我还专门背着她的包上省城，并在朋友圈晒了包的照片，以及表示感谢。

她立马点赞并评论说很好看。

过了几天，她又逛到我们店，并再次送给我一个包。

为了表示感谢，我在省城出差时，特意带了几条质量比较好的连体裤袜送给她。

她来拿时，非常满意，质量能达到她的要求，还是她喜欢的烟灰色。这次，又给了我两个包，明显比前三个更上档次。

她告诉我，就一个儿子。儿子作为交换生，从初中开始就在美国读书。

她平常除了上班，就是看书、购物，日子过得特别闲。

"你看，我的眉笔不知道咋搞的，遇水要融化了！"说着，她拿出眉笔给我看，是香奈儿品牌的！我流露出羡慕的表情。

她接着说："我的化妆品都到北京、上海或者香港去买，咱们当地很难买到正品呢！"

她比我大几岁，让我叫她姐姐，我哈哈笑起来，说："我一米七，标准的女汉子，你看你，小巧玲珑，皮肤又白净，气质又那么好，讲话又温柔，咱俩一起走一圈，人家肯定以为我是姐呢！这人比人咋这么气人呢！"

她笑了笑。

昨天，她又来了，走进店抬眼扫了一遍，目光停留在一套连衣裙上，说："就试这套。"

是店里小雅接待的，赶紧给她取下来试穿。

从试衣间出来，照了照镜子，还真符合她的气质。

小雅赶紧说："姐姐，这是今年最流行的焦糖色，你的肤色白皙，气质那么好，而且我们的款式都是限量版……"

还没说完呢，她就打断了，语气特别冷冰："最流行的啊，那不满大街都是这种！再说是流行的，我就不要了！"

吓得小雅赶紧圆场："尽管是流行色，但不是谁都 Hold 得住啊！只有你这么白的皮肤才驾驭得了呢！"

"嗯，那好吧，就穿这个了，包起来吧！"

价格都没有问，直接用支付宝付款，一条 359 元的连衣裙就这样成交了。

她左手拎着自己的包，右手拎着我家的手提袋优雅地走了。

事后，小雅说："第一次见！唉，有钱人！夸她，还得注意词语，一个字用得不对，她都直接说：你说的话，我不高兴了啊！"

我们总结了一下，对于这类顾客，交往过程中要尊重她，聊天时需多聆听，间或流露出羡慕的眼神或者表情，千万别随意打断她的话，赞美也要恰到好处，那么她就一定会捧我们的场。

## 44 我们卖了一双店里最贵的鞋子

一位大哥把车子停到了我们店门口，当时并不知道那辆车就是他的，就问他："门口的车子是你的吗？"

他好像是说："不是。"

因为刚刚送走了一个顾客，思路还没理好，当时也没怎么看是什么车子，就是这么随口一问。

他走进来时，我就觉得气场很强大。

他说："好一点的鞋子有没有啊？"

我就直接拎了店里那双最贵的鞋子给他，1679 元。

他试穿时，我介绍道："鞋底和鞋面都是全牛皮的！"

他说："觉得稍微有点小。"

于是换了 41 码的给他试。

他试的整个过程当中，一直在镜子面前走来走去，可以感觉得到他很喜欢，但是他没表态。

他指着一双 599 元的说："这双也给我试试看。"

我们帮他拿了那双 599 元的，他穿上之后立马就脱下来了，说："没有刚才那个舒服！"

后面呢，又试了一双 639 元的。

他问："有没有折扣？"

"有，大哥，8.8 折！"

"那这双包起来吧。"

说着，他把 639 元的这双鞋子脱下来，我们就帮他装起来了。

同时，他又把 1679 元的鞋子再次穿到了脚上，而他自己穿的鞋子一直在我的手上打理，擦鞋油，抛光！

我笑着说："哥，那你把脚上这双鞋子直接穿走吧，我把你的鞋子包起来。"

他点了点头："好的。"

就这样成交了，1 单 2 件，8.8 折后 2039 元！

其实没有什么技巧，但是团队间的协作很重要，一个做主卖手，一个就是副卖手，这样不会给顾客感觉都是我们叽叽喳喳的声音。同时要学会聆听和观察，譬如，刚才这双 1679 元的鞋子，他再次试穿，就断定他真的很喜欢，于是让他直接穿走！

还有就是，作为副卖手的我，给他打理了鞋子，令他感到温馨！通过服务把顾客留店的时间拉长、多试，连单的可能性就更大。而且，我们在推鞋的过程中，自始至终都建议他两双一起买，可以"换着穿"。

送他的时候，才发现他开的是一辆宝马 X7，这是一个很低调的大哥。因为我们此前没在意是什么车子，所以心态比较平稳，要不然就可能因人家有钱而欲望太强，反而适得其反！

## 45 顾客说"太贵了"，可仍然买了

父亲节，一位父亲领着儿子买球鞋。

儿子读初二，喜欢运动，经常打篮球。

要买一双篮球鞋，并看中了一款白色的。

可是今年父亲节不打折，父亲嫌贵。

我环顾了一下，找到一双特价清零的白色网球鞋，打7折。

（网球系列的鞋子不一定只卖给打网球的人，而是卖给需要运动鞋的人）

于是拿下来给他试穿。

因有7折，他父亲对价格能接受。

但小孩穿着显得有点紧。

我说："新鞋都是有点紧的，但这是44码，是最大的，而且这是真皮的，真皮是有一定弹性的，穿到第三次就会有点松，刚好合脚。"

父亲："能不能再少点？"

我说："您看，这双鞋鞋底有英文字母，这是一种科技的名称，这种科技可以提供良好的缓震及抓地性，减轻脚着地时的冲击力及增加稳定性，从而有效保护足弓及脚踝扭伤，这鞋贵就贵在这里。"

父亲："哦，就是太贵了！"

我："关键是小孩穿着舒服，跳跃时能有效保护足弓及脚踝。"

父亲："再少点嘛?!"

我："其实，小孩挺懂事的，看到鞋子贵，怕大人花钱，挺懂事的。"

大致就是这样，父亲买了。

## **46** 成人之间的对话——说着说着她就买了

李宁，山东菏泽东方红大街某店。

一妇女领着一小女孩来到男装区。

我："您好，他多高？"

妇女："我随便看看。"

妇女："这款夹克适合多大的人穿？"

我看了看她，测算了他的年龄："来买这款的，一般在 30 ~ 40 岁。"

过了一会儿，我："是帮您爱人选吧？"

妇女："帮我对象。"

妇女："我就想帮他买一套。"

（实际上她看中的款式并没有一套的）

我："您这边看看，这些裤子都能搭配。"

妇女："但是，我想要衣服裤子都一样的面料。"

我翻出吊牌，"您看，都是篮球系列，属于一套！"

妇女摸摸裤子："这面料还是有点不同啊？"

我："运动服装不像男装或女装，人体上下肢体运动量不一样，所以要求面料的功能不一样，运动服的整套就是这个样子的，而且它们都是篮球系列。"

妇女："这个不怎么透气？！"

说着，她还用嘴对着袖子吹了吹。

我："您绝对放心，这是篮球系列，打篮球出汗是比较多的，这件衣服之所以设计为篮球服，就是因为它的透气性非常好，因为里面有一层网布内里，网布与涤纶面料之间大大增加了空气流通，及时疏散多余的热量，并增加透气性。"

妇女："这个我懂，我也是做服装的，自己缝纫，但是他不太喜欢。"

我:"自己做，面料、做工都可以很好，但是版型肯定没有设计师设计的好。"

107

妇女："那是。"

我："他多高，多重？"

妇女："1米7，140斤，肚子稍微有点大。"

我："那我帮您拿175的。"

妇女："差不多吧。"

我："若大小不合适，7天内凭小票来换码。"

一会儿她买了"一套"，2件。

108

## 47 销售尖刀善于创造机会，感动顾客

那天，天气很热，客流来得晚一些。

大家都在忙着，这时来了两个男孩，其中一个手里提着刚买的鞋子和衣服的袋子。

提袋子的男孩乐呵呵地说："男装在楼上吧。"

我笑着问："你怎么知道？"

他说："我是你家会员呀，你看看我穿的都是你家衣服。"

说着，急匆匆地上了楼。

这时，我注意到一个细节，他的胳膊上是刚刚文的字，很红肿，我关切地说："你还这么小，怎么文身？！会上隐的，文完还想文，是不好控制的。"

他一直点头，说："是的，姐，我就是还想文，这是第三次文了。"他调皮地描述着。

我顺手把空调关了，说："你别站在那吹了，看着都疼。"

他笑着说："没事，姐，不怕风。"

我说："看看衣服吧。"

他说："姐，我不选，你给我朋友选，他要裤子。"

我说："好的，那有沙发你歇会儿，我帮他选衣服。"

他的朋友穿的是牛仔裤，黑色的衬衫，一头的汗。

我说："我给你选条短裤吧，棉麻的，吸汗，透气好，防紫外线，再搭配一件今年流行的冰丝面料的 T 恤，你进去试下，相信我的搭配！"

他接过衣服，进了试衣间。

这时我又看了看纹身的那个男孩，他坐在沙发上玩手机。

也许是职业病吧，我看了下他的衣服，发现他的裤子脏了，仔细一看，是文身的时候染上了色，黑黑的一片，我问："你的裤子怎么弄的？"

他说："不小心滴上去的。"

我说："那快点洗下吧，我给你找裤子，你去换上，要是这么贵的裤子

109

不能穿多可惜呀，现在洗还来得急。"

他说："姐，我不买衣服，你给我洗裤子，我不好意思的。"

我说："去吧，多大的事呀，如果晚了，染料干了，裤子就洗不干净了。"

他犹豫了一下，还是接过裤子，去了试衣间。

这时他的朋友从试衣间出来了，照了照镜子，说："姐，裤子很舒服，好凉快，但是，会不会太短呀？"

我说："如果现在选长裤，过几天气温回升你还得选短裤，不如一步到位，就花这一次钱选这套吧，你说是不是？！"

他说："好吧，姐，穿着吧，我累了，不想换了，把标签摘下去吧。"

我说："好的，你等下，我去洗裤子。"

说着，我去了洗手间，用香皂涂在脏的地方，用力搓，真的洗干净了！我拧干了，但还是很湿。

我开玩笑地对文字的男孩说："你换上吧，一定很凉快。"

他更调皮，说："姐，我喜欢上你给我拿的裤子了，不想换了。"

我说："不行的，要理智，你是不是觉得不好意思？姐给你洗裤子，你非要买！？你的眼神告诉我了，这就是你的想法。"

他说："是的。"

我说："不行，你们学生消费水平我知道，不能乱花钱。"

他感动地说："姐，这裤子我买定了，你不许劝我。"

说着他把标签撕了下来："姐，这裤子我喜欢，你真的打动了我的心。"

我一直说"你这孩子怎么不听话呢"，他调皮地说："姐，你看你非得给我洗吧，让我不好意思不买条新裤子，但是这钱我花得值！"

说着，他拍拍我的肩膀说："姐，下楼，划卡吧。"

一单3件，钱不多，但是整个过程中能感觉到男孩对我的认可和信任，我给他留下了印象，相信他还会再来的。

作为销售人员，我们一定要给顾客留下一个很深的印象，你的一举一动，开心与不开心，顾客都能感觉得到，都会反馈给你。

# 48 她们到底在买什么

宜宾东街。

上午，进来了一位大姐，50来岁。

郑成香接待。

成香给她找了一条白色裤子，她试了，款式喜欢，但尺码偏小。

成香在电脑里查了一下，其他店有更大一码的。

于是成香去调裤子。

走时，她找到我，说："周哥，我去调裤子，你帮我陪聊一下。"

说完，她指着那位大姐。

我说："放心，交给我一切安好。"

接下成香委托的任务，我暗想，一定要陪聊到她把裤子调回来。

我给大姐拿了1瓶饮料，递给她："大姐，您真会选裤子，一选就是今年最畅销的款式，卖得都断码了，幸好，您运气不错，其他店还有大码。"

大姐接过饮料，说："这条穿是能穿，就是偏紧，下蹲时不方便。"

我说："如果我是您，也会多试一个码，头衣服嘛，只有多试儿条，才能有比较，买到最合适的。待会儿调过来那条裤子，试穿后，您可能还是会选现在这条，但是，不试就不知道哪个尺码更合适。"

大姐点了点头，表示认可我的说法。

聊了一会儿，主要内容就是互问对方是哪里人，家里有谁在广东打工等等。

我说："您现在反正无聊，去找条裤子试一下呗。"

我给她拿了一条棉麻的阔腿裤子。

她试后出来照镜子，转过头看臀部的效果。

"这条裤子是今年流行的款式，挑人，需要自信的人穿着。我说"版型的话，您是能够驾驭的，棉麻的面料嘛，是非常吸汗透气的，不像您身上这条化纤的，天气凉快的时候穿着是很不错，天气热的时候汗就憋在里面不舒服。"

她说："是的，其实还是棉的比较舒服。"

我说："这款棉麻面料的裤子，吸汗透气凉爽，这几天天气热，特别抢手，穿上身就没有脱下来的，我不怕您不喜欢，就怕没您的尺码。"

大姐还在考虑，我说："您也是懂行之人，好裤子自己会跑，现在卖得只剩3条了，今天下午2点前将会全部卖完。"

大姐说："包起来吧。"

我带着大姐去门口的收银台，恰巧成香把裤子调过来了。

成香不解地问："怎么，不要了？"

我笑着说："大姐好事成双，又选了一条棉麻的裤子。"

大姐又试了成香调过来的这个尺码，觉得挺满意的。

于是，大姐买单，2条。

看着大姐提着购物袋远去，我陷入了沉思之中，我在想，她们到底是在买什么？纯粹只是买遮羞蔽体防晒御寒的基本功能，还是在买更多的安全感？或者买一点自信？买老公的微笑？买逝去的青春痕迹？

## 49 她说我是托，但她还是买了

宜宾东街。

这天上午，进来两位女性顾客。

其中一位是本地人，另一位是她的闺蜜。

本地这位是来买裤子的，她的闺蜜是陪她逛街的。

她的闺蜜是东北女士，30 岁左右，1.64 米，偏胖，穿着一件白色纱长裙。

她说："好热。"

导购帮她找到 1 个出风口，让她过来吹下冷风。

见状，我凑上去说："一看你就是东北人，普通话特别好听，像小沈阳。"　113

她看了看我，说："我也挺喜欢小沈阳的。"

我说："是吧，小沈阳和赵本山演的那个《笑傲江湖》，你看了没，把我肚子都笑疼了。"

她说："看了，确实演得不错。"

我说："试试裤子呗，时间过得快一点。"

导购说服她试了 1 条 5 分蓝色牛仔裤。

从试衣间出来后，我鼓励她："哇，你的腿好修长！我说一般人怎么穿不出这个效果来，原来这款裤子是北方人的版型！"

她说："你是托吧。"

我说："好好好，我是托，托请你喝真果粒饮料。"说着，我拿了一盒饮料给她。

她笑着接过饮料，示意这条裤子买了。

我也看出来了，她表面说我是托，但是内心已经接受了我的赞美。

买裤子的那位本地女士，身高 1.55 米，35 岁左右，穿着一件黑底白条纹的上衣，一条黑色短裤。

她选了一条黑色 9 分裤，我说："这条很常规，没特色。"

她说："是啊，类似的裤子已经有 2 条了。"

这时，导购又推荐了另一条脚口有褶的黑色裤子。

我说："这条好，有细节变化，耐看。"

她似乎还在犹豫。

我说："你看，你朋友陪你来买衣服的，她都买了。你们两个穿我这店的裤子都有感觉，说明你们两个有蛮多共同点的。"

她说："行，打包吧。"

女人的衣柜里总是少一件衣服。很多情况下，女人买的是一种心情和感觉，买的是美丽一瞬间。

## 50 他也将穿着新的衣服走向更加辽阔的世界

下午 3 点左右，进店一对母子。

母亲一看就是高品质的顾客，男孩子 1 米 87，高高的，帅帅的，很有朝气。

男孩问："姐姐，有到新款吗？"

我说："都是刚到的新款，看看有没有你动心的。"

他调皮地说："我要出远门，怕冷，你给我选厚点的。"

我问："要去多远啊。"

他说："去个大城市，沈阳。"

我笑了，说："还以为是铁岭呢。"

就这样，我们的话题聊开了。

115

他妈妈笑着说："他平常喜欢运动，主要是舒服为主。"

我说："上大学了，我们需要改变风格，这孩子太帅了，我家哪款都适合他。"

男孩调皮地说："姐姐，我给你们代言吧。"

"好啊，好啊，今天我让你试穿不同风格，让你妈妈给你拍照怎么样？"说着，我又发自内心地跑出一句，"你真的好帅！"

他"嘿嘿"地笑了："大家都这样说。"

我们聊得很嗨，聊着聊着我切入了主题。

我拿了一条黑色裤子，一件白衬衫，一件花沙毛衫，一件军绿色的风衣，递给他，我说："整套试穿，有效果的。"

他皱了皱眉头说："姐姐，我外套很多的。"

我说："外套你有，但不是同一款的，去试试，不让你买，就是让你代言，快去试试吧。"

他进了试衣间，我和他妈妈聊："去沈阳上学是吗？上大学了，不能穿着太运动了。"

他妈妈点头说"是啊，个子高，不好选衣服，不能太夸张了，也不能太随便，这就看你的眼力了。"

我自信地说："一定让您满意。"

这时男孩出来了，照了照镜子，满意地说："妈妈你看，还不错耶。"

确实，黑色裤子，白色衬衫，外面套着花沙毛衫，白色的衬衫领子露在外面，很韩范。

我顺手递给他一件韩版的长款毛衫，帮他套上。

男孩说："姐姐，你好厉害，拿的尺码刚好合身。"

我笑着说："姐姐天天帮你这样的小伙子搭配，熟能生巧。"

他笑了笑，继续照镜子。

他高高的，身材很好，这套衣服他很满意，一直没脱，一直看。

不久，他开始出汗了，我递给他纸巾擦汗。

我一直说衣服的卖点，他也认真地听。

我说："你把毛衫脱了，我们试试风衣，就穿里面的白衬衫试，一定有效果。"

他很听话，穿上了那件军绿色的风衣，说："这件也挺好的，实用些。"

我对他妈妈说："您快看看您的儿子好帅，快给他拍照吧，他穿风衣好帅。"

他妈妈自豪地说："我儿子在学校很棒的。"一边说一边拍照。

我说："姐，孩子出门多带几件衣服，在学校里都是比着穿，而且妈妈不在身边的话，换洗的衣服可以多几件。"

他妈妈似乎在遥想着什么。

116

我又说："您儿子挺黏妈妈的，您陪着选的衣服他都觉着顺心，如果他一个人去选衣服，一定没主意的。"

她很认同我说的话，问男孩"小姐姐给你选的衣服你喜欢吗？你要哪件？"

"小姐姐，全包上吧，你成功地搞定了我。"他做了一张可爱的鬼脸，调皮地说。

我笑了，说："你从沈阳回来一定来看我喔。"

他说："好的。"

就这样一单6件，财神买单了，1100多。

给他办了张会员卡，赠送了一个背包。

他们开开心心地离店而去，他也将穿着新的衣服走向更加辽阔的世界。

## 51 退出江湖，请购买 1 件显纯朴的衣服

宜宾东街。

那天，进来了两位男士，一位是陪同的，直接坐在凳子上。

要买衣服的男士个子倒是不高，约 1.60 米，剃着一个光头，但是又在头上留了一处圆形的头发，总之不好形容。他穿着一件黑色的短袖衬衣，只扣了最下面 2 粒扣子，上面敞开，露出一身的肌肉。他的右手刻了一个"忍"字，左手也刻了文身。

我看了看他右手的那个"忍"字，笑着说："看来你以前很讲义气，很风光。"

他笑着说："嘿嘿，那是以前不懂事。"

117

聊天得知，原来是表哥快要结婚了，他来买新衣服，婚礼那天穿的。

我向他推荐一件粉色的衬衣，他不要，笑着摇头："我怕抢新郎的风头，怕撞衫！"

我羡慕地说："你一身好肌肉！"

他谦虚地笑了笑："哪里哪里。"

这时，导购给他拿了双黑色的皮鞋，他试穿了一下，感觉挺合脚的。

然后，他把鞋子脱掉，仔细地检查鞋子的质量，每一个地方都按一下。

我说："一看就知道你是懂行的人，看鞋子，首先要试穿是否包脚，其次要把鞋底压弯几下，再松开，看它的回弹性怎么样？是否有脱胶的迹象。"

他说："鞋子不比衣服，一定要合脚，质量一定要好。"

"你好心细。"我当着导购的面对他说，"女孩子就要嫁给你这样的男士，很有安全感。你是玩过的人，心静得下来，一定会对老婆好。"

他一个劲地笑着说："哪里哪里，我没钱。"

他穿的是黑色的衣服，喜欢的也是黑色衬衣。导购拿了 1 件黑色的短袖衬衣给他，他试了，感觉尺码偏大，现在宜宾区也没有更小的码。

后面在大家的推荐下，他客气性质地试了 1 件白底、点缀小鱼图案的衬衣。

他一从试衣间出来，我就有一种清爽的感觉。

我说："你穿这件，显得很纯朴。而且大小刚好。"

他说："我不喜欢白色的。"

他这话一出口，导购们就纷纷劝他，有的说："你只是现在不习惯而已，以后你会喜欢上它的。"有的说："现在这件衣服就一个小码了，刚好碰到，买吧，别犹豫了。"还有的导购以促销切入："前几天都是原价，今天5折呢，很划算的哦……"

怎么劝，他都只要鞋子，不要衣服。

这时，我给他朋友拿了一盒饮料。

到了收银台，当着众同事与顾客的面，我充满自信地说："你要是不买这件衬衣，我会很伤心的！我天天帮你这样的年轻小伙子搭配，今天被打击，伤心啊。这件衣服真的很适合你，他展示了你纯朴的一面。现在你也长大了，不仅为自己买衣服，也要考虑父母和未来女朋友的感受是不？！"

他一直笑，一边拿钱买单一边摇头。

我继续鼓励他："你不一定经常穿这件白色衬衣，但是当你穿上时，会被你未来的女朋友看到！"

他依然笑而不语。

118

我向他朋友投去求援的目光，说："你让你朋友评估一下，这件衣服是不是可以？"

他朋友也笑着点了点头，说："可以的。"

这时候，他妥协了，又从钱包里抽出1张百元钞票，连同鞋子、衬衣一起买了。

## 52 限量版销售有高招

今天下雨，我们女装店里进来一对夫妻，带着个小朋友。

老公拿了我们两款新的休闲鞋给老婆看，导购霞霞马上说这是刚到的新款，上市就卖得好，已经卖几双了！

老婆脸马上黑了下来，说不喜欢！

我猜大概是不喜欢和别人穿一样的，或者今天不是来买鞋的！

（女顾客已经走到衣服这边，看着打底的毛衣）我赶紧说，美女你想看看打底的衣服吧？我们今天刚到了一件限量版的毛衣，只有一件，看你这么好的身材能不能帮我们试一下版呀！

经验丰富的导购小红立马把衣服拿过来了，说：帮我们试一下呗，买不买都没关系的。

119

然后我对她孩子说：宝贝，你这么乖，阿姨送个气球给你玩呗。"

于是给了孩子气球和几颗糖。

女顾客走进试衣间，我们赶紧拿了一条比较特别的牛仔裤让她一起帮忙搭配！穿出来后脸上有笑容。

我赶紧告诉顾客，这款毛衣搭这条牛仔裤有三种穿法，并帮她弄了三个造型！

我说，一件限量版毛衣被她穿出了三种不同的独特味道！

老婆很高兴地问她老公怎么样，只有一件呢！

导购说，你看你老公进来就帮你选鞋，对你真好，好细心，你喜欢的你老公肯定觉得美！

他老公马上说，只要老婆喜欢，穿着美就行！

衣服确实蛮适合身材小巧的女顾客！只有试穿才有机会成交。

顾客买单，高兴地走了！

群友 A: 她们做得真棒，察言观色，现在很多年轻人讨厌跟别人穿一样的衣服，用限量吸引顾客眼球，来达到销售目的，赞美技巧又好，向她们学习。

赞美技巧参考："看得出您对时尚的理解很深刻和独到，也非常有眼光；我给您推荐 2 款，一款白色的、一款黑色的（也可以是其他款，针对顾客的喜好灵活把握），这两款都是限量进货的，工厂只生产一批，不会补货的，重复和撞衫的概率是很低的；就是价格可能稍微高一点，一般不敢轻易推荐。由于有点超前时尚，一般人驾驭不了，但是您的气质绝对可以驾驭。而且，像您这样会搭配的人，搭配出来的独特风格和个性感觉是很难被模仿的。"

120

## 53 示弱销售生意好

胡女士：这些天我的生意很好，也得谢谢你们了，得益于在群里学习的知识、悟出的道理！

胡女士：最近一年来我发现来店的顾客非常骄傲自大，认为自己懂得很多，认为来消费就是比上帝还厉害！这些顾客很强势，给你还价！对于这样的顾客，优秀的导购用以前学的一切销售知识似乎都不管用了，于是，我们在工作中摸索出了"示弱销售"。

胡女士：示弱销售，就是顾客强我就弱，顾客弱我就真诚，顾客懂我就装不懂，顾客诚我就善良～我总结为示弱销售。脚踏实地做好每一天的目标，让善良和努力得到升华，让胸怀走向辉煌！

群友A：导购到底卖的是什么？如果我们只是单纯地卖衣服会卖得很累。导购首先要学会推销自己，让顾客信任自己、喜欢自己、尊重自己，然后再引导顾客购买，这样会大大提升成交率。我们要微笑，人们常常认为微笑的人善良，微笑也能有效消除戒备心理；要让顾客喜欢你，你首先要喜欢顾客，要获得顾客的尊重，你得有专业知识，并且也同样尊重顾客。

群友B：对于强势型的顾客，应对的要领是 听（话），适当的坚守并最终顺从。就是不能让顾客得到太容易了，这样反而不珍惜，所以要有一定的坚守，然后给老板打电话申请优惠，能降适当降一点，不能降就送赠品。

群友B：每个人在心里都渴望被尊重，每个人内心都有成为重要人物的潜在需求。导购适时示弱，会令顾客感到自己被重视，自己是个重要人物。

示弱举例（情景：女士陪帅气的老公到七匹狼店购物，老公进试衣间试衣，导购过来"拉拢"女士），"姐，您好，刚才您和老公进来的时候，大家说您和老公很恩爱的感觉，您真幸福！"（顾客比自己强，比自己幸福，自己弱很多）。

又如打电话："王姐您好，我是七匹狼的店长林丽芳，叫我小林就可以了"。林丽芳是知名品牌店长，却自称小林，这就是示弱。

示弱，大智若愚，我们"傻、愚、笨"一点，这样顾客才更加愿意跟我们买东西，因为顾客不怕被"宰"，而是在"宰"商家；顾客不想被强迫，他（她）要主导，他（她）要控制局面，他（她）要自己做主，自己说了算。

李嘉诚说过，能赚8分，只拿6分。吃亏是福，提升自己，做一个善良的人，脚踏实地做人做事，自会在生意中得到回报。

胡女士：把这段悟懂，用在销售上，不给他打价格，就能出单子！

## 54 非销成交法：我看出大姐是一个善良有孝心的人

1月15日中午，也许是快过春节的原因，顾客特别多，每个导购都有顾客，大家都忙着。

大型节假日对于我们步行街来说，就是走快单，我们的导购要练成眼快、手快、口快、腿快，重点是要接一、待二、照顾三、看四、放五（无明显购物信号的顾客打个招呼即可）。

满屋的顾客，真是过年、买年货的氛围。

这时二楼上来一位非常普通的家庭妇女，和一个看似不怎么爱打理自己的男人，后面跟着一个小男孩。

大家都没有留意他们，她们看上去就像不能买的感觉，孩子拿了好多吃的，全是干果。

我喜欢吃，所以我就注意到他们了。

我逗着孩子，问："你多大了？"

孩子说："11。"

我问："考试了吗？你感觉怎么样，考题难吗？"

就这样一问一答，我跟孩子聊了起来，我建议："我们去找沙发，休息一下吧。"

孩子手里拿着手机，我告诉他WIFI密码，孩子很开心，自己玩着。

顺利切入话题后，我开始转移目标，问那个男人："哥，你想选羽绒服吗？今天好冷呀，你穿得好少，明天还降温，你可要多穿衣服呀，感冒了很麻烦的。"

这时她妻子说话了："小妹，你给他选个羽绒服，回老家穿。"

我说："好的，你放心吧，保管让你满意。"

这时她笑了，很信我的样子，说："你选吧，我不经常逛街，落伍了。"

我拉着她的手说："大姐，一看你就是好女人。"

她笑了。

随后，我拿了一件长款羽绒服，递给她老公，说："这是今年最流行的款式，你试试看。"

大姐笑着说:"好的,好的,麻烦你了。"

我说:"大姐你很面善,很高兴为你服务。"

不一会儿,她老公穿上了羽绒服,照着镜子,还一直问她说:"好看吗?你是镜子,我穿衣服就是给你看的,你说行就行。"

我一听,大权在大姐这里呢,看来得大姐说了算。

她老公又指着另一件衣服说:"媳妇,这件黄色的怎么样?我拿大一号的,还是这款。"

我说:"哥,拿大一号的好啊,风衣款的羽绒服穿大一点好看些,酷酷的,很有风度。"

她一直笑着看他,说:"你喜欢就行,你喜欢我就付款,今天就让你们高兴。干一年了,难得来买一次衣服。想选什么抓紧时间,过了这个村就没这店了。"

我开玩笑说:"哥,快点选毛衫和裤子,嫂子现在开心,你快选。"

这时候我们都笑了。

哥进去试毛衫和裤子了,大姐又问:"有没有老人穿的衣服?我给老人选。"

我问:"多大年龄?"

她说:"82。"

我说:"有的。"

她说:"我去接他。"说着就下楼了。

这边,不一会儿哥从试衣间出来了,一件花沙毛衫,和一条尼料裤子,非常高端大气。他很满意,说:"全包上吧!"

我说:"好的。"

我没闲着,又给孩子拿了一双慢跑鞋,说:"你喜欢蓝色的对吗?去试试。"

孩子点点头,穿上了,告诉我说:"阿姨,好舒服,多少钱呀?"

我说:"打折的,你让妈妈买给你,鞋子就这一双蓝色的。"

说着我又顺手递给男孩一件衬衫,对他说:"你去试试看。"

男孩说:"好的,阿姨,我去试穿。"

这时大姐把老人接来了,我看到老人就说:"您儿媳妇真好,对您儿子好,对您孙子好,对您好,您命好呀,晚年幸福!"

老人高兴地说:"儿媳妇对我们好,我有福呀。"

我说:"我给您选衣服,您看看我的眼光,我知道您喜欢宽松的衣服,对吧大爷?"

大爷笑着。

我就找了一款黑色的羽绒服,特大号的,和一条蓝色的牛仔裤,说:"大爷,您进去试试看,大小号不合适告诉我,我给您找。"

大爷进了试衣间，孩子出来了，问她妈妈："我要这两件好吗？你们全买了，不差我一个。"

大姐说："包上吧。"

很快老人出来了，衣服裤子正好，我说："姐你看看怎么样，满意吗？"

我在老人面前一直夸她有孝心，是好儿媳妇，姐都不好意思了，说："爸，别脱了，穿着吧，外面冷，别折腾感冒了。"

我说："把您的衣服拿好，我给您包上。"

一家三口，一共 7 件，1800 元。下楼的时候搀扶着大爷，我说："好儿子不如好儿媳妇呀，您真有福！"

我把他们送出店铺，他们一家人喜气洋洋的。街上挂满了大红灯笼，年味越来越浓了。

## 55 我们卖的不仅是衣服，更是纯朴的人性

11月8日的晚上，大约是晚上8点多，这天大连好冷，海风很大。

我们都穿着厚厚的外套上班。

在街上走过来两个人，手里拿着皮箱。

看他们身上穿的，我的天啊，穿的好少，一看就是南方人。其中一个还只穿着夏装衬衫，没穿外套，冻得直哆嗦。这么冷的天，他一定会感冒的。

我就叫他们，说："帅哥进店里暖和暖和，太冷了，您会感冒的，得给您找件羽绒服，您进店暖和暖和吧。"

穿夏装衬衫的那个笑呵呵地说："好冷啊，这次衣服带少了，有男装吗？"

我说："有啊。"

于是他们就进来了。

我说："这么冷的天，您穿得好少呀，明天还会降温的，您要穿件外套呀。"

我们愉快地聊着天，他说："我们是来大连出差的，刚下飞机的。我们还想呢，先买衣服，再找酒店住下，可是手机没电了，订酒店也不方便。"

我一听口音，是广东人，于是笑着说："帅哥您是广东人。"

他说："你怎么知道？"

"接触的人多了，就能听出来呀。"我说，"三件事我能帮上您，第一我能帮您把手机充上电，第二我帮您选身衣服，第三我帮您找家酒店住下。您看看您是不是遇到了贵人。"

"喔，好的，好的，北方美女好热心。"他笑出声了，"手机是一定要充电的，一会我要微信支付的。"

我说："放心吧，您先在二楼（一楼是女装，二楼是男装）暖和一下，我给您手机充电，然后帮您选衣服。"

他说："好的。"然后把他的手机递给我。

我把他的手机充上电，到楼上微笑的和他说："给您选一身，您看看我的眼光、我的搭配，看您能不能满意，好不好？"

他旁边的那个人说:"他很挑剔的。"

我自信地说:"挑剔的人对我来说,就是要让他满意。"

那个人说:"看看你能不能懂他的风格。"

"好的。"说着,我就去卖场帮他搭配一身衣服。

很快就把三件套搭配好了,我说,"哥,我给您选条毛尼料的裤子,裤型特别好,非常的修身,您穿皮鞋,一定很完美;上身里面是件带衬衫领的毛衫,您搭西装或毛尼大衣都能搭上;外套我给您搭配的羽绒服,是今年销售大榜第一的款,纯色的,短款韩版的羽绒服,简单大方,高端大气,您不喜欢太多的图案是吧?"

他接过衣服,说:"好的,我去试穿。"

我说:"您放心吧,这么冷的天,您还要赶去酒店呢,不能让您白折腾,您会满意的。"

他问:"我裤子的码多少?"

"31的。"

我们一起说出来的,他说:"专业。"

进了试衣间,我和他朋友聊着天,等他出来。

不一会他出来了,照照镜子,很满意,问:"3件多少钱?"

我说:"1137。"

他说:"一会微信支付。"

我说:"好的。"

这时他手机的电也充得差不多了。

他朋友还开玩笑地说:"你很成功地搞定了他喔。"

"是想让他穿得暖暖的,为了他的健康考虑喔。"我说,"对面有个酒店,挺不错的,你们可以去看一下。"

他很满意地付了款,说:"下次还冬天来,你还给我选衣服怎么样?"

我说:"好的,好的。"

我微笑地把他们送出门。

127

## 56 我不是赞美，而是对美好事物的一种憧憬

她试了一件黑色毛衣长裙，很喜欢。

这件衣服只有1件，如果不是下摆有点起毛，她就买了。

紫文说可以帮她调1件货，她也基本同意了。

后面她出去了一次，又回来了。

这次，紫文拿了1件红色的给她试。

一会儿，她穿着红色的毛衣长裙从试衣间出来，一束黑色的长发及腰，她的脸上露出笑容。

她问："你们觉得我穿黑色的还是红色的更好？"

我说："红色的。"

她问："为什么？"

"红色的更耀眼。"我说，"黑色的你穿起来确实挺自然漂亮，但是你显然很在意肩膀的镂空设计，因为文胸的吊带看得到。"

她说："是的，红色的确实比较耀眼，但是我这个人蛮低调的，而且我很喜欢黑色的这件。"

通过刚才的聊天，得知她是重庆人，在本地一鞋子批发市场的档口工作，上午档口基本没人，下午接单，晚上打包发货。

她今天感冒了。

我说："从男士的角度来说，你穿这件红色的显得很耀眼，很有朝气，特别好看。"

她说："刚才不该试穿这件红色的，搞得现在不知道怎么选择了。"

我说："就选红色的！你穿这件红色的上班，客户隔老远就看到你了，订单至少增加5%。"

她说："我有100-200件衣服，就是没有毛衣裙子，每件衣服一般都只穿1-2次。"

我说："我敢说，这件红色的裙子，你会穿上10次20次，穿到起毛都

舍不得收起来，因为你穿起来真的很漂亮，我是看了又想看，你走在街上回头率一定很高。"

她笑了，说："买衣服就怕碰到你这样子的，说话又不笑，好像很真诚很有道理的样子，把我说得这么好，不买都不好意思。"

我坚定地说："你买黑色的和红色的，对于我而言都是一样的，但真是觉得你穿红色的特别漂亮，这件红色的毛衣长裙，到现在为止，没有人敢试穿，除了你。"

看她似乎在消化我说的话，我又补充道："你皮肤白，身材优美和高挑，撑得起这件红色的裙子。"

她犹豫不决，又进去试了一下黑色的裙子，感觉挺不舍的。

紫文说："干脆2件一起买得了。"

她的目光似乎扫了一下紫文，又似乎是在考虑选黑色的还是红色的。

一会儿后，她又转向我。

我说："红色这件好！如果你觉得太耀眼了，外面可以加件黑色或灰色的外套，调和一下。"

她想了想，终于下定决心："好，就这件红色的。"一边说着，一边咳嗽了两下。

买单时，她问："多少钱？"

紫文说："558元。"

她问："打折吗？"

紫文说："这是刚到的新款，不打折。"

她说："我好像有种上当的感觉。"一边说着，一边刷了卡。

买单后，我说："美女，加个微信呗，有啥子售后问题也可以找我帮你处理。"

她说："嗯。"然后加了我的微信。

我问："我们建了一个顾客微信群，把你拉进去吧？"

她立即说："先不要，我现在感冒了，昏昏沉沉的，怕被你骗了。"

我笑着说："好好，我先邀请你进群，你啥时候想进去都可以。"

她戴着口罩，踏步而去。

晚上，我开始回想销售过程中的情景，我是真的觉得她穿红色的那件好看。

129

## 57 一件白色 T 恤试穿引发的讨论与反思

【店主述说】

遇到一奇葩事件，两男顾客进来试衣服，看中了一款 T 恤。

可能刚刚从地里回来，他们身上都比较脏。

见状，营业员就跟他说："如果喜欢这个款的话，我先拿黑的给你试穿好不好，那白的不经脏，您看上身效果，如果喜欢的话，可以再考虑要白的。"

未料那顾客直接拿下白色 T 恤就套上了，都不到镜子看一眼就脱下来！

果然，雪白的 T 恤上就留下了很多条黑黄色的污渍。

新入职的小姑娘看到污渍怕承担责任，就要求他购买。

于是，他们就争执起来……

我在商场购物，接到电话马上回来问明情况。

顾客说是因为小姑娘看不起他是劳动人民，故意不让他试穿；小姑娘说不是不让试，是考虑到这 T 恤太白了，于是拿了黑色让他试大小、看款式，如果决定要白色了再试。

我看了看弄脏了的白色 T 恤，问他："那你打算买吗？"

他："我不喜欢，当然不会买！"

我："那你既然不喜欢，为什么不试黑色的？款式大小都一样的。"

他："我就不想买！故意试的！谁让她看不起劳动人民！"

我："你觉得她在这里上班就不是劳动了？你觉得她看不起你，那你这样为难她，你又尊重过她们了？衣服你可以不买，我会洗干净退回公司，但是你应该跟小姑娘道歉，因为你一个大男人故意刁难一个 19 岁的小姑娘，她已经被你气哭了，你光荣吗？"

他狠狠地瞪我："你们开服装店不就是可以让人试的吗？"

我："她没有不让你试吧，在任何一个城市，我们去购买衣服，女人都要注意自己的口红不要弄到衣服上，很多有风度的男人会洗掉身上的汗渍才出去购买衣服，我也看见有些建筑工人上公交车后，如果自己身上有很多泥巴和灰尘的话，他们还不好意思坐在位置上呢，难道你连这点心胸都没有，非要为难一个小姑娘？"

他朋友说了一句："对不起。"拉着他匆匆出去了。

小姑娘还委屈地躲仓库里哭着……

说这个故事，是想让大家心平气和来评评道理，我真没有觉得小姑娘有什么不对的，为什么会有那么一小部分人会如此低素质？！

群友 A：真是为难小妹妹了，老板能为店里员工着想，这点值得点赞。

群友 B：少数消费者心理扭曲，特别是底层的消费群体，内心自卑，比较敏感，接待时需要格外小心，注意语言技巧。

群友 C：我们是服务行业，市场上形形色色的人都有，就看我们想要什么结果，从而反思我们该怎么做，该怎么面对，该让自己怎么提升。

群友 D：态度不友善的顾客相信哪家店都遇到过，确认让人心情不爽。但是，如果我们店长、店员和顾客一样感情用事的话就太不专业了，所以需要有意识地让自己冷静下来。作为职业导购，无需为这样的事情而感到不安、烦躁甚至跟顾客闹情绪、争吵，越是这样越要保持冷静的态度，店长需要及时出面疏导情绪，可以让当事导购员先回避一下。如果是店长本人遇上了，切记一定要隐忍，实在不行可以让同事帮忙接待，自己离开现场舒缓一下压力与内心的暴躁，不宜跟顾客起冲突，亦不要当着顾客的面表现出不满。该店员感觉自己很委屈，哭是正常的。我们也可以不做这单生意，同时也不要把顾客推向到处败坏我们的地步。如果一味同情，店员以后对待顾客的行为可能更加对立、强硬。

群友观点 E：我们服装人该去思考提升的空间，要不然人家可以在网上买了，没必要来店铺体验了。现在生意难做，对待顾客要用合理的方法，这对工作人员的要求更高了。对这样的客人，说话语言和技巧很重要，由于沟通上的障碍，表达的技巧没掌握好，不仅仅丢了一个潜在客户，也有可能丢了他能影响到的一个消费群体。其实，该店员说的话，让顾客感觉到在歧视他了，所以，他当然是不会购物的，并且故意试穿白色 T 恤，还不买！所以，别歧视，让他试穿，把衣服弄脏了，作为男人，他自己也是不好意思的。即使他不买，脏了后我们可以洗涤、熨烫好，重新销售。甚至还可以送他小礼品，让他产生更多的亏欠感，也许会成为我们的忠诚顾客呢。

群友观点 F：如果我们能视为机会，一开始就让其吹吹空调、递上凉水、递上餐巾纸或湿纸巾擦汗……也许是另外一个结局。男人一般不逛街，既然逛街往往就有购物的需求，应对得好，反而会买多件。越是这样的顾客，越是不会挑三拣四，越是对衣服不怎么挑剔，成交率高。

这个案例也让我们反思：为什么店员这么害怕衣服弄脏？为什么店员如此跟顾客对立、争吵？这是业绩不佳带来的压力使然？还是员工流失率高，新员工缺乏经验？以及因为培训不到位……

## **58** 顾客还在店，绝不放弃，他终于买了 887 元！

最近店里来了好几个新员工，中午时人流不是很大，就让她们去库房熟悉货品，只有我一个人在卖场。

这时，进来了一个男人，不是很高。

我走过去想找个话题聊，可是却发现硬生生的找不到，有点尴尬！

我问："你想看什么样的鞋子？"

他说："看双商务款的。"

我就指着商务款的鞋子给他看。

讲真的，我觉得，他个子不是很高，不适合太尖头的鞋子，于是就推了休闲商务两用的那种款式给他看，结果他直接说："不好看！"

那我就拿了比较尖的鞋子给他，他又说："太尖了！"

接下来又推了一款前面稍微圆一点的给他，他说："不喜欢！"

我顺手又推了一个款，他说："不好！"

这时候，他从进来到现在已经拒绝我四次了！我也有点想放弃了！

他似乎也不想再看了，就往门口走！

眼看他已经走到了门口，也不知道当时出于什么样的心理，我随手又抓起另外一个款，跑到门口给他看！

他说："那好吧，这个拿给我试一下！"

因为他穿 41 码，我就赶快喊小伙伴在库房拿 41 码的给他试。

在小伙伴拿鞋子的过程中，他又在钱包区挑了起来，后来，还真挑了一个钱包！

很快，小伙伴已经把那双鞋子拿来了，不料他竟然不试！

他说："不喜欢！"

可能感觉有点不好意思吧，他走到商务区那里，自己又看了起来。

不一会儿，他拿了一个款，说："这个拿给我试试。"

然后我们就拿给他试。

133

这次他满意了！买走了！

一双鞋，一个钱包，一共 887 元！

帅哥走的时候，我就和他开玩笑，我说"你看，我做你这单，真心实意的做，你呢，一直不冷不热的！"说完我情不自禁大声的笑！

我的笑声感染了他，他也笑了，说："其实我就是这种人！"

目送他走之后，我还在想：如果没坚持呢，真的就没有这单了！

134

## 59 NFABE 在李宁专卖店的运用

李宁，山东临沂某店。

"欢迎光临李宁！"

随着双双的迎宾语，一位 60 多岁的阿姨进店了，她似乎是要买运动服。

阿姨看中了一款蓝色运动服。

双双热情地说："阿姨，买不买没关系，您喜欢的话可以试穿一下。"

但是阿姨似乎有点遮遮掩掩，想要不要的感觉，也有点不好意思的感觉。

阿姨想买这套运动服，但可能有所顾忌。

顾忌之一，她怕别人笑她，因为主要都是年轻人在买。

顾忌之二，她不太敢穿，怕人家笑话她。

基于此，我暗示双双先"按兵不动"，我来接待，她配合。

我装作不经意地说："阿姨，这套运动服是蓝色的，蓝色不同于粉色、黄色、红色这些年轻艳丽的颜色，蓝色比较大众化，例如绝大多数公务员，不管年龄多大，制服都是蓝色的。"

阿姨看了看我，没做声，但感觉她听进去了。

我继续说："阿姨，您穿上这套运动服，肯定特别精神，至少显得年轻 10 岁，叔叔表面上不管怎么说，但是心里面还是希望您年轻的。"

作为中老年妇女，一般都希望自己在爱人眼里显得年轻。老实说，运动服除了穿着宽松舒适，更能显得年轻。运动服可以给阿姨一种年轻的感觉，至少可以聊以自慰。

对年轻几岁的渴望，将会战胜一切，克服一切阻力。

这时，阿姨开口了："运动服穿着是舒服，就是好像不太适合我们穿。"

我笑了笑："阿姨，运动服不像男装和女装，它就跟牛仔裤一样，男女老少都可以穿的。"

为了彻底打消阿姨的顾忌，我补充道："阿姨，这套运动服，这几天天气好转，好多阿姨来购买，您不是第一个来买的，也不会是最后一个来买的。"

135

说到这里，我给双双递了个眼色，双双赶紧把衣服取下来，帮阿姨套上去。还挺合身的。

阿姨对着镜子转了转身，挺满意的。

双双说："阿姨，我帮您裤子和衣服都拿一个加大的是吧？！"

阿姨简单说了句："行吧，交钱去！"

双双把阿姨带到收银台，交钱，买单，阿姨提着购物袋迅速地离去，她似乎还是不好意思在大都是年轻人的店里待太久了。

下面我们来梳理一下所谓的 NFABE。

了解顾客的需求（N/need）--- 能满足该需求的特性（F/feature）--- 该特性有什么优点（A/advantage）--- 该优点给顾客带来什么好处（能满足其需求）（B/benefit）--- 如何证明（E/evidence）。

本案例顾客的核心需求（N）是舒适（运动服的舒适性已获得阿姨的认同，不用再重点介绍）和显得年轻，针对此（显得年轻的）需求介绍该款商品的特性(F)是蓝色的运动服，该款蓝色的运动服能给到阿姨年轻的感觉；消除阿姨的顾忌，其实就是从另外一个角度说明该好处是适用于阿姨本人的）（B），证据（E）就是很多阿姨已购买 / 还会有更多人购买。

136

**小结:**

如能打人货店的组合拳，那当然威力很大。如果店铺的资源
和能力有限，可以在人、货或店中的某个方面发力，如能一点突破，
则往往导致全面繁荣。

137

## 提升客单价

　　来购物的顾客，我们如能让他多买 1 件或更多，这就是销售高手。每家店都会有一些自然的销售，但是能够做好附加推销，每单多卖 1 件以上，店铺就胜出了，利润就起来了。

　　提升客单价，一是需要提升连带率，二是要提升高单价货品的销售。

　　下面，让我们走进销售高手们精彩的连单世界吧。

## 60 美学顾问一出手，顾客买了6件

【销售时间】5月22日
【店铺名称】石首韦洛迪斯（总店）
【美学顾问】陈艳
【单笔数量】6件
【单笔金额】1225元
【顾客类型】适中型
【连单分享】

今天下午比较淡场，这对于我们美学顾问而言，有充足的时间对顾客进行深度服务，是做连单的好时机。

晚上6点左右，进来一对夫妻，差不多40岁。

我暗暗观察这位男士，他的皮肤是小麦色，眼睛不大不小，脸部轮廓也适中，一眼看出他适合穿浅色系，白色底子最好。

我顺手拿了一款白底红色钩花T恤让他试穿，上衣效果可以，但就是连他自己都觉得裤子不敢恭维，影响了整体效果。

建议立刻换掉，要不然哪有效果！

我拿了条浅蓝色休闲裤递给他。

在他试裤子时，我和他老婆接上了，聊得还蛮投机。边聊边为他搭配了一双橙色休闲鞋，整体给人清爽、帅气得感觉。然后又迅速拿了一款白底蓝色格纹的T恤，外加一条黑色棉麻裤，并告知今年最流行这种棉麻裤，穿着舒适透气，款式经典百搭。

"必须得试一下！"我自信地建议。

男士开始不愿意，我立刻使用话术："先去试下，买不买没关系，又不会强迫你。"

他还在纠结。

"去嘛，感受一下穿上这种裤子的感觉。"我继续说，"你看你才试了一套，

我们女人买衣服都是十套八套试的，不信问下她？"

说着，我向他老婆投去求援的目光。

她老婆连忙点头说："就是就是，你就去试嘛！我想看。"

他老公终于进去了，出来后立刻让人眼前一亮，充满活力，俩口子都非常喜欢，说："包起来！"

在收银台时，我又拿了一款特价的圆领条纹T恤，对男士的老婆说："这是今年流行的海魂系列，刚才那件是翻领，这件是圆领，风格不一样，而且正在特价，最后几件，正好还有码！你老公的身材适中，穿条纹最帅了，帮你打包共计6样商品！"

女士稍作思考，说："好吧！"

【连单总结】一眼测出顾客气质类型，根据类型精准拿衣（一拿准），同时拉上顾客的同伴与你组成统一战线。

## 61 成套搭配能提升连带率

昨天晚饭时间，店里来了一位男士，无论是穿的，还是提的包，或者戴的表，都比较时尚。

我马上迎上去，说："欢迎光临罗蒙专卖店，吃了吗？"

顾客也很有礼貌地应答："还没有呢，就随便逛逛。"

说着，他径直往里面走。我则跟着，时不时找个话题聊聊。走到收银台时，我顺手给他倒了一杯水喝。

在聊天过程中，得知他公司最近有个活动，本次是想看看有什么适合的衣服。

143

我问："这次活动场合有什么讲究吗？或者什么可以穿，什么不可以穿的？"

他说："西服最好。"

于是我把他领到西服区域。

他问："什么颜色适合我这个年纪穿？还有适合活动现场穿？"

我看他穿得挺潮挺时尚的，就介绍了一款蓝色的西服给他，并解释说："这款蓝色显年轻，而且还是收身版，适合您的身型、风格，您穿起来显得很精神，也不呆板，而且现在还有折扣。"

他说："好的，我先试试看。"

我马上拿了他的尺码，顺便又拿了一件衬衫给他一起试穿，我解释说："这样整套搭配效果会更好。"

边说，我边解开衬衣的扣子，方便他试穿。

从更衣室出来，我马上上前帮他整理好衣领和袖子，说："袖长刚刚好，肩膀也刚刚好，这样一穿显得多有精神，人多高挑啊。"

他对着镜子左照照、右照照，也觉得很符合自己的风格，就决定要了那套西服，衬衫也一起要了。随后又让我给他找一件白色的衬衫。

"工作时穿的。"他说。

于是给他拿了一件，他试也没有试，就这样成就了一个三连单。

走的时候他还笑着说："以后会经常来逛逛的。"

"好呀，就这么愉快地决定了。"我开心地说。

接着，我们互加了微信。

虽然不是什么大单，但是我相信，只要我们认真地对待工作，学以致用，就会有收获，相信自己，相信明天会更好。

伙伴们，加油！

## 62 欢喜工作，连单不断

五一节的那几天，主抓连带，效果不错！

节前买了 300 个可爱的陶瓷水杯，在朋友圈做转发积赞赠送活动，积满 15 个赞就可以领 1 个，其实就是想让朋友们都能容易地拿到，事实证明效果很不错！

从 4 月 27--30 号营业额一直不错，忙的时候不时有顾客来领杯子，他们拿到可爱的杯子都好欢喜，连说"谢谢！"

五一当天，一整天都下着中到大雨，只卖了 4000 多。每次下雨的天，心里就会想："好啦，全当放假，轻松一下，天气好再加油卖货！"

五月二号，早上太阳公公早早地起来了，送小朋友去幼儿园后，就来店里。

节后街上没什么人，刚好有时间把陈列调调，还有卫生做做！

打开欢快的音乐，带上手套，先擦擦几个印着好多可爱小朋友小小手印、唇印的玻璃！擦干净后，下次小朋友们就可以再尽情地玩耍了！

额，这时候进来一位目测身高有 1.75 米的长发美女，手里拎满了东西，其中有二套粉粉的芭比娃娃玩具！

马上脱下手套打招呼，她也算是老朋友了，之前开另一个品牌店的时候一直买！

这次她看中了一款印有可爱的猫咪图案的 T 恤，想要粉色。

找了，没她的码，问她："要不要试试蓝白色的？"

她点点头，这是一位性格很安静的美女。

长发飘飘的她自己还扎了个心型的小辫子，好漂亮的。

我推荐了自己身上的一款蓝白条纹 T 恤，她自己挑了条绣花白牛仔裤搭配，从试衣间出来后照镜子，效果不错。

销售还在继续。

她自己看中了一款藏青色带有蝴蝶节的小裤裙，问我："这个可以搭不？"

"当然可以啊，人美，身材好穿什么都好看！"我好羡慕她啊！

145

她感觉小裤裙搭配蓝白色条纹 T 恤效果更好，所以就放弃白色牛仔裤了。

之后又试了别的一套，我们俩都觉得不是很满意，本来决定买单的是小裤裙和蓝白纹 T 恤那套，但我感觉她很喜欢白色牛仔裤（听她说家里都是裙子，想试试搭裤子），没急着打单子，问她："我觉得你还是很喜欢那条白色牛仔裤，要不要我找件衣服你再搭配一下试试？绝对穿出来效果好！我知道你其实是想要那件粉色的 T 恤吧！"

她说："额，你怎么知道？"

我笑而不语，递给她一件黑色露肩字母 T 恤，她试穿出来后照照镜子，很满意。

再递给她一根黑色细腰带，效果更好了！

她高兴地把衣服递给我，问："这腰带多少钱？"

"腰带就算了，送你了，看你穿着这么好看。"我说，"你看看要不要打几个眼子，感觉太长了。"

她感激地点了点头。

就这样，四连单：小裤裙搭配蓝白色条纹 T 恤，白色牛仔裤搭配黑色露肩 T 恤。

买单时，她微信转账，我拿工具给腰带打眼子。

她连说："谢谢！"我又送了张会员卡。

之后陆陆续续又开了几个四联单，几个三联单，两连单的好像也比较多。

天气预报说今天有大雨，刚好可以休整修正，恢复元气，明天天晴又可以满血复活啦！

146

## 63 聊得开心，买得愉快，姐姐一下子买了六双鞋

这次销售太让我记忆深刻了。

当时是晚上七点左右，我们店有三个顾客在试穿鞋子，我和搭档正忙碌着。

进来了一位姐姐，提着两个包装精美的服装袋，应该是刚买的衣服。

姐姐进来就说："我是来拿鞋子的，昨天在这里买了三双。"

"好的，姐姐您坐一下，或者试试我们的鞋子，我一会就给您拿。"

这时候，三个顾客成交了两单。

送走顾客回来，姐姐已经试穿上了我们的休闲鞋。

147

"昨天买的鞋子是有带点小跟的，今天走路脚有些痛。"姐姐告诉我，"我一会要去聚餐，现在过来拿鞋子的。"

"好的。"说着，我把姐姐放在这里的三双鞋子（包括她昨天换下来的鞋）拿了出来。

"姐姐，您就在隔壁买的衣服吧！"我看了看她的服装袋，说："她们家衣服比较有品位。"

姐姐把衣服拿出来，我们也欣赏了一下，是一条非常大气的连衣裙。

她穿着一件深蓝色风衣，西裤和小跟鞋，显得端庄大方。虽然有五十多岁，但身材保持得很好，不胖不瘦。

"姐姐，这件风衣很适合您，很适合您的气质。"

姐姐笑了笑。

姐姐一米七左右，可能是个子高吧，看上去颇有几分气质。

"姐姐，今年还流行休闲鞋搭配裙子穿，比较休闲、时尚、年轻。"

"是呀！"姐姐开心地说，"我这风衣不只你说好看，很多同事都喜欢，问我在哪买的，可惜是在外地买的。"

这时，姐姐已经试穿好了休闲鞋，她来回走了几步，说："这平底休闲鞋还蛮舒服的。"

"姐，搭您的风衣很大气。"我说，"真羡慕您的个子，穿上风衣和平底鞋那么有气质。哎！我的愿望就是长高点，这辈子是不会实现了！"

姐姐说："因为我爸爸妈妈是北方人，是知识青年下乡过来的，就在这定居了！"

说完，姐姐又补充道："北方人都比较高。"

"嗯嗯，原来姐是遗传的。"我点了点头。

"姐，我们这鞋子是限量版的，您买走就没有了！跟您真有缘，好像就是为您留的。"

姐笑笑说："我也觉得真是给我留的。"

"这双鞋子我先穿走，一会再来提鞋子。"

"好的，姐姐。"

一小时后，晚上八点多了，姐姐回来了。一进来就说："我觉得这双鞋子真的是为我留的，没错，我很喜欢。"

"姐姐您聚餐怎么这么快？"

姐说："都是些年轻小伙们，他们越玩越欢，我是一个法律工作者，不太适合在那种场合，所以尽早退出了！"

"哇！我说您身上透着一股正气呢！今天真开心认识您。"

姐说："那我们可以交朋友呀！"

148

我开心地说："我心里是这样想的，要是有您这样的朋友多好。可我还是没勇气。姐姐，高攀了！"

姐姐亲切地笑了笑，拿出手机让我扫，于是我们互相加了微信。

姐姐边喝茶边和我们聊天，她的儿子已经上大学了，儿子的女朋友是大学同学，她的老公是医生 —— 姐姐讲得很开心，滔滔不绝。

我的回应很简单。

"哇塞！"

"牛！"

"幸福！"

姐姐时不时地问我一句，但我主要是听。

"我经常和我老公辩论谁重要些。"姐姐继续说，"我是治人的心，他是治人的身体。我认为，人得要从心开始。妹妹你说谁重要些？"

我为难地说："都重要。"

姐姐笑得合不拢嘴。

这时又聊到她的群友，她的笔名，她写的书，她帮助过谁！

我的回应继续：

"哇塞！"

"您真善良。"

"您真是少女心情。"

她笑着说："我群友也这么说我。"

这姐姐很会说话，我夸她的词是直接粗俗的，她夸我却是很优美动听的。

她说："石首怎么会有你这样的精灵呢！？ 待人热情，人缘好，你的修养与众不同。"

被人夸的感觉真好，好开心，我一脸幸福得不知所措的样子。

聊了有一会儿，姐姐继续试穿鞋子。可能是太开心了，一试就说好看，一款两色都好看。

我说："是的，主要是您的脚好看，把我们的鞋子穿得这么美。"

姐姐有些自我调侃地笑了笑："难道两双都买了！？"

话一出，这时站在姐姐身后的搭档捂着嘴巴，前俯后仰地笑着，当然没笑出声。

我面前的两人都滑稽地笑着，我也差点没忍住要笑喷了！但强忍了下来，正儿八经地："您的个性有些像我们的经理，她一款三色都买了！"

"像您这么幸福的女人，喜欢就应该拥有。"

"好吧，两双一起，我刷卡。"

我帮她刷卡，搭档则帮忙装鞋子，还忍不住时不时笑着。

我扯了扯她的衣服，暗示去仓库里笑。

昨天三双，今天又三双，一共六双，都是给姐姐自己一个人的！

姐姐走的时候只提走两双，因为还有衣服，她说提得太多怕别人笑。

姐姐回到家就微信我，她说到楼下就把鞋盒扔了，鞋子都放鞋柜，这样老公就不会发现。

"真是少女心情。"我回应，"您会越来越年轻、越来越幸福的。"

后来都会和姐姐聊天，我的最大感受是：她的文笔真是太好了！

149

## 64 4个棒棒糖，促成了4连单

早上睡在床上，突然想起了那个晚上的事。

当时，有位中年妈妈，带着一个差不多八九岁的小美女，手上抱着估计一岁多的小男孩。

我询问了下，她说要看裤子。

于是按照她穿的码子，挑了几款裤子，递给她试穿。

她进试衣间前就交代小女孩："一定要把弟弟看好，不要让他摔跤咯。"

我就说："没事，美女，你进去试，我和他一起玩！"

过了一会儿，我问她觉得怎样，要不要拿几件衣服搭配，看看整体效果？

她没作声，我从门上递了两件打底衫进去。

一会儿后，她出来照镜子，看起来很满意。

我正要介绍衣服，突然听到小男孩一声尖叫！

妈妈赶忙跑过去把小男孩抱起来。

一看，估计是小朋友撞到柜子边沿上了，一下子鼓起个青包。

说实话，当时看到这样子我心里蛮难过的，小男孩的妈妈也是急坏了，一个劲地凶姐姐，怪她没看好弟弟。

以前自己家的小宝也撞过头，在百度里查过不能揉，越揉越肿，要冷敷。于是我就告诉妈妈了。

我一边拿纸帮小宝宝擦眼泪鼻涕，一边安慰他："宝宝不哭了，宝宝最勇敢了，下次一定要小心一点，怪阿姨没看好你啊，奖励两个棒棒糖好不好？"因为我家小朋友非常爱这口。

同事拿了钱飞快地往旁边店里跑，拿了几个棒棒糖赶紧跑回店里。

小男孩一拿到棒棒糖，情绪缓和多了。

看得出来姐姐是很懂事的小孩，妈妈那样说她，一句都没吭声。

我也跟姐姐说："姐姐也很棒，怪阿姨没看好小弟弟，也奖励你两个棒棒糖！"

姐姐有一对又黑又粗的辫子，递棒棒糖的时候我轻轻地摸了下。

姐姐虽然什么都没说，但从她的眼神中，我看到了她流露出来的感激。

这个时候小男孩吃着棒棒糖，心情不错，妈妈一个劲让他说："谢谢阿姨。"

小男孩小，看样子刚学会走路没多久，不怎么会说，望着我笑了笑。

妈妈把我刚刚推荐的四件衣服都拿过来叫我打包，付完钱，姐姐和弟弟高兴地和我拜拜！

街灯中，妈妈抱着小男孩，姐姐手提购物袋，姐姐和弟弟各自吃着棒棒糖，多么温馨的画面啊。

## 65 热忱服务，积极销售，成就了一个 3 连单

今天一到店里，经理就来了。

经理给我们说了几个版，要求返货。很快，就找到了这些货。

刚忙完，又来了几箱货。

有点小忙。

到了十点才进来第一波顾客，一个来买的顾客，带着两个同伴。

她是我们的老顾客，一进来就把鞋子脱下来，大声说："鞋子大了，想要一双半码垫。"

于是丽华去仓库里面找，没有找到，只好让顾客等着，立马去公司的名品城借两双。

当然，我这边开始奉茶，与顾客开心地聊天。

不一会儿，她的同伴开始自己试鞋子，并恰巧试到一双这位老顾客之前买过的一款，而且比较喜欢这个款式。

这时候，丽华拿着半码垫回来了，气喘吁吁地，额头上冒出了一些汗珠。

老顾客很感动，不断地和她的同伴说："穿着很好，很划算，真值得！"

她的同伴是一个比较细心的人，看到我们的鞋子上有划痕，和我们讲价。

我们坚持说不影响质量，但她还是准备放弃了！

最后向公司申请，少了二十元。

这时候她告诉我们有一张 50 元现金抵用券。

我说："没问题，您再买一个包包就可以达到抵券条件了！"

很快，一个包包和一双鞋子成交了！

老顾客另外一个同伴，也试了一双鞋。她看到同伴买了，很快也买了下来！

关于这个 3 连单，我们总结如下：

1）丽华去其他店给老顾客拿鞋垫，能让顾客有时间留下来看看我们的商品，并且有点小感动。

2）我们热情地奉茶，开心地聊天，令现场氛围很融洽。

3）能够想办法成交第一单，并积极鼓励同伴试穿，才能促进第二单、第三单。

## 66 热忱待客，积极销售，大哥买了 5 件

1 月 20 日中午，进来了一位中年男人，大约 50 多岁，还有他的妻子。他们穿得很有品味，看上去就像是高品质顾客。

因为店里基本上都是学生们穿的，所以我们的导购就没怎么关注他们。

他们一进来就看男装，走得很快，转了一圈。大哥说："这哪有我穿的，太年轻了！"

我说："我们现在市场很大，针对的不仅是年轻人。我们的设计师很棒的，设计了不同年龄风格的款式，您多看看好吗？给您一次全场试穿的机会，您可以一件不买，没关系的，最起码您没白来店里是吧！？"

154

这位顾客大哥有些格格不入，说："不喜欢的话我是不会试的。"

我说："有些衣服看上去不咋地，但一穿上就是好看，您不要把您的年龄定位在老年人，在这里一定有您穿的衣服！"

他看了我一眼，说："试试这款羽绒服吧。"

"好的。"我说，"这是一款纯黑色的修身长款羽绒服，简单大方，很适合您。"

这时他妻子说："不错，衣服还得试穿，不然真的不知道效果的。"

我这才松了一口气。

他问："多少钱？"

我说："现在有活动，两件 8.8 折。"说着，我拿计算器给他们算好了原价，折后省了多少。

我在想，就算他不买，也会让他对我的服务、对货品留下印象。

我一直在讲卖点，不让他有思考的空间，但他是个理智型的顾客，他说："我刚出来，货比三家，一会再回来。"

我说："哥，这么冷的天，您还转什么呀，休闲的就咱家有，街上其他都是运动的，不适合您呀。"

我边说，边拿着衣服把他送到了门外。

他说："你回去吧，我记住你了，一会我回来。"

我说："我给你留着。"

他说："好的。"

店里很忙，满屋子的人，很有过年的气氛，我们继续忙碌着。

大约一个小时，大哥回来了。

他一看到我就说："我回来了，说话算数吧？！我去你家另外那个店了，没买。答应你了，就得回来。"

我说："哥，你真讲究，感谢你回来。"

他说："刚才这件我要了。"

随后，他又看着飞行员夹克，摸着。

我顺手就拿了下来，说："哥，今年流行橄榄绿，您试试。"

他试穿了，照镜子看，笑着："是不是太潮了？"

我说："哥，现在不穿，什么时候穿？！"

他妻子说："就要这件吧。"

大哥却对妻子说："给儿子打电话，让他过来，他不是要买裤子吗，在这儿一起买得了。"

不一会他的儿子来了，挺胖的一个男孩子。

我给他选了一条裤子，一件毛衫，一件长款羽绒服。

"你试一下。"我鼓励他，"我知道你不喜欢试衣服，就试一次，相信我。"

他说："裤子试得我好烦。"

我说："那是没遇到我！我选款很准的，信我，去试吧。"

他进了试衣间，这时候大哥穿着飞行员夹克美美地照着镜子。

我说："今年就流行这样穿，里面飞行员夹克，外面长款羽绒服，要的就是层次感。"

大哥说："你就忽悠吧。"

我说："我可没忽悠，您是那么理智，您自己说好不好看？！"

说话之间，他儿子出来了，因为胖，找到能穿的码不容易啊，所以他很开心得样子，说："妈，就这套吧，挺好的，我逛累了。"

我说："试裤子最累了，我家号码大，下次直接来我们店。待会儿我给您办张会员卡，新款都能打折的。

大哥说："说实话我不想买的，你很有耐心，也懂我们的需要，下次还会来的。"

就这样一单5件成交了。

我总结了，当顾客要走的时候，有些导购立刻就变脸色，比变天还快，让顾客很有压力，所以顾客是不会回来的。如果我们送好客，我相信顾客是有机会再次回来的。顾客第二次进店，就是信任我们，只要搭配到位，大单保成。

155

## 67 依靠手机沟通，我把6件衣服卖给了美国顾客

那天晚上7点左右，进来3个外国人，应该是美国人，这么冷的天气却穿着短袖。

他们很着急，其中一个男孩手里拿着一个坏了的电脑数据线，好像要买什么东西。

我在门口，跟他们打招呼，那个穿牛仔衬衫的男孩子过来了。

他笑着跟我握手，问我充电器在哪里买。我说前面直走，并指了指方向。

他们几个就走了，我当时说了声："一会回来。"

他们笑着点头。

大概是20分钟吧，他们回来了。

看到他们3个很冷的样子，我说选衣服吧，不然会感冒的。

其中那个穿牛仔衬衫的男孩很调皮，他比划说他体质好，没事的，不冷。我说那就看一下衣服好吗？他们同意了。

我先介绍牛仔裤，并拿了3条，让他们自己看，随后拿了几件毛衫、羽绒服，务求成套搭配。

我把衣服递给他们，叫他们进试衣间试穿。除了那个穿牛仔衬衣的男孩不进去，其他两个都进了试衣间。

我懂了，原来这个穿牛仔衬衣的男孩说了算。

我就和他聊天，他说话眼神，简单的语言我能懂，但是靠手势比划很费劲，这时我想了个好办法，用手机沟通，手机里面有个在线翻译。

他说："你好热情，我不买，他们买。"

就这样，我们通过手机在线翻译聊着天。

他眼光很好，挑了两件羽绒服等另外两人出来试穿。不一会他们出来了，我把羽绒服递给他们，说："是你们的伙伴选的衣服。"

他们很听话，穿上后就过来让那个穿牛仔衬衣的男孩看。

他调皮地说："毛衫不喜欢，换一件。"

我又带着他选了一件，递给刚才那个男孩子试穿。

这时穿牛仔衬衣的男孩拿了一罐啤酒，说："你喝吧。"

我笑了，说："我在工作，不能喝酒的，谢谢你。"

他笑了，把啤酒收了起来。他在手机说："我下次来还会来这个店。"

我在手机回了一句："很欢迎你，认识你很高兴。"

这时他们把衣服换了下来，都拿给我，我吓了一跳，这是什么意思呢？全部看不中？

我对穿牛仔衬衣的男孩说："要不，你来给他们选吧，你是老大。"

他用中文笑着说："买单。"

我的心放了下来，说："你也买一件吧？"

他摇头说："我身体好，棒棒的。"

我动摇不了他，他很理智。

即便如此，他还是买了6件，其中2条裤子，2件毛衫，2件羽绒服。

买完单，我把他们送了出去，他还告诉我，记住了店的名字，说完他们乐呵呵地走了。

大约半小时，我家小美女叫我，说："那个外国人回来了，在找你！"

我下楼一看，是那个穿牛仔衬衣的男孩。

他看到我很激动、很着急的样子。

157

我和我家领导问他发生了什么事？

他说："马上要开船了，但他记不清楚船停在哪里，上不去船了！如果上不去船，他在中国会很麻烦！"

他急的样子很可怜，我说："报警吧，警察帮我们解决！"

他同意了，于是我们等警察来。

他很冷，我把他叫到空调下面吹暖气。他做了个动作，表达了他的感动。

不一会儿警察来了，问清了情况，看了他的护照，立马送他回船上。

临走的时候，他跑过来握了下我的手，说了声："谢谢。"

我相信他如果再来，一定还会来店里。

我们对顾客的态度，顾客是有感觉的。

## 68 她们本来是买冬款的，却买了 4 件春装

早上 10 点多，手挽手进来两位闺蜜。

高一点的叫莫善英（加微信后才知道她的名字），她是陪娇小一点的这位闺蜜来买衣服的。

娇小那位对导购颜迎说："我要看冬装。"

于是，颜迎把她带到冬装区。

莫善英在闺蜜看冬装时，自己逛到了春装区，一下子看中了一款军绿色长风衣，喜欢得不得了。

颜迎帮莫善英穿上，帮她系好腰带。

莫善英试穿后，感觉不错，自拍了几张给她的朋友们参考，并且发语音告诉她男朋友。

她男朋友首先表示反对，因为她上次试穿了 1 件军绿色旗袍，他很不喜欢。

颜迎建议："军绿色旗袍不好看，不代表军绿色风衣不好看。你可以把刚才的照片发给你男朋友，让他看了再做评论。"

于是，莫善英又把照片发给她男朋友。

这时，正在试穿的闺蜜也过来了。

她对莫善英说："你穿这件军绿色大衣挺漂亮的！"

莫善英高兴地说："真的啊！可是我男朋友还没有回信呢。"

看到莫善英的春装穿着效果这么好，闺蜜也开始转试穿春装。

她试穿了一条黑色短裙，搭配一件灰色无袖针织打底衣。

莫善英对闺蜜投去赞许的目光。

闺蜜赶紧自拍了几张，发给朋友们参考。

很快就有一位男性朋友回信说短裙可以，但衣服不好看。

她很纠结。

我说："你穿这套衣服显得很有女人味，它的亮点是短裙，短裙可以衬

托你匀称白皙的腿，而且身材显高，短裙把你的优点放大了。至于你男朋友觉得衣服不好看，可能因为这件上衣是无袖的，有的传统男士不好意思看。"

她说："其实这条短裙感觉也没有什么特色。"

我问："你家里有多少条短裙？"

她说："一条都没有。"

我说："女人必须有一条短裙。第一条短裙最好是基本一点的，因为能跟很多上衣进行搭配，第二条短裙才可以更加个性化一点。就好比家庭买车，第一辆车一般都是基本的、三厢的，第二辆车才考虑SUV或两箱车。"

她点了点头。

她说："那，干脆只买短裙，打底衣就不要了。"

颜迎说："这是一套很好的搭配，就怕没有这件打底衣，裙子的效果出不来。"

莫善英也点了点头。

这时，闺蜜的朋友们纷纷发微信过来给意见，有的说好看，有的说不好看。

"谁都不缺一件衣服，但是一个人的年纪、经历、气质、心态、审美观都在变化，家里柜子里面的衣服再多，也只能配以前的你。现在的你需要现在的衣服来搭配。"我说，"买衣服就是买一种美好的感觉，朋友们只知道你的外表，不知道你的内心。我建议，你还是忠于自己！"

她还在犹豫。

159

我说："若不相欠，怎会相见？遇到有感觉的衣服也是一种缘分，也说明你欠这种感觉。"

聊天之间，得知她马上要去海南。

我说："在三亚的沙滩上，到处都是短裙搭配背心或无袖打底衣。"

她笑了笑，说："确实是这样，但是我去海南是上班，不是天天去沙滩。"说完，她表示这套衣服要了。

这时，莫善英又看中了1件卡其色短外套，试穿后感觉还行，也自拍给朋友们参考。

闺蜜笑嘻嘻地说："嗯，你穿这件外套好看。"

我接过话说："是呀，这件卡其色外套，西装领，束腰，显得干练、洒脱，又不失时尚度，给人一种都市丽人的感觉。"

莫善英的朋友们回信了，大部分说好看，也有个别说里面的灰色毛衣裙显得太肥了。

这时，颜迎拿了一个黑色抹胸给她搭配，效果非常好。

莫善英也很开心，再次自拍给朋友们，几乎都说好，所以这件外套就定了。

可是她男朋友还没有回信。

她又试了几件，基本都被我否定："这件蝙蝠衫穿起来像施瓦辛格，这件白色毛衣出卖了腰上的肉……"

我也怕她选花了眼。

过了差不多10多分钟，她男朋友回信了，说那件军绿色风衣好看。

于是两人到收银台买单，一人2件。

走的时候，闺蜜笑着说："我是来看冬装的，结果买了2件春装。"

莫善英也笑着说："我是陪同的，却买了2件外套。"

160

## 69 销售尖刀华紫文：平安夜我要做1万5！

今天下午我采访了某女装店中级导购华紫文。紫文的个人业绩近几个月都是第一名。

她给我讲了一个顾客李彩梅的故事。

"昨天晚上我跟她聊到凌晨 3:44 分。"说着，她把手机打开聊天的页面，我看到了长长的语音和文字聊天信息。

"梅梅现在美国做生意，昨晚她那边是下午。"紫文说，"聊着聊着，她突然哭了，搞得我也哭了。"

我问："聊得好好的，为什么哭了？"

紫文："她有跟我讲她在美国的奋斗经历，其实是很不容易的，说到一些伤心事就哭了呗。"

我好奇地问："你们什么时候认识的？"

紫文撩了一下额前的头发，眼神看着地板，似乎在回忆什么。

"那是今年的 6 月初吧，"紫文回忆道，"梅梅从美国回来，到隔壁店买了一条牛仔裤，然后到我们店来选配搭的上衣。"

我问："然后是你接待的？"

紫文点了点头，说："我陪她试穿了大约 1 个半小时，可是她没有选到合适的。"

我猜道："然后她不好意思，随便买了一件？"

紫文摇了摇头，说："她没有看中衣服，但是她说试了这么久不好意思，勉强看中了一双鞋。"

这时，紫文的手机亮了，她把手机拿给我看："周哥，你看，梅梅得知我们明天平安夜有销售任务，给我转了 2600 块钱的定金，让我给她选几件。"

我好奇地问："然后，明天给她寄到美国？"

接下来我可能会问邮寄费谁出，毕竟寄到美国得几百块哦。

紫文笑了笑："不用寄，我有她表姐的电话，明天晚上直接通知她表姐过来拿衣服。"

"哦，这样啊。"我又回到刚才那双鞋，"当时鞋子买了没有？"

"梅梅有洁癖，只要新的，当时那双鞋是 38 码的，稍微偏小，而且有点脏，她没要。"紫文说，"后面按照她的要求，给她寄了一双 39 码的。"

我点了点头："服务还不错啊。"

紫文却说："事情还没完呢！她收到鞋子后，感觉有点偏大，后面拿到店里来，又让我们寄了一双 38 码的。"

我问："那，后面寄了吗？"

紫文点了点头："寄了。"

从这次以后，梅梅感觉非常不好意思。

大约 1 个月后，在今年的七夕情人节，梅梅为了表示感谢，专程过来请紫文喝奶茶。因当时紫文加班，梅梅在奶茶店一直等到晚上 12 点。两人喝茶，一直聊到凌晨 2 点半。

"后面来了一批新款，梅梅又被我邀约到店里选衣服。紫文指了一条皮裙，"嗯，她就是喜欢那种半裙。"

我说："喜欢就拿给她试呗。"

"我跟她说，你穿半裙不好看，显得腿比较粗。"紫文不好意思地说，"她确实腿偏粗。"

我说："你这样说不好吧。"

紫文苦笑："是啊，虽然我是发自内心为她着想，可女孩子都是有虚荣心的嘛。她也说'紫文，你不要跟别人说得太直接，这样别人心理不舒服的'。"

我问："她买了没？"

紫文："半裙没买，其他的衣服买了 4 件。"

紫文补充道："当时我有协助另一名同事成交了 1 单，2 件。其实那位同事并没有出什么力。所以，梅梅认为我这个人很大度。"

这时，紫文的手机又亮了，是梅梅的表姐也要买衣服。

紫文高兴地说："梅梅后面还带了几个闺蜜来捧场，这不，她表姐其实也是她的闺蜜，但是没有她有钱。她表姐也喜欢我们的衣服。"

我说："是啊，人以群分，闺蜜们都有相似的爱好。"

这时，我想起来了品牌公司上次搞了一个直播，在直播中特价销售部分款式。当时紫文一人卖了 7 千多。

我问："上次直播中，顾客找你买了 7000 多，梅梅有捧场吗？"

紫文不好意思地说："有的，那次梅梅买了 5 件，现在还没穿呢。"

见我满脸不解，紫文解释道："前几天我还跟她妈妈聊天，得知那几件衣服还没有寄到美国呢。"

162

除了梅梅，我们还聊到爱丽丝，爱丽丝也是紫文的老顾客。

11月2日，大家加班到晚上12点半。

临走的时候，只见紫文等3个女孩打的而去。后面一问，才知道去参加她朋友爱丽丝的生日聚会。

第二天一大早，紫文竟然准时来店里上班。

我问："还以为你起不来呢？"

她说："昨晚喝到凌晨2点半，我打了一个通关。"

说着，紫文用双手揉了揉面颊，这样似乎会清醒一点。

我说："挺能喝的嘛。"

她说："周哥，其实昨晚吐了~"

我问："为什么要喝那么多？"

她说："过生日的是我的朋友，大家都叫她爱丽丝，她对我很好。"

11月30日晚上，爱丽丝跟她老公吵架了，自己一个人跑到KTV喝酒，然后打电话叫了几名导购紫文、华琳等去陪她喝酒。

她问紫文："你还差多少业绩达标，差多少我买多少，衣服你随便帮我挑，给我带过来，我微信转账！"

紫文没有给爱丽丝拿衣服，因为11月份她个人达标率132%，早超标了。

聊着聊着，紫文的手机又亮了，她又按照顾客的要求去拍照了。

这时，紫文已经下班1个小时了。

我问："下班了，为什么还不走？"

紫文笑着说："明天我要冲1万5！年底多拿点提成！"

紫文还开玩笑说要跟我赌，她说："周哥，明天我个人业绩可以超过1万5千！不信，我们可以赌！"

我赶紧摇了摇头，说："不跟你赌，因为我相信你能完成1万5千！"

现在，紫文有一个心事。

她跟我说："周哥，你帮我劝一劝我爸呗，他老是赌！"

看着紫文那张懂事却又稚嫩的脸，我心里有一种说不出来的滋味。

值此平安夜到来之际，真心祝福紫文、祝福大家：一生平安幸福！

163

## 70 从顾客已经出门到购买 3052 元，这里面有一种精神

晚上 8:30 分左右，从外面巡店回来，有点疲惫。但是宿舍附近有一家店最近销售不太好，挺不放心的，今天也就在微信里面卖了一单，230 元。她们把新款拍成照片，晒到店铺微信号的朋友圈，有位顾客喜欢其中的一条裙子，通过微信转账付了款。

内心几经挣扎，还是来到这家店。

刚进店，看到一位美丽的女士，她把手中的米白色呢子大衣交还给华琳，径直往店外走去。后面还跟着一名男士。

我隐隐约约听到她边走边说："太贵了！"

这时，她已经走到隔壁店去了。

我赶紧追上去，问："衣服很好看，但是价格太贵了是吗？"

她说："是呀，2480 元，这得我两个月才能省出来哦。"

我说："如果只是因为价格的问题，这个好办，关键是衣服你喜欢不？"

她说："衣服还是蛮喜欢的。"

我说："那好，衣服的价格是公司定的，这个我们改变不了。但是，我可以送你一个品牌口红，前几天从香港带过来的。"

"哦，我姐姐也是经常在香港帮忙代购的。"她停下了脚步，说："我姐姐可不容易了，才 1.56 米的个子，每次背两个大包，还拉着两个大箱子。"

我笑着说："哈哈，肯定是 24 寸的大箱子。"

她说："28 寸的！"

"啊！"我惊叹道。

说着说着，她就随我回到店里。

华琳见状，又把那件米色大衣给她披上。

她走到试衣镜前面反复照镜子，感觉特别好。

确实，她 1.65 米的身材，穿这件大衣确实很大方很迷人。

华琳说："我帮你搭配一下里面穿的吧？你自己回去找类似的衣服搭配

就行。"

她点了点头。

华琳很快帮她搭配了一条黑色裤子和一件灰色毛衣。

试穿出来后，她那同事说："这件毛衣怪怪的，不好看。"

她接着说："灰色毛衣显胖，我要一件显瘦的。"

我拿出手机，提议道："美女，我们加个微信吧。"

她高兴地说："好啊，我是做贷款业务的，以后有需要贷款可以找我，而且我银行也有朋友，需要办理抵押什么的，我也可以帮忙。"

我说："好啊好啊，待会儿我把你拉到一个群里，都是我们的会员，好多都是蛮有实力的，说不定你们有合作的机会呢。"

说着说着，我们就相互加了微信。她叫陈晨。

我说："美女，你不像本地人？"

陈晨说："是啊，我是河南信阳人。"

我说："信阳是吧？我有个朋友王琳在信阳做金苑女装，开了2家店。"

陈晨说："哦，金苑，知道的。"

后面她看了一件绿色的毛衣，不喜欢下摆，她自己又找了一件白色的毛衣。

陈晨进去试衣服时，我跟她同事说："你陪了这么久，真是体力活，太不容易了。"

165

他说："现在她男朋友那些人还在KTV等我们呢，迟到1分钟罚酒1瓶哦！"

我说："是吧，那得送你一个赠品。"

他笑嘻嘻地说："好啊好啊。"

陈晨从试衣间出来后，她同事说："这件白色的毛衣比刚才那件好看多了。"

陈晨自己也很满意。

然后去收银台买单，华琳说："美女，2800多了，一次性购满3000元，以后购物可以打85折哦。要不你拿条围巾吧。"

陈晨说："好吧。"

后面又拿了一条围巾，一共3052元。

陈晨和同事提着购物袋走出店门，我目送他们消失在前方拐角处……

## 71 不放弃！真诚服务帮我一单卖了 12 万

很久以前的一个下午，是一个无精打彩的日子，骄阳依然似火。

后来，一个人，改变了这个下午。

只见一个穿着时尚、气质高雅的客人走进了店铺。

他环顾了一下服装，对各类货品提出了很多的难题。还没容得我出声，他就开始往外走。

当他快走出店门时，我快步走到他前面，热情地对他说："我觉得有几款非常适合您！可以试一试，没关系的！"

客人犹豫了一下，绅士般、有礼貌又极有涵养地随我看看。

当时我心里还真没谱，硬着头皮带着他看了一圈货品，同时细心地挑些有感觉的货品讲解一番。

渐渐地，他放缓了脚步，和颜悦色地和我讲起品牌形象思维和设计方面专业的问题。

一个非常有品味、有高度的客户让我眼前一亮。

我个失时机为他讲解品牌产品、价值，以及受终端客人的欢迎情况！并列举了一些本地名人来购买的例子。

感觉气氛变得融洽起来。

终于，我鼓足勇气，小心翼翼地说："老板你不妨充两万元卡，这次买不成的话，过两天有新货到！"

感觉自己就这么凭着意念随口一说，没想到他竟然同意了！

又聊了一会儿生活。

这时，我又得寸进尺地说："如您充五万，我们可以向公司给您申请两个鳄鱼皮的包包，这个包包属于私人订制款，独一无二的哦！是不对外销售的。您想一下，充个五万的卡不但在折扣上大大优惠了，还送您两个价值 18880 元的包包，怎么算都划算！"

他想了一下，二话没说，当即充了五万元！

怀着感激的心情，我留下了这位客户的微信、手机号码以便跟踪服务！

……很久以后，他带着他的朋友来店里，给朋友买了1万多的衣服！

通过微信互动和多次交谈，慢慢知道他是一个搞公路工程的老板！一个大气，很舍得付出的客人。

我对他说："如果有空多来店里走走，这里有咖啡，还有上好的茶叶，您也可带朋友来玩，也可在这里吃饭！"（备注：我们品牌走高端路线，单品最低价格2000元以上，请顾客吃饭是可以报销的，当然有时候我们也自己买单请客。）

一来二往，由生到熟，渐渐地他把这当家了，还在店里安排工作！

后来，当他看到品牌由于刚到本地，知名度不高，生意不好，并且我们心情也不好时，他不停地鼓励我们不要放弃，又为我们品牌推荐了好几个顾客，陆续为我们带来了生意！

半个月前，他又鼓励并告诉我，要充12万元！

太开心了，我觉得这是今年最美最美的经典话语了！……他也是一个说话算话的绅士，昨天，他兑现了他的承诺！……昨天下午他过来了，提了12万的货！

亲爱的家人们，当你不放弃任何一个客人，并真诚地用心为他服务时，你也会收到相应回报的！

167

## 72 南昌店的第一个 5 连单

9 月底，南昌胜利路。

大家正在理货时，进来了一对夫妻顾客，俩人挺恩爱的样子。

丰译接待了这对顾客。

男士在男装区选衣服，女士则在女装区溜达。

丰译给男士搭配了几件衣服，男士积极配合试穿，并在不同衬衣间进行仔细比较。

我凑过去说："今天我们还在理货，现场有点乱。下次来的话，应该会比较整洁。"

他说："我们是从余干过来的。好久才来一次的。"

我说："余干是上饶的，是吧？上饶市、上饶县、玉山我都去过的。"

他说："是的，离这里大概 90 公里。我们开车过来的，大概 1 个半小时。"

我们就这样聊着。

他抬起右手，说："今天主要是来买手表的，两个人各买了一块手表，花了 5 万。我这块 2.8 万。"

我问："什么品牌的，这么贵？"

"帝舵的，"他说，"本来要买欧米茄的，后面还是喜欢帝舵这个款式。"

我好奇地问："这是庆祝什么特别的日子吧？"

他说："也没有，就是喜欢。"

这时，丰译又找了一件红色几何图案的衬衣过来给他试穿。

我也来到女士这边。

"你也看看吧。"我建议，"女人啊，要舍得为自己投资！你不投资自己，老公的钱就花在其他地方了。"

这时，薛宝宝正在理货，循着我的声音好奇地看了过来。

女士没有正面回应，指着一款立领长衬衣问："这件多少钱？"

我其实也不清楚，翻了一下价格牌，说："98 元，但是这是畅销款来的哦，不知道有没有你的尺码？"

其实，我看吊牌的时候，知道有她的码。

她说："拿件中号的给我套一下吧。"

于是我拿了 1 件 M 号的给她试穿。

此时，丰译那边已经敲定了 1 件暗红色衬衣，进入了买单程序。

我这边，她试了，感觉挺好的，这件准备要了。

因为她穿的是一套竖条纹的衣服，配这件长衬衣效果有点别扭，我就建议她找条裤子搭配一下。

我说："反正你们从余干过来一次也不容易，而且是好久才来一次，多买几件，至少把油钱赚回去。"

她问："你怎么知道我们是从余干过来的？"

"刚才你老公说的。"我说，"你老公对你可真好，一买就是 2 万多的进口名牌手表。"

她的脸上露出幸福的笑容。

这时，她看中了一款模特身上穿的橘红色休闲裤。

她说："给我找个 26 码的试一下吧。"

这时，丰译那边已经买单，她老公提着购物袋也过来了。

我说："26 码很少的，一般一批货只有 1 件。"

她拿着裤子往试衣间走去。

169

我和她老公随后，我跟她老公说："你老婆是个内向的人，她盯着这款橘红色的裤子很久了，待会儿试穿出来，不管怎样，你做老公的，一定要多鼓励啊。"

她老公连忙点头，说："是的是的。"

女士试穿出来后，尺码刚好，而她老公也是微笑着，露出赞许的目光。

于是，在一片融和的氛围中，这条裤子也敲定了。

到了收银台，丰译说："我们 25 日正式营业，但是既然你们来了，今天买也送礼品。"

说着，丰译把礼品伞拿给他们看。

伞很大，可以遮 3 个人。

我对男士说："你们一家开车去三清山玩，你撑着这把伞，你老婆玩着微信，你们家的小孩站在中间，那是多么美的事情！"

一时间，气氛很好。

我建议男士："你还可以买那款暗红色的裤子，跟你老婆这款橘红色的裤子是情侣款。"

在众人的鼓励下，丰译帮男士拿了一个合适的尺码。

我跟店长易松说："我上楼拿个拉杆箱，今天这位顾客会领走一个箱子。"

易松很好奇地边理货边在一旁观战。

这边，男士试穿裤子后后比较满意。

于是，再次到收银台买单。

我很快拿了拉杆箱到收银台，让收银同事算算离送拉杆箱的金额还差多少，结果还差 139 元。

丰译这时也说："你再买 1 条裤子，就可以免费领走 1 个价值 398 元的拉杆箱！"

剩下的事情就很简单了，女士直接跟导购同事满场找 139 元以上的裤子，结果还真找到 1 条。

我笑着说："你刚好凑齐送拉杆箱的金额，这是一点都没有浪费啊！"

她也笑了。

就这样，5 连单，678 元，领走 1 个拉杆箱。

丰译把几个购物袋一起放进箱子里。

丰译和我则邀请男士合影一张。

送走他们后，易松过来问我："老大，为什么不再让他们多买 2 件，达到送自行车的条件？"

170

我说："今天理货的任务重，不敢恋战。现在先锁定 5 连单。"

其实还有一个原因，他们是开车过来的，送自行车不好拿回去。

薛宝宝过来说："原来只是在课堂上听说过非销和连单的案例，今天算是看了一个现场版的。"

这是南昌店卖出的第一个 5 连单。

## 73 坚持再坚持，这单卖了1万多

十一点左右，老顾客文珍姐和大哥（文珍姐的爱人）来了，我们开心地邀请姐姐和大哥坐下休息泡茶，然后端上甜品配茶，并跟姐姐聊了一会。

过了一会，姐姐也起来看了看衣服，说："今年衣服怎么这么难看？都没有我喜欢的！"

这时我就跟姐姐说："姐，您先不着急，等下我们先给大哥搭配几套，这衣服看上去不怎么样但是穿在身上那感觉就不一样了。"

言语间，小兰就给大哥搭配了几套。

于是我们跟大哥说："大哥，相信我们小兰的眼光，你去试穿呗。"

171

小兰给他搭了一套红色格子衬衫配便裤，但是姐姐排斥我们给哥搭配的衣服，她说："这衣服给他穿不好看！"

说着，姐姐自己给大哥选了一件黑色衬衫，结果一穿感觉不是很好。

这时我们总监也从楼上办公室下来了，他了解到大哥今年五十岁了，想穿喜庆点。

总监和我们的眼光是一样的，就是让大哥穿红色格子衬衫。

姐姐还是说不适合他穿。

"姐，买不买先不说，但是特别建议让大哥试穿这一套。"总监笑着说，"您可能觉得大哥穿红色格子衬衫显得太年轻了，其实您也可以选一件女款的红色格子衬衫，一走到街上，别人就知道你们是夫妻、是情侣。这款衬衫是纯棉的，吸汗透气、贴身舒适，天气热时可以单穿，天气凉时里面加件T恤，再冷一点，外面可以套个夹克、皮衣或者单西装。而且这个红色是今年特别流行的玫红，比较沉稳，又显得喜庆，走亲访友特别适合，做生意时穿着也会招财……"

姐姐笑了笑，让大哥去试穿了，结果真的非常好看，显得高大上。

所以，红色格子衬衫基本就定下来了。

然后给他搭上酒红色皮外套，那个气场真的很不错。

再接着他的穿衣感觉也来了，所以我们就接着一套一套的给哥试穿，穿了几套效果都很不错，包括姐姐排斥的牛仔裤也穿上了。

好些衣服都是姐姐看不上的，但是经过引导和试穿，还是发现这些衣服适合大哥。

姐姐看衣服选了好几套，就说皮衣先不要，等下次再买。

但是总监跟姐姐说，皮衣穿着有品位、气场大，挑人，大哥穿着效果太好了，今天这件皮衣一定要带上！

就这样姐姐拿了五件，打完折后一万多一点。

之前姐姐是办了充值卡的，现在卡里还有八千左右。

我就跟姐姐说了续充的优惠，而且今天皮衣打折销售，也是非常的实惠。所以跟姐姐建议，让她再充两万。

可是她还是坚持先不要。这时，总监过来，手上拿着一个计算器，跟姐姐算充值能得到的实惠。

总监肯定地说："姐，这次周年庆真的很难得的，机会一年也就一次，充点值，大哥年前再来选几套过年的衣服！"

在总监的坚持下，姐姐说："先充一万吧！"

这单总结：

1. 平时情感维护得很好。

2. 对自己产品比较了解，给客人拿款挺准的。

3. 坚持再坚持。

真的，只有我们想不到的，没有我们做不到的，只要坚持，相信会做得更好！

172

## 74　酸奶 + 赠品 = 高连单

宜宾东街。

那天，很普通的一天，天气照样热，中途下了一会儿雨。

早上 9∶10 分左右，店门口经过一名大姐，50 多岁，她带着一名小孙子，约 3 岁半。

她刚刚给小孩买了一个消防车的玩具。

喊麦手把大姐迎进店。

大姐说："我不买，就看看。"

同事郑成香以 5 折活动为切入点，她说："阿姨，刚好这两天在搞 5 折活动，多划算呀。"

小孩子一进店，就调皮地在中岛货架中钻来钻去，开心得不得了。

大姐一边看衣服，一边找孩子。

成香指着小孩说："在那儿呢！"

另一名同事见状，对大姐说："你放心看衣服吧，孩子我帮你看着。"

经过 2 次试穿，她看中了 1 款黑色女裤，刚好合身；后面又看中了 1 款男式休闲裤，是棉的，面料摸起来很舒服。

于是她给自己和老公各买了 1 条。

成香又建议："再给那条男式休闲裤搭配 1 件 T 恤呗，你老公穿一套的效果会更好。"

大姐想想也是，于是成香把裤子拿到收银台改裤脚。

我一直在旁边关注着，这时觉得自己可以做点什么。

我出门买了一瓶酸奶给她孙子。

小孩子可高兴了，别看他只有 3 岁半，却能熟练地插吸管，开心地喝着。

通过聊天，得知她是从下面的县过来的。

我说："天气这么热，难得来一次，再选选看，没有合适的也不留遗憾。"

成香会意，立马给她拿了 2 款牛仔裤，她试穿后，觉得还蛮合身的，就又买了1条牛仔裤。

这时，一共是4件，3条裤子，1件T恤。

当她再次来到收银台买单时，成香指着我说："今天我们广州总部的领导过来，专门带了几条皮带，你只要再买1件，就可以送1条价值159元的皮带，刚好可以送给你老公是吧？！"

见大姐还在犹豫，成香继续鼓励她："你再买1件衣服也就百来块，1条皮带就是159块，等于说皮带是白送给你的。"

我附和道："是呀，难得来宜宾一次，直接从工厂那里搞了几条皮带，这个店的客人太多了，估计下午2点前就要送完了。"

于是，大姐又到卖场，给自己买了1条裤子。

一共买了5件。

大姐是开心的，还跟我合影一张。

这天，一共是8个5连单。销售额是3万多，近几个月的一个纪录。

第二天，开完早会，我直接去超市买了2箱酸奶回来，凡进店的小孩，同事们都给他们一瓶酸奶。

## 75 小赠品赢大单

昨天晚上快下班了，进来一对夫妻俩，看面相就是蛮善良的人。

男的说买老婆穿的衣服，但是说真的我们家没有美女穿的码。

看得出来美女有点失望，男的一个劲鼓励她试试，把几个版偏大的款拿来试穿，结果还是嫌小，连忙说之前是有大码的，只是卖完了。

男的在一款羽绒服前站了一会儿，赶紧问美女："你觉得这款衣服怎么样？！"

美女说可以！递给男的让他试试！

试穿之后两人都蛮喜欢，美女说了句"这个颜色搭件黑色裤子还好看些！"

男的开玩笑说"人还是要靠打扮的哦，穿上新衣服就变帅了！"

找了款黑色休闲裤让他试，出来照镜子很满意。

又拿了两款针织衫让他试试看整体效果，穿出来两人都说好看。

后面美女说"买这多你折扣不能打低点吗？！过年还要来买的！"

最后是送了床毛毯加女袜！

1000块，这单。

男的直接穿一套满意的出门了！

群友 A：我们店里需要常备一些实用且质量较好的赠品，如皮带、袜子、领带、围巾、手套、电热毯以及其他日常用品等。

群友 B：在店铺准备一些小礼品，直接授权给店长送给一些顾客就行了。

175

## 76 小赠品开大单

昨天礼拜六，业绩并不理想。

穿着冬天的羽绒，吹着春天的冷风，卖着夏天的衣服，熬着秋风落叶的心情！这就是信阳服装零售的现状。

今天春雨绵绵，狮河两岸，郁郁葱葱，春意盎然；狮河公园的桃花正在盛开。

我提前 20 分钟到店，想着这个月的任务有点小小艰巨，天气也不给力，如果不加油，很难完成。

开门时并没有顾客，我把陈列局部重新调整了一下。

上午十点多的时候，来了一对情侣。女孩子好瘦好瘦，走近一看，原来是我们的老顾客！

小巧立马就迎了上去。

很快了解到她们并没有什么特别的需求，就是想买衣服。

正好有几款尺码特别小的套裙和风衣，小巧就推荐了一款黑白格子背带套裙。

女孩子一试，还不错，向男朋友投去咨询的目光。

"帅哥，你可真难得，每次都陪女朋友买衣服！看你女朋友那么苗条那么白，我家的衣服风格非常适合她！"这时，王颖（另一个小伙伴）赶紧对男孩子说，"你女朋友也是我们的老顾客了，光有裙子不行，再配一件风衣吧！有款烟灰蓝，码子偏小正好适合她。"

说着王颖就去取那件风衣。

帅哥随着王颖望去，忽然，他发现了我们的赠品"电子秤"。

他随口问了一句："这个怎么卖？"

小巧赶紧回话："帅哥，今天只要消费 799 元，免费送哦！"

我笑着说："别人买秤是为了减肥，你是为了给女朋友增肥！"

这时，那女孩子试完风衣，觉得也不错。

我赶紧把那两件衣服用计算器一算，658 元。

我说："不够啊，帅哥，再挑挑吧，反正换季了要买衣服，早买晚买都得买。你女朋友是我们的老顾客了，肯定是相信我们、喜欢我们的衣服才常来对不？"

他一听，笑了："也是，那你们继续帮她挑。她太瘦，衣服确实不好买。"

"好嘞！"小巧一听，高兴坏了，赶紧又找了三四套衣服。

然后就是各种搭配和试穿。

最后，帅哥和女孩子选中了一件风衣、一款套裙、一款短外套、以及一套上下搭的套装，合计 1364 元。

除了电子秤，我又另外送了一双黑色打底裤袜。

帅哥高高兴兴地用支付宝付了款，我则给他们登记积分。

送走他们后，伙伴们心情特别地好。

我则站在店门口，看着他们打着伞，走进春雨中，消失在礼节路的街头。

177

## 77 销售是一门熟能生巧的活，我一单卖了 12 件

昨天是星期日，顾客比较多一些，大家都在忙着。

下午 1 点左右，走进来 3 个人，一个母亲，2 个男孩子，其中一个男孩子胖胖的，另一个挺韩范的。

那个胖男孩问："有男装吗，有我穿的号吗？"

我看了看他，他得穿最大号码。我最喜欢给胖男生选衣服了，超级有感觉。

"有，新到的款，慢跑裤，你肯定喜欢。"我肯定地说，"你们哥俩穿的都有，我们上楼看看。"

天气非常热，他们很急躁。

我拉着那位母亲的胳膊就上楼了，我们一边走着一边聊着天，她说："今天是周日，我也休息，带他们俩出来选选衣服。你们家衣服质量很好，孩子喜欢这个品牌，所以直接来你家了。"

"是的，我家的款式比较时尚，有活力。"我说，"设计师长年驻扎国外，所以款式新颖，风格独特，是高中生、大学生的最爱。"

她笑了笑说："那个胖胖的，是我的儿子，另一个是我的侄子。我孩子胖，不好买衣服，如果有合适的，我多买几件。"

我说："姐，你放心吧，我每天接触的都是高中生，了解孩子的心理，知道他们喜欢什么样的，这个交给我吧，包你满意。"

也许被我的自信感染，这个姐很信任我。

我说："姐，你累了吧，坐下休息一下，我陪他俩选。"

我向胖男孩推荐："你喜欢慢跑裤吗？这是我家新款，这款裤子在销售大榜是排第一的，卖得非常好，小码的没有了，正好有你的号码，你试试看。面料舒服，透气性非常好，是跑步、运动最好的选择。"

"你拿一条给我试试。"他说，"太热了，换衣服好累，号码得拿好了。"

我说："放心吧，我看码很厉害的，信我。"

聊天过程中，我看他的短袖也该换了，就找了一款白色的倒三角短袖给他。

给这个胖男孩选衣服的同时，我对另一个韩范的男孩说："你也选选呗。"

他说："给我哥选吧，我不缺衣服。"

我问他："你们要出门吗？"

那个男孩说："去我家。"

我问："你家是哪里的？"

他说："内蒙古。"

这时我就了解了，他们一定喜欢长裤，因为内蒙古风会大一些，北方嘛，早晚温差大。

从这个内蒙古的男孩眼中能看出，他无心选衣服。

我顺手拿了一条和他哥哥一样的裤子，以及一件短袖，向他建议："你也试试吧，你可以不买，但是可以试试，找找感觉好吗？"

我小声在他耳边说："姑姑最疼侄子了，你喜欢你姑姑就会给你买，你也去试吧。"

他们俩先后进了试衣间，我则又拿了2件不同风格的短袖，留着备用。

我和孩子的母亲聊着天，等他们出来。

我说："侄子和儿子一样，一样的疼。"

她说："是啊，孩子在我这上学，和我感情比她妈妈还好。"

我心里想，有门，我知道怎么做了！

这时他们出来了，衣服效果都非常的好看。

胖男孩说："妈，这个不错，可舒服了。"

我说："你蹲一下，看看号码合适吗？"

他蹲下，又起身，说："很舒服，样子我也喜欢。"

她妈妈说："舒服就好。你再把姐姐手里的那件短袖也试一下，合适就多买几件。看你胖的，不好选衣服。"

胖男孩听话地进了试衣间。

旁边的那个男孩站着没说话，我对他姑姑说："你侄子好帅，好酷，姐你看看，像模特一样。"

她姑姑问侄子："你喜欢吗？"

我这时给男孩一个眼神，那个男孩很聪明，没说话，也没脱衣服，就是照来照去。

我说："姐，孩子喜欢，你就给他买吧，如果不喜欢，他早就换衣服了。"

"包起来吧。"她姑姑说，"就这俩儿子。"

那个男孩感激地看了我一眼，我向他打了个胜利的手势。

这时，胖男孩出来了，这件短袖穿得正好，大小合身。

我说："姐，我选款怎么样，全是孩子喜欢的。"

179

这时孩子的妈妈很高兴，特别信任我了，她说："你选吧，我和他们有代沟，你懂他们，你选，让他们试试，我负责买单。"

这时我的感觉来了，又拿了 2 件牛仔衬衫，和 2 件特价休闲衬衫，他们试过之后全部通过。

由于鞋子号码不全，我只拿了一双凉拖给那个胖男孩，也许是成套搭配效果好，怎么看妈妈都喜欢，凉拖也要了。

这时我在想着，给她的侄子换风格。

于是拿了一条新版 9 分裤，一件韩版衬衫，让他试穿。他身材好，一定有效果。

果然，他出来之后，他姑姑说："就这套了，怎么这么帅？！"

她非常满意，提出："我选这么多，给我打个折。"

"你放心吧，最低折扣，还有特价的。"我说，"在我手里选衣服，没有贵的，只有合适的，和孩子们喜欢的。"

她说："好的，下次还找你，全打包吧。"

就这样一共 12 件，折后 1445 元。

## 78　为商务男装五连单点赞，但我们没有满足

"我想要怒放的生命，就像飞翔在辽阔天空，就像穿行在无边的旷野，拥有挣脱一切的力量……"

当酷狗音乐唱到高潮时，激情迎宾的同事们邀请到俩夫妻入店。

一楼面积小，货品较少，我把俩夫妻带上二楼。

从一楼到二楼，同事们热情地打招呼，或者是暂停手中事微笑点头，充满正能量的氛围。

这位男士长得高大、有气质，看起来有品位有主见，老婆则穿身睡衣。显然他们是开车直奔店里来买衣服的。

我请他老婆坐到沙发休闲区，同事很快就端来一杯茶给她，她很高兴。

我则重点接待这位男士。

根据简单的寒暄及观察，感觉他是追求品质，有购买力的顾客，他是有机会成套购买的。

于是，我到高档区拿了一件毛呢大衣让他试穿，并帮他脱下外套。

他穿上大衣后，显得非常潇洒，上身效果特别好，但觉得价格比较贵(2280元)，提出打折。

我跟他说了一番，包括产品面料、风格、适合穿着的场合，以及品牌的知名度和售后服务等等，没打动他。

然后，我马上把他带到后区，拿了一件墨绿色的薄棉夹克让他试穿。

他觉得色不够好。

好不好，比较才知道。

我又拿了件军绿色的薄棉夹克来比较，他觉得后面的色弱于前者，还是墨绿色的好些。所以，墨绿色的棉夹克就基本敲定了。

这时，毛呢大衣还在我手上，我并没有因为他说贵了就放弃。

我又鼓励他搭配五袋裤试穿，他没吱声。

"毛呢大衣配五袋裤会得到意想不到的效果，真的可尝试一下。"我接着

181

说，"你这么高大潇洒，一定是需要一件毛呢大衣的！"

见他没有反对，于是拿了一条蓝色的五袋裤，带他到试衣间试穿。

在他试穿的过程中，我速度跑到高档区拿了件毛衣放在手上，作为内搭来配毛呢大衣。然后示意同事倒杯热茶。

他试衣出来后，同事马上递上一杯热茶，一根根茶尖浮在杯子中，煞是好看。

他似乎禁不住这龙井茶香的诱惑，先是吹了吹，然后喝了一口，赞赏道："很好，很香，刚好我口喝呢。"

我则半蹲着，帮他把多余的裤脚反折进去。

蓝色五袋裤配上毛呢大衣，新大衣配新裤子，整体效果确实可以。

这瞬间，气氛非常融洽，好像有一些美好的东西在其间流淌。

他好像是默认这套了。

我速度量裤脚，他自己说出裤子的长度。

量完裤脚，他又走到我们裤架旁，拿了一条同尺码的灰色款的五袋裤，转过头来问我："是一样的尺码吗？"

"是的。"我点点头，"两条裤子刚好换着穿，我按照刚才那条的长度帮您改裤脚。"

他默认了，第二条没试。

他换下裤子，我把他引领到收银台，把夹克，毛呢大衣和2条裤子递给同事收银，并交代了裤子修改的长度。

很快，裤脚就改好了。

准备全部打包时，我看到他已经把新买的棉夹克穿上身了，但袖子上有点小皱，我说："帮您熨一下吧。"

他说："好吧。"

我速度帮他脱下，熨烫。他站在旁边看着。

我烫得很仔细，先把袖子烫好，再烫背部几处不明显的皱褶，他连忙说："好的好的，谢谢，可以了。"说完，就伸手去拿衣服。

我说："不急，再把内里熨一下吧。"

全部烫好后，我说："刚刚熨烫的衣服，有点水蒸汽，您先坐坐，稍等一会儿就可以干了。"

他没坐，走到我们模特群观望。

见状，我对他说："这款夹克休闲时尚，适合在下班后穿着，拿件试试吧。"

试上身后，他老婆也过来了，说："这款我不喜欢后面的弧形。"

我马上说："确实，单单看这件夹克的话，后面的弧形有点不习惯，但是跟我们的五袋裤搭配穿的话，就很协调的。而且与刚才那件棉夹克的风格完全不同，配上刚买的那条灰色裤子会有不一样的感觉。"

他老婆也就没说什么了，我速度从附近区域拿到这款去收银。

就这样，五连单诞生了！1件毛呢大衣，2件棉夹克，2条裤子，一共5千多。

不过，最遗憾的是内搭的毛衣他试都没试。

群友A：毛衣不同于外套，试穿比较麻烦，可尽早让他穿上。"我们的毛衣是专门针对夹克和大衣开发的，您不一定要买毛衣，但是先请您穿上，这样可以衬托出外套的效果。"

群友B：顾客进试衣间后，可以争取他老婆的支持。"您老公一看就知道是单位的领导／您老公真的很帅气，刚才你们一起进来的时候，很恩爱的样子，真的好令人羡慕。"通过他老婆，侧面了解其职业、经济状况、本次购买目的及大致预算……了解需求。除了毛衣，还有袜子这些也是可以附加销售的。

妞妞的领导：我估计是这男人气场很足，她们介绍几次后不敢继续推毛衣，害怕跑单。这个单整个过程轻松愉快地完成，遗憾的是这么有购买力的顾客没买内搭衣服。原因之一，员工缺乏做大单的心理，有点胆怯。原因之二，对货品的搭配还不熟练，不能娴熟自如地去把整套介绍给顾客，不能更加深入地打动顾客。总体来说妞妞特别棒！

183

群友C：对于男装顾客，试衣时可以拿走他的鞋进行护理，我们这样做过，就是为了让顾客多留点时间在店里，还是有效果的。

妞妞的领导：我们只是通过给顾客熨烫身上的衣服来延长逗留时间，护理皮鞋这个方法好，借用！

妞妞：谢谢指导。确实他老婆没太沟通，职业和经济状况欠缺，但毛衣他说不试，我就放弃了，还是要让他试穿，哪怕不买，我觉得没遗憾。

## 79 她是闲逛的，却买了 4 件

8 月 4 日 自贡东方广场商业街。

早上 9 点多，有一位女士，32 岁左右，穿着一条淡绿色的连衣裙，右肩背着一个斜挎包。她带着大女儿和小女儿一起逛街。大女儿 12 岁多，小女儿 9 岁多，背着双肩包。

路过店铺时，被店经理熊艳丽一叫，就进了店。

女士和两个女儿进店后，导购钟群就上来接待。

钟群给女士拿了一条蓝色牛仔裤，女士试了后出来照了照镜子，表示满意。

184

闲聊过程中，得知她老公在外打工，大儿女暑假在家带小女儿，两个小孩自己做饭。

"给小孩拿 1 条呗，我看她挺文静、挺懂事的，一直安静地坐在那儿，"我指着她的大女儿说："马上要开学了，别人有新裤子，她不能没有是吧？"

女士考都没有考虑，说："帮她拿一条吧。"

于是我示意钟群帮她大女儿拿裤了。

钟群给她大女儿拿了 1 条 9 分破洞牛仔裤。

小姑娘试穿后，大家感觉穿着效果挺好。

于是，这条裤子也要了。

这时女士指着大女儿说："她刚才换下的牛仔短裤，是网上买的，腰大了，能不能帮忙改小一点？"

钟群说："这个没问题的，马上帮你改小。"

于是钟群把牛仔短裤拿去给售后的同事改小。

女士则是在一旁等着。

这时，钟群又拿了一条与她大女儿在网上买的那条风格差不多的牛仔短裤，让小姑娘再试一下。

大女儿试了，效果也挺好。

我说："现在小孩子爱玩好动，容易把裤子穿脏，买2条可以换着穿，你不用天天赶着洗。"

女士觉得在理，于是3条牛仔裤都要了，交钱，买单。

这时，钟群又指着我说："今天我们总部的人过来巡店，从广州带了几个价值128元的品牌剃须刀，买4件衣服就可以送一个。你只差1件了。"

"是呀，你别光顾着自己买，也要给你老公带点啥是吧？"我赶紧补充道："只剩下2个了，争取今天下午2点前送完。"

女士没做声。

钟群又说："你再买一件衣服也就100多块钱，等于这个剃须刀是白送给你的。"

听到这里，女士又去给自己选了1条深蓝色的牛仔裤。

最后成交4件。

走时，女士说："今天没打算买衣服的哦！不过，也很划算。"

## 80 硬推销：他们在我家又买了6件

昨天是星期五，人比较多。

准备吃午饭时，看见门口有4个人在吸烟，每人手里都拿着一个新衣服的购物袋，真是没少买。

他们一直盯着里面看，我想一定是没买全。

我走过去打招呼："今天好热，进里面凉快一下吧，到了一些新品。"

他们扭过头来看了我一眼，其中一个中等个子的男孩说："进去看看吧。"

说着，这个男孩猛吸了一口烟，然后把烟蒂扔掉，就进来了。随后另外3个人也跟了进来。

我一看这个男孩眼熟，问："你是咱家会员吧？"

他说："是啊，去年冬天在你家买了1000多呢。"

我说："你来的好巧，今天新品有限时打折活动，还有特价商品，看看你们哥几个还有什么没选的。"

我们说着说着就一起上二楼活动区了。

他们4个人中，有一个看上去好困好累的样子，我就让他坐下来，跟他寒暄："你在工厂上班吗？是不是天天倒班？看你困的。"

他笑了笑，没有直接回答，指着那个中等个子的男孩说："你帮他找一身显瘦的衣服。"

我说："好。"

我就拿了一件黑色的短袖，和一条新款慢跑裤，那个男孩接过衣服就进去试穿了。

"好显瘦喔。"他出来后一照镜子，很开心的样子，"是不是你家镜子照人好看，我去那边照一下。"

我笑了笑，他好调皮的样子。

接下来，我又拿了一件衬衫和一条休闲裤给他试穿。

他在试衣间换衣服时，我一直和另外3个人聊天，我说："你们几个也选选吧，新品打折是限时活动，还有特价衬衫99元，你们试一下吧。"

这时他们说："我们买了短袖T恤了。"

我说："那看看衬衫吧。"

有个男孩个子高、偏胖，他好像表现出一点兴致。

我给他选了一件黑色的纯棉衬衫，和一件棉麻的衬衫，他拿着衣服也进了试衣间。

这时第一个男孩递给我几件衣服，说："把这3件包起来吧。"

我说："一会帅哥出来你帮看一下，朋友的话是最可信的，你给他把把关，看看我给他选的衬衫怎么样。"

这时个子高的那个男孩从试衣间出来了，问："多少钱一件？"

我说："今天特价99元。你穿的真好看，好有立体感，你看看你那一块表那么贵！男生就要帅气些，形象多重要啊。"

"这么便宜，拿着吧。"个子高的男孩说"你再找一条我穿的休闲裤，不用试。你看我穿多大的？"

我说："2尺5的，你信我，一定能穿。"

说完，我很快帮他选了一条休闲裤。

"嗯。"他说，"包起来吧。"

我说："一人3件，一共是6件，是刷卡，还是现金？"

他们异口同声地说："刷卡。"

187

到了收银台，个子高的男孩说："你'忽悠'我们又买了900多。"

"就是就是。"中等个子的男孩笑着附和。

我说："如果我忽悠你们，为什么不选贵的给你们？给你们选都是打折的，而且主要是适合你们，我是站在你们这边的。"

他们笑了，说微信联系，有新款发图片。

我们互加了微信，我把他们送了出去。

看着他们自豪、自信地在街上走着，我特别高兴。

其实，导购不要认为顾客已经买了衣服，不能再次消费了。只要我们善于沟通，营造良好的销售氛围，而且拿款准，大胆地让顾客多试穿，也会有大单出现。

## B1 激情与自信，以纯的同事一单卖了 60 件

这是一个星期五的晚上。

也许是周末人比较多吧，每一个导购都在接待顾客。

这时来了一个女孩，很漂亮、又很高傲的样子。

她进来后就快速看了一圈，说："你们不用管我，我自己看，讨厌别人跟着！"

我一听，有意思，对付有个性的美女我有一套。

我就上前，笑着说："美女晚上好，认识你很高兴，你看起来好高贵，好有气质，你是不是老师呢？"

188

她看了我一眼，没说话。

我继续说："我对货品比较了解，会搭配。你有什么需要的，我会帮助你。其实我也不喜欢后面有人跟着，不舒服的。"

这时她又看了我一眼，从她的眼神里感觉已经接受了我。

我开始切入主题，问她："你是给男朋友选吗？"

她说："不是，是给学生选。"

我一听，心里一动，高兴地说："美女，我真的没猜错，你是老师！"

她问："你怎么知道的？"

我说："你的气质，你的高贵，就是与众不同！"

她笑了一下。

我一看她笑了，心里有底了。

我说："我了解高中生。"

然后，我很自信、很确定地给她看了今年最流行的几款衣服，并讲了相应的面料和专业知识。

她很满意。

这时她来了个电话，我的心旋了一下。

她问："我能照相吗？"

我说："可以。"

她照了几款，问我："你觉得什么颜色好看？"

我说："灰色的。第一，灰色提亮肤色，百搭，比白色和黑色好看得多；第二，同学们爱出汗，灰色抗脏。"

她说："对呀。"

突然她又说："我再转转，你家是第一家。"

我心里开始不平静，问题出现了，我使劲想着："怎么办？怎么办？她就要走！"

在这一瞬间，我终于想到了什么，我说："美女，留个微信吧，交个朋友。"我知道我的目的。

她说："好啊。"

我们互加了微信。

步行街很大，我把她送了出去，并挽着她的胳膊，一脸崇拜地说："我敬佩老师！"

我哄着她，她很开心。

临别时，我说："美女，你一定会回来的，因为以纯的衣服是学生最好的选择。以纯全国各地都做的很好，在大连也有以纯集合店，服务、质量、售后都给你保障。"

她说："我们微信聊。"就走了。

上班期间我是从不看手机的，晚上回到家我一看手机，她有留言："姐姐，在吗？我们是团购，那件衣服号码齐吗？我明天找你。"

我很开心，但是没表现出来，说："你来吧，等你来，明天我早点去。"

第二天她男朋友陪她一起来了，试穿了衣服，很满意。

她说："打个折吧？"

我问："多少件？"

她说："30 件。"

"喔，"我说："好的，这是新品，给你打个 9 折。"

她说："可以。"

我问："什么时候要？"

她说："星期一。"

当天我就弄齐了号码，30 个学生，30 件。

高兴的事情在后面……

星期一，第一个家长带孩子来交钱取衣服时，我又有主意了。

我另外备了 30 件。

我跟这个家长说："孩子爱玩，爱出汗，再拿一件换洗吧。"

家长同意了。

189

这时我想，要和老师说，让老师通知其他的家长多拿 1 件，家长会听老师的。

于是我把这个情况告诉那位老师，她欣然同意了，并立即在家长微信群里说了。

就这样，一下午 60 件搞定！

回想整个过程，我始终保持亲和力，主动加她微信并互动，我不仅自信，而且有气势，所以她尊重我、相信我。

后面第一个家长来取衣服时，我话术到点，频率快，没等他反应过来呢，他就买单了。

我认为，做什么事情，要记得为自己而做，那就毫无怨言。拼搏的路上可以说"我很累"，但是决不能说"我不行"。新的一天电池冲满电，加油！

## B2 乘胜追击五连单，3527 元

大清早，刚开门没多久，店里还蛮冷。

来了母女三位顾客，还带着一个 10 个月左右的小孩，用推车推着。

我说："阿姨，小孩在推车里不冷啊？！"

阿姨说："刚从车里下来，不冷。"

其中一位女士手里拿着车钥匙，估计是有钱的主，应该蛮有购买实力的。

进来之后，这位女士（小孩妈妈，20 多岁，个子比较高）说："帮我找件外套。"

我帮她拿了一件红色毛呢外套，是修身的长款。

我说："要不再帮你配个打底裤吧。"

女士："可以。"

于是，我帮她配了条黑色连衣裙。

她从试衣间出来后，她妈妈和妹妹都说挺好的。

一大清早的，我估计我们店是她逛的第一家，因为只试了一套，怕她心里没底，下不了决心。于是说："美女，您看我们店这么大，款式很多，要不再帮您配一套？您比较一下，看哪套最适合您？"

女士："好的。"

于是帮女士另配了一套，让她对比，结果她还是觉得第一套好。这套就这样定了。

我说："您先休息一下，给孩子喂点奶吧。"

然后我对阿姨说："阿姨，她们不给您试衣服呀？！"

阿姨说："那看看吧。"

阿姨 50 多岁，我给她拿了一件羊绒外套。

阿姨试了羊绒后，说："样子挺好的，穿在身上也蛮舒服的，就是有点贵。"

我说："阿姨，价格不是问题！都快过年了，一年也买不了几次衣服，您儿女也比较孝顺，只要您穿得好，您女儿肯定舍得给您买的！"

191

女士没有异议，这件羊绒外套就这样定了。

因店里适合中老年人的款比较少，没再推荐。

最后又跟她妹妹说："美女，既然你也来了，不给你看衣服呀。"

结果女士的妹妹也拿了一套。

女士买的单，一共 5 件，总价 3527 元。

## 83 真诚服务最动人：她拿了 5 件，1900 多

前天下午 2 点半左右，进来了 5 个人，三个中年人，两个年轻人。

她们进来后，我问她们给谁看衣服。

中年阿姨发话，说给那个年轻女孩看。

我看了一下那个年轻女孩，她脖子特别短，看起来傻傻的。

然后，我看着中年阿姨，说："好的，没问题！"

我拉着女孩的手说："来，姐姐给你搭配，你来试！绝对试到你满意为止。"

中年阿姨说："好，那我们等着！"

然后，我就让我们一个店员过来帮忙，让她招呼那几个中年人坐下，我则去给女孩拿衣服！

因为那女孩看起来傻傻的，所以我就跟着她到试衣间，帮她脱衣服，穿衣服！

试衣间有双高跟鞋，是来陪衬试穿效果的。她穿高跟鞋走不了路，我就扶着她。

在试衣间，我问她什么，她都不理我！

第一套试穿出来后，全家人都说满意。

我对着女孩说："那我再搭配一套，你再试试，比较比较。"

这次拿了一条裙子，没带领子的裙子，搭了一个外套。

从试衣间出来后，她家人说这套比刚才那套好。

我说："嗯，对着呢！她脖子稍微短点，这个不会把缺点显示出来！"

她家人说这套好，那就淘汰了刚才前面试穿的那套。

我渐渐地感觉这个女孩要么是订婚的，要么是结婚的，绝对要再拿一套！

试这两套衣服的时候，她都没有脱她穿的那条黑色裤子。所以，第三次搭配了一整套，连带裤子。

我都全程跟她进试衣间，帮她脱裤子，穿裤子，扎衣服！

这套出来后，家人说可以！就这两套！

然后去收银台结账，可中年阿姨嫌贵，要走！

我说："姐，娃看上就拿上呗！"

中年阿姨说："太贵！买不起！"

孩子不拿事，人家让走就走了，可是她们站在我家门口，没走！

因为那女孩走到门口，就再也不走了，反正就是看上了那两套衣服！

后来磨不过，她们又进来了！

最后一共拿了5件，1900多。

在这里，我想说的是，我怀孕5个月，她们那些人都能看的出我是一个孕妇，而且全程那样服务女孩，走到哪里，我相信，都没有那样的半跪式服务！

而且，她是一个哑巴，我没有任何看不起，而是更加照顾她的情绪！对她贴心服务，感动了她！

我想，并不是搭配的衣服有多美，而是她被真诚和服务感动，最终才在门口不肯走，中年阿姨才会买单！

谢谢！不知道分享的可否看懂谢谢！不知道大家可否看懂？

群友：能力只能让人佩服，真诚和服务才能让人感动！她一个哑巴，虽然说不出来，但心里最清楚。尝遍了人世间的冷暖，你的服务会让她铭记在心，犹如她心中的一盏温暖的灯。一共拿了5件1900多今天和大家分享一下，前天做的一销售！"今天和大家分享一下，前天做的一销售！"今天和大家分享一下，前天做的一销售！"

## 84 她是慢热型的顾客，买了4件

今天接待的一位顾客，个子很高，皮肤也蛮白净。

她进店时，我主动迎上去，向她打招呼，她没理我。

给她介绍衣服也不理我。

我只有不说话了，默默地关注她。

只见她停了下来看衣服，我马上又给她介绍。

这时她开口了："我先自己看看。"

我笑着说："好吧，你先自己慢慢看，有需要就跟我说。"

她又开口说："我想穿的时尚飘逸一些。"

我连忙拿了一款背心长裙给她试，她没拒绝。

从试衣间出来，她就老在镜子前照。

我想她肯定喜欢。

这时她开口说："没袖子，我不喜欢！"

我说："这个衣服有袖子就没时尚感了，不如我帮你配个外搭。"

我把咋天刚到货的粉色外披拿给她。

她一穿，就不脱了，马上就说："这套要了！我还想看看别的外披。"

我又给她拿了另一款花外披给她试了，她也没说什么。

接下来她又开始在店里看，就这样转了两圈。

她在店里转的同时，我也是适当地夸了两句。

这时她主动跟我说她喜欢短裙，喜欢穿年轻一点的，又要我猜她年纪好大……反正就爱跟我搭腔了。

于是我选了一件春款黑色针织衫，荷花边，下面配了黑色短裙，配出来效果不错。

但由于她黑裙太多，就决定只要上衣。

那个花外披，她还是蛮喜欢的，如果多一个人肯定一下估计就会买！

刚好同事萍儿也来了，她跟这顾客熟。

在萍儿的肯定下，她把这个花外披也买了，就这样成交了 4 件。

总之，这个顾客是慢热型的，对待这种顾客一定要有耐心，而且在每个点上话不能太多，赞美适中，要有度！还有，团队合作很重要！

## 85 微信结缘，微友的朋友下单 45 件

我是年后入职的，刚来公司不久，领导找我谈，希望我能做销售统计。

晚上思考了很多，做销售统计，会没有那么大的压力，而且待遇也有保障。可是，我想留在销售岗位上，跟销售团队一起努力奋斗。

领导同意了。

2 月 24 日，接待了一波客户，她们从山东济宁过来订货的。

其中一位大姐，从我手上订了 7 件，是给她儿子穿的。收件地址及收件人留的都是她儿子的。

因为有个款式缺货，于是帮忙调货，费了一点小周折。发货过程中，就跟她儿子联系上了，随后也互加了微信。

她儿子叫林杨，从朋友圈的照片看到，是一个帅气、斯文的 90 后小伙子，戴着一副眼镜。

林杨家开了鞋店，时不时在朋友圈发些店铺的图片，当然，我时不时也会点个赞，写个评论。

一来一去，私下就开始聊了起来。

一晃 1 个多月过去了。

渐渐地了解到，林杨家在济宁市区，他想把鞋店升级为生活馆。当然，我行业知识有限，主要是聆听他的商业构思。

前天，林杨说要带朋友过来看货。

我心里可高兴了，希望他真的会来。

昨天上午 10 点多，林杨真的来了，带着一个高高大大的朋友，名叫赵四方。

林杨穿着我们的中长黑色夹克，内搭上次买的黑色衬衣，显得时尚、帅气。第一次见面，表面虽然平静，其实内心有点小激动。

他们是第一次来桐乡濮院，也是第一次来到我们门市。

原来是赵四方要看货。赵总在梁山县城开有一家私人定制的服装店，由

197

于生意达不到预期，想转型做潮牌。他没什么概念，都听林杨的。

林杨给了很多专业建议，时不时给赵总当回模特儿。

他们一边试版，一边下单，T恤和裤子一共拿了45件，5677元，全额刷卡！

之后，我把他们送到电梯口，心里说不出多开心。

感谢林杨，感谢赵总，感谢客户的信任与支持，作为一名销售新兵，我愿意在销售工作中不断成长，帮客户订到适销的货品，为团队贡献自己的价值！

## 86 因为信任，莉姐从郑州过来买了 302 件

前段时间，通过打陌生电话认识了崔莉姐，后面加了她的微信。

可能因为都是河南老乡的缘故，莉姐似乎对我信任有加。

平时私聊并不多，偶尔给她发发衣服的图片。她很喜欢这种风格，希望多发一些。只是很多款式尚处于款式保护期，不好发给她。

平时，莉姐看到我朋友圈发的一些营业情况，时不时点个赞。

通过一些天的线上接触，得知莉姐在郑州银基做二级批发，开了一个200多平米的大店。她每个月都要出来淘货。

现在属于批发的旺季，于是我微信邀约莉姐来我们公司订货。

莉姐说，她来过濮院国贸，但是没来过菲拉贝乐。

前天晚上，莉姐乘坐火车来到了濮院，住国贸大酒店。

我让她晚上来门市看货，她说："太晚了，不方便。"

昨天上午10点左右，莉姐来了，另一个同事小奇接待的。

莉姐问："小飞在这里吗？我找小飞。"

我循声而去，只见一位身高160、一身黑装的女士向我走来，面露微笑。

这就是莉姐，30岁上下，第一次见到真人，觉得她气质特别好。

看到莉姐，可高兴了。一阵寒暄后，我陪同莉姐看货。

互相适应后，才发现她的脸上有些过敏。

我说："姐，您的脸上跟我女朋友一样过敏，我家里还有药，回头帮您去拿。"

其实家里并没有这种药，我是想去药店买。

莉姐笑了笑，继续看货。

看了一会儿，莉姐说："我再去其他地方看看。"

就这样送走了莉姐。

莉姐走后，我赶紧到楼下的药房。一问，并没有合适的药。于是立即开车到桐乡第四人民医院。

排队的人真是多啊！挂个号都那么难！

199

排队时，我让莉姐拍个照片过来，我解释道："我朋友是医生，他想看一下您脸上过敏的照片。"

莉姐发了一个笑脸的表情符号，很快就自拍了一张过来。

足足等了半个小时，终于见到了医生。医生听了我的描述，看了过敏的照片，很快开了药，前后不到一分钟。

这个药真心不贵，只要9元。

拿到药，我赶紧给莉姐发微信，莉姐开心极了，说下午来门市拿药。

下午，莉姐和老公以及另一名同伴一起过来了。

一来就直接订货。不到1小时，订了302件T恤。

看得出来，整个过程，莉姐很信任我，而且付了全款。

送走莉姐后，我发现，多算了莉姐2000多块钱！

我这心里急得不得了，马上给莉姐打电话，问她是退给她还是留着。莉姐表示留着。

她很开心，连发了几个愉快的表情符号。

现在，莉姐已经回去了，我多么希望这302件T恤早日到店，为她赚取相应的收益！

感谢莉姐！感恩遇见！

我们在这儿期盼，也在这儿迷茫；我们在这儿得到，也在这儿失去。

## 87 累并快乐着，因为今天我爆场

南京这几天使劲地下雨，生意大受影响。

刚好店员这两天请假，所以我一个人站店。

今天的销售全部是中午以后做出来的，上午只卖了一件。

中午，我和小孩一起坐着玩呢，进来了一位顾客。

看到顾客进门，我立即起身去迎接。

她是第一次到我家店里来，看到我起身，连忙说："我自己先看看。"

我说："喜欢什么款，我来给你介绍，你来试试看。"

她说："没事，我自己先看看。我比较喜欢黑色的衣服，我看你家黑色衣服还比较多的。"

说着，她随手就拿起一件黑色亚麻的裙子。

这款裙子比较薄，她想试穿一下，于是我把衣服拿下来给她。

试了以后，她摇了摇头："这衣服太透了，不行，怎么穿呀？这个款式挺好看的，我挺喜欢，就是太透了。我都五十了，穿不出去。"

我惊讶地说："大姐，你都五十了呀，根本看不出来哟，你看上去好年轻！"

她笑了笑。

我继续说："你要是觉得透的话，这件衣服里面可以搭配一件简单的吊带衫。"

说着，我就找了一件简单的吊带衫，拿给她了。

她重新试了一下，把吊带衫穿在裙子里面，看上去还是比较满意的。

可是她又提出异议："这件裙子没有袖子，膀子裸露在外面。像我们这个年龄，膀子比较粗，露在外面也不好看呀，还是不行，不适合我穿。"

我说："这件衣服挺好看的呀，很适合你的气质的！你要是觉得膀子粗的话，我这里还有简单的亚麻开衫，你也可以搭一下，而且这种短款的亚麻开衫你平时搭配其他的衣服也很好看。我给你拿一件，你试一下。"

我拿了一件亚麻开衫给她搭配，她一下子就相中了。

她说："行，我就要这一套了，你帮我把吊牌剪掉吧，我直接穿着走。"

她让我算一下价格，我说："裙子是398，亚麻开衫是298，一共是696元。"

"我第一次到你家买衣服，你给我打点折吧。"她说，"我特别喜欢买衣服，穿好了，以后会经常来的。"

"好啊，按照会员价给你打85折吧，打完折是591块钱。"我说，"不过呢，刚好这两天店里搞活动，买2送1。如果不打折的话，可送你一件298元的。这样的话，就相当于你花了105块钱，多拿了一件298元的衣服，多划算。反正你平时都要穿的，看看短裙吧，刚好有298元的款。"

她想了想，让我把裙子拿给她。她试了，觉得比较满意。

于是，她同意了买2送1，不要85折了。

我正要包衣服，她突然说："不行。你送我一条短裙，我回去没办法搭衣服啊，你要送就送我一套。"

我为难地说："不行啊，买2送1也只是这两天搞活动。这样吧，我帮你搭配一件配套短裙的上衣，短裙还是送给您，这件上衣单独享受85折。"

于是又给她搭配了一件上衣。

她很满意，示意我买单。

在给她包衣服的时候，我看了一下时间，马上要一点钟了。

要是以前的话，我就会跟顾客讲，要带孩子去辅导中心上课，让她稍微快一点。但是今天这个顾客从一开始就很爽快，介绍什么她都认可，比较好相处，我就没说小孩的事，而且向她推销鞋子。

我说："姐姐，我家的鞋子穿上脚好舒服的。你可以试一下。"

她看鞋子的时候，我就让孩子自己去上学，孩子也同意了，我就安心的接待这个顾客。

她穿上鞋子后，在试鞋镜前面走了几步，说："好舒服的，开车呀逛街呀都很舒服的，我得多买两双。"

"是啊。"我肯定地说，"这几款鞋都是今年比较流行的款式，外表大气、时尚，穿起来很包脚，很舒服。因为太多人买了，所以现在属于断码特价呢！大商场都是有的，但是价格比我家贵很多。"

她没直接回应我，而是说："我这喜欢买的毛病就是改不了，不过自己想想也是，有时候打麻将一输就是千八百，还不如给自己买些衣服。"

正说着，她接到一个电话，好像也是在聊麻将。

接下来，我也了解到一些她的情况，得知她是开棋牌室的，喜欢打麻将。她那棋牌室就在我们店附近，不过我从来没有进去过。

她说："你有时间可以去我们那边看看。"

"可以。"我说，"你今天达到了我们办理VIP卡的标准，可以办理会员，

202

以后都是 85 折。你把手机号告诉我吧，生日的时候可以送礼品的。"

她一边试鞋子，一边说："这么好啊。"

她一共看中了 6 双鞋！哪双鞋搭配哪套衣服，她都很清楚。

正准备给她包装衣服和鞋子的时候，她又看中了一条亚麻裤子，这款裤子在搞特价。

她说："我可以试试吗？"

我说："可以啊，你肯定能穿，裤型很好的，而且面料也很舒服。"

她试了，觉得蛮不错，说："把这条裤子也拿给我吧。"

这时候店里又进来了顾客。

于是我抓紧给她刷卡，打包衣服。一共是 10 件，4 件衣服，6 双鞋子。

她拿着购物袋就匆匆忙忙地走了。

在我接待下一位顾客的时候才发现，最后拿的亚麻裤子忘了放到袋子里了。

给她打电话，没接。可能是忙，也可能是因为我的电话是陌生的，她不想接。我想，忙完了就去找她，把裤子送给她。

后面来的顾客，接待了 1 个半小时，买了 4 件衣服。

一晃就是下午 4 点多了，趁着暂时没有顾客，我把店门给关了。我想赶紧把这裤子送给那个姐姐。

我按照她讲的大概位置去找，没想到棋牌室还真多。

最后终于找到了姐姐的棋牌室，里面大概有 200 平米吧，挺大的，打麻将的人也挺多。

我环顾了一下四周，没有发现她，也不知道怎么找，打电话她也不接。

于是去服务台，问服务员："你家老板娘在吗？"

她问："你是哪位？找她什么事？"

我说："她刚刚在我们店里买衣服，少拿了一件。我过来送给她。"

她指着里面一个小单间，说："就在那里面呢。"

我进去一看，她正在打麻将，我说："姐姐，有一条亚麻裤子，忘了放在袋子里面了，实在不好意思。"

她看到我一身汗，笑了笑，说："没关系没关系，你还能找到我这里，把裤子给我送过来，太感谢了。你服务这么好，改天我带朋友去你店里选衣服。"一边说，一边认真地出牌。

我说："给您送过来是应该的，当时可能太忙了，把裤子漏了，非常抱歉。顺便给您一张购物卡，满 800 元可以减 50 元现金的。"

她满意地说："好的好的。"

话还没说完，她熟练地把牌推倒，胡了。

我没有久留，立即回到店里。

傍晚的时候，顾客来得比较平均，时不时开一单，卖个1件2件的。

因为我的店位置较偏，平时九点钟关门，因为今天我在店里等小孩他爸过来接我，没走。

十点的时候进来了两个顾客。

其中一个说："我们是真的想买衣服，可是其他店都关门了，只有你家还开着灯，所以我们才进来了。"

另一个附和道："就是就是。你这里有没有内衣？"

我说："不好意思，我这里没有，隔壁店有，要不你们明天再买吧。"

她说："内裤也可以。"

我想到店里有当赠品的内裤，质量也挺好的，纯棉的，问她们要不要。

她说："内裤我也需要。便宜一点的话，我们也买两条。"

我说："下班生意了，您要需要的话就优惠给你吧，你也可以看看我家衣服，也挺适合你穿的。"

她说："我们平时上班都穿工作服，黑裤子倒是需要，你家有合适的吗？"

我说："有的。"

我拿了几条黑裤子给她们看。

204

她们两个都很痛快，各选了1条内裤，1条裤子，一共4件。

但是这两个顾客一直要求我打折，不打折就不买。最后吃了我一包红枣、一包葡萄干，还打了点折卖给她们了。

买单时，她们跟我讲："你要没事的的话，店门晚一点关才对，不然我们今天不可能进你家店的。"

送走这两位顾客，已经11点多了。

今天卖了34件！好久没卖这么多了。

这个时候大家可能都睡觉了，可我还在加班。做销售就是这样，为顾客服务是我最大的快乐。

## 71. 惭愧，我做的不够好，她却成了我的老顾客

给大家分享一次我的销售经历吧，应该说这也是我觉得最难忘的一次！

那是去年夏天，已经到夏末了，衣服全部开始打折处理。

我们店的短袖降至100元一件，裤子则是168元一条！

当时是晚上，进店的顾客已经不是特别多了。

将近晚上9点的时候，进来了一位女顾客。

她一手拿着烤的饼夹馍，一手拿着烤面筋，吃的很香。

我看着这个情形，不想去接待她。不过别的同事似乎也不太情愿，想了

想，我还是过去了。

看她手上有点油，我就去洗手间拿了毛巾递给她，说："姐，来把手擦一下再看衣服吧。"

她说："好。"

她一边擦着手上的油，一边赶紧把面筋全部吃完，把未吃完的饼夹馍塞到包里，然后说："你帮我搭配一套衣服。"

我就帮她拿了一条裤子，一件短袖。

她穿了之后说颜色太亮。

（编者注：顾客的异议是"这件衣服颜色太亮了"，怕穿出去不好意思。）

我就告诉她："姐，你看起来挺年轻的，女人是百变的，一定不要买了一件新衣服，别人却没看出来是新的！"

（编者注：FAB 可以针对顾客的需求来讲，对于草根一族，自卑型的顾客有被尊重 / 被别人看得起的需求。但是不要说得太白，太白就伤了她的自尊。该款衣服的特性是"亮"，这个特性的优点是"容易被发现，一看就是新的"；好处是"我也是有消费能力的，我买了新衣，--- 别看不起我！"）

她"哦"了一声，似乎在思考我说的话。

后来她还试了别的，但最终还是拿了我一开始给她试的那套，那套"一看就知道是新衣服"。

后来结账的时候，一共只有 268 元。

她买的东西根本不够办会员卡，可是她坚持让我办。

我就说："那我给你先登记着，帮你向公司申请。"

其实当时是骗她，因为她那个根本就不够办卡金额要求。

此后，每天也是正常上班、销售、下班，日子一天天的过着。

我也渐渐把这件事给忘了。

从夏天到秋天，似乎就是一夜醒来的事情。

过了没多久，秋装陆续上市。

在一个普通的夜晚，她又来了，我都快记不起她了。

可是她却记得我，那记性不是一般的好。

本来是轮到我的同事接待，可她就要找我，说是找那个"眼睛大大的"导购。

一看到我，她就开心地跟我打招呼，并让我给她搭配。

这一次，她拿了 2000 多。

现在，她是我们的忠实 VIP，一个季度最少来消费 2 次，每次都超过 1000 元。

每次来，她都找我！而且我拿什么，她都说："可以，我相信你！"

我要给大家分享的是，无论顾客的穿着或者打扮、行为如何，一定要记得，不要去挑顾客！要对她们都一样！

## 88 特卖时最容易冲动购买，这位男士一次买了8件！

跟大家分享前两天的一单，前两天在搞特卖。

有这么一个三口之家，小孩看起来三岁左右，挺好动的，女主人有点丰满过剩、有些不修边幅，男主人的衣服有点陈旧，但看得出来面料、做工蛮好的，应该是比较讲究的人。一家子看起来很和睦很幸福。

在聊天中得知，他们是做五金的，在建华集团市场开了一家五金店。我暗想，这是一位有实力的顾客。

一聊到五金，男主人的精神一下子提振起来，给我们讲了好些个五金的知识。

我们则针对自己感兴趣的方面提出了问题，例如，做五金的是不是都是男的？店员的工资多少？

男主人很有耐心地一一解答。

聊着聊着，气氛蛮融洽的。

他们开始挑选起来，我们适当地推荐。

男主人先拿了两件短袖衬衫和一条休闲裤试穿。

从试衣间出来后，两件短袖衬衫的试穿效果夫妻俩都满意。

可能是特价的原因吧，女士没把这两件衬衣当成高档货，直接揉成一团放在购物袋里了。

见状，我暗想，他们的购买力远不止两件衬衫，我继续推介："现在活动力度这么大，多带两件很划算哟！"

男士应道："再帮我看看长袖吧。"

我们很快就找了几件长袖衬衫给他试穿。

这时，女士发现刚才她放在袋子里的两件短袖衬衫放在沙发上了，条件反射地赶紧把两件衬衫拿起来说："脏死了，脏死了，给我换两件吧！"

其实是我的搭档刚才想把袋子里的短袖衬衫拿出来叠整齐，由于又要去找长袖衬衫，所以先放在沙发上了。

206

我答道："好的，好的，我们找找，找新的找新的。"

男士对试穿过的两件长袖衬衣感觉不错，问老婆怎么样，老婆这下也是挺暖心的："喜欢你就自己决定呗。"

可是刚才那两件短袖，同款同色同码的只找出一件，我用央求的眼神望着她，说："反正回去也是要过水的。"

她想了想，接纳了。

就这样，两件短袖和两件长袖衬衫就成交了，裤子他们没有发现合适的，不考虑要。

买单时，他们的眼神瞟了一下皮带，这个细节被我们捕捉到了。

"平时我们的配饰不能参加活动，这次也一律打三折哟！"我抓住机会说，"可以多拿几条的呀，自己用、送人都蛮好的呀。"

他似乎听进去了，挑了三条，一边挑一边自言自语："自己用的，送人的。"

他拿了三条皮带一起买单时，我们又推荐了皮夹、拎包。毕竟是特价呀，他很开心很满意地挑了一个手拎包！

真是不要低估消费者的购买力，就这么朴实的一家，我们成交了一个 8 连单！

虽然中间女主人有一点点小情绪，但我们及时解释并端茶递水，总算没有影响大局。这是一次很开心的销售。

走之前他们还来一句："以前一直都买 *** 品牌的衣服。"

看来，我们品牌又多了一个顾客哟！

207

## 89 淡场做大单，他买了7件！

旺场做快单，淡场做大单，此言不假。

早上，玉长城店开门不久，进来了一对年轻的夫妻。老公戴着一副眼镜，穿着一件深色的翻领T恤，一条5分长的中裤，一双灰色拖鞋，妻子穿着一条漂亮的时尚连衣裙。

素萍和林燕迎上前去，递给他们两杯水。珍亚则怕人太多，顾客有压力，退到门口迎宾。

老公是来买T恤的，妻子先是推荐老公试了一件迷彩圆领T恤，老公试穿后感觉不适应。于是妻子又给他推荐了一件白底、点缀黑色圆点的翻领T恤，男的试穿后，依然紧锁眉头，不是很满意。

素萍和林燕见状，感觉不对路呀，男的应该属于比较稳重的类型，立马调整方向，给他推荐稳重、商务、简洁的款式。

经理小凤也在一旁协助找衣服。

男的拿着姑娘们推荐的T恤又进试衣间了，女士失败了两次，也就不再推荐，坐到我旁边的沙发上。

我拿出一只护手霜，递给她："您好，美女，我刚从香港过来，送给你一只护手霜，香港买的。"

她本能地接过护手霜，既喜悦又满脸狐疑。

"他是我们的老师。"小凤笑着解释道："今天刚过来，专门从香港带过来的礼品，你刚好碰到。"

"哈哈，我是老板的朋友。"我说，"刚好碰到，送你一只。"

她笑着说："哦，那谢谢了。"

试衣区，试衣服务继续进行中。

素萍给男士配了一条黑色的休闲裤，与T恤搭配起来很和谐。

我看着男士，对他妻子说："现在的裤型都流行修身的，我现在也不穿宽松的了，宽松的显老！"

她点了点头："嗯嗯。"

约 10 来分钟的样子，男士已经看中了身上的这套。

素萍说："现在刚好在搞活动，买 2 送 1，要不你再选 1 件？"

顾客又开始选 T 恤，并看中了一款 1099 元的桑蚕丝 T 恤。

林燕说："买 2 送 1，买 4 送 2，你已经买 3 件了，再买 1 件就可以送 2 件了！而且我看你选的都是短袖的，不妨选 1 件长袖，现在已经立秋了，这天气说凉就凉下来了。"

于是顾客又开始满场子选长袖，最后选中了 1 件长袖衬衣。之后，又选了 2 件 T 恤。

一共 6 件，1 条休闲裤，4 件 T 恤（3 件翻领，1 件圆领），1 件长袖衬衣。衣服选定后，林燕拿着尺子，给顾客量了长度。

林燕说："现在我马上拿去给你改裤脚，你坐一会儿，喝口水。"

这时，素萍把两杯水递上来了。

出门时，林燕跟门口的珍亚说："我去给顾客改裤长，你可以再向他推一下皮带。"

珍亚拿了 1 条黑色的皮带，对男士说："你已经达到了换购条件，只需再付 119 元即可换购 358 元的全牛皮皮带。"

男士没有多想，又拿了 1 条皮带。

本次男顾客试了 10 多件衣服，打破了我们以往认为男顾客不愿意多试穿的看法。

珍亚说："只要试衣服，就有成交机会。"

经理小凤说："大家看看顾客都喜欢什么样的礼品，我们去采购一些放到店里，辅助销售。"

美好的一天从 7 连单开始，这是一个团结进取、很有战斗力的团队。

209

## 90 她是来给妈妈买鞋的，最后自己也买了 4 双

晚上快十点了，我的新搭档徐庆正在做着账，我在前面收拾着东西，准备下班了。

这时进来一位四十多岁的女人，有一米七的个子。她的头发全部梳上去，梳了一个丸子头，背了一款欧美范的真皮大包包。上身穿着一件黑白相间的针织短袖 T 恤，下身穿着一条黑色阔腿裤，脚上穿着高跟鞋，虽然四十多岁了，但看着却是一位优雅、韵味十足的女人。

她一进来，眼神就聚焦在我们的拉人气款。

我们拉人气的鞋子只是为了拉人气，是亏本卖的。

她试了试说："很舒服，我妈妈穿着应该很好，帮我包起来吧！"

她走到收银台付款的时侯，我告诉她："那边还有你穿的鞋子，有一款太适合你了。"

说着，我拿了一款 37 码的红色细跟靴子递给她。

她笑笑说："现在买靴子，还得放着。"

"没关系呀！"我说，"两个月以后就可以穿了。以前都是六百多的，现在只要两百多了，那可是捡到了。"

刚才她在帮妈妈试穿鞋子时，我发现她穿的是我们的鞋子（我们的鞋子是全牛皮的），于是我说："一看你就是穿好鞋子的，你脚上那款也是全牛皮的。"

她回答："嗯，是你们店的。"

我说："你对鞋子肯定有一定的认识。"

说着，我把这款红色细高跟靴子的拉链拉开，把全真皮的内里展现给她看："不用我说，你可以看看。"

"嗯嗯，"她说，"我试试。"

果然很适合她，但她却没表现出想要的意思。

于是我继续给她介绍另一款红色靴子，细跟，系鞋带的，原价一千多，现在只需三百多。

她试了试后说："没有刚才那款好看。"

继续推荐！

感觉细跟气质型的很适合她，于是我又拿了一款黑色、流苏、羊猄皮、细跟的高帮靴，这款鞋比较洋气，并且很透气。

一上脚，她很喜欢，但是在镜子前走来走去后，感觉又没那么喜欢了。

她说："感觉这流苏就是多余的。"

我拿起她脱下来的靴子说："这款鞋的特点就是流苏。你看看，这鞋子是真皮的，它的流苏都特别有垂感。"

这时候我们的另一个店员来拿东西。她叫刘俊，一米六的个子，比较胖。

她帮我说："我都特别想买这款，就是没我穿的码！好喜欢这款。"

"是的，"我说，"这款不是每个人都能穿出她的气质，只有姐才能穿出这款鞋特别的韵味。"

（说这话其实有些对不起刘俊）

她穿上脚，在镜子前走来走去，没有表态。

接着又试了试前面的两双红色高跟靴。

终于，她说："我只要一双！哪双好看？"

"这两款都很适合你。这双流苏的简约、大方、全牛皮的。你一直穿好鞋子，都知道的，不用我解释！"我笑笑说，"最怕不认识皮的，要解释半天。"

她说："我就要这双流苏的，那两双红色上面的钻和鞋带不好看，不要了。"

我并没有放弃，又提着另一双红色的靴子说："姐姐，你看看，这款原价是 1258 元的，也就是说这款别人以前都是一千多买走的，你现在只要三百多就可以拥有她！这款鞋子属于英伦风，性感女人味中融入帅气。你买了，以后一定会感谢我，真的！"

她试了试，很合脚。在低头脱鞋子时，她对我说："你真会做生意。"

我忙说道："我真是把最好的、最适合你的、物美价廉的带给你。以后怎么感谢我？在需要买鞋子时想到我就可以了。"

这时，我忽然意识到她是在想买了之后才说的这句话，于是大声对徐庆说："开单，包好鞋子！"

感觉氛围还可以，我继续拿了款红色高跟靴，最后一双，很大气，只是小了点。

她试了试，虽然有点紧，但是很喜欢。她自言自语道："我想想可以送给谁？"说完就开始打电话。

我听到她对电话那端说："原价一千多的靴子，现在只要几百元，你说我买不买？"

几分钟后，可能是电话那端的朋友表示可以吧，这双和前面那双原价

211

1000 多的红色细跟靴她都要了。

就这样 5 双成交了，1 双是她妈妈的，4 双是自己的。

"你所有的鞋子都可以拿过来免费护理。"这是把鞋子递给顾客时，必说的一句话，"你坐坐，我现在把你穿的鞋子擦擦。"

不一会儿，把她的凉鞋擦得亮亮的。

## 91 我大声地喊："慧慧开单包起来！"
## 这回顾客买了 10 双

这天傍晚，在店里和看鞋的阿姨聊天时，进来了两个时尚女人。

一个是我们的老顾客，她穿着一条米白色裙子，搭着一双米色拖鞋，是今年流行的时尚款。白皙的皮肤，很漂亮。

另外一个是她的闺蜜，第一次光顾的新顾客。

我笑着对老顾客说："你就是时尚的代表，你的鞋子是今年最流行的，一定不便宜吧？！"

"嗯，八百多呢！"她开心地说，"只要穿着好，我都会买的！"

我热情地和她们寒暄，并介绍着这次活动的力度。

我记得这位老顾客的鞋码，迅速地拿了两款休闲的小白鞋给她试穿。

"现在买那可是赚到了，前所未有的低价！而且是全皮的。"

她和闺蜜都试了，觉得还不错。

老顾客说："我家里的鞋子太多了，鞋柜里全是我的鞋子！这样的小白鞋家里也有。"

"我知道你家里有好多鞋子，并且很多都是我们家的，对吧？！但是，这么好的鞋子，这么低的价格，并且是限量版的，好多人想要还没码呢！只要有穿的码，那就是赚到了。你不是一直穿我们家的鞋子吗？前几天买的拖鞋都花了五百多呢！"

这样的问话，我是想间接地告诉她的闺蜜：我们家的鞋子都是高、大、上的，而且质量杠杠的，现在买是最划算的！

老顾客也很乐意我这样子夸她，显得很有面子。

很快，两个人决定了各要一双小白鞋。

我好像突然想起来的样子，兴奋地对老顾客说："有一双鞋子很适合你，桔色的，牛津底，软皮，你皮肤白白的，一定好看。只有一双了，一天有十几个人问，可惜没她们的码子，我拿给你试穿。"

她急切地说："好滴。"

213

试穿的效果很满意，她说："这双我很喜欢。"

她的闺蜜问："还有吗？我也要一双。"

我抱歉地说："不好意思，这是最后一双了。"介绍另一个类似款，她却不喜欢，她说："我就喜欢她脚上的这款。"

因为老顾客比较信任我，我的重点目标一直在她身上，继续给她介绍鞋子："这款是英伦风，简约时尚国际范，一直流行的。"

时不时的把我们的活动力度再报一遍。

这时候她的闺蜜说："给我试试。"

她的闺蜜把鞋子穿上脚后，我开始描述，试图把她带入到联想中去："这是四季鞋，穿的时间是最长的。可以搭配一条破洞牛仔裤，把裤脚卷起来，把脚踝露出来，再穿上一件白色T恤，那可是青春靓丽；如果天气变凉了，再披上一件风衣，那可美了！"

闺蜜很爽快地说："我要了！"

我再接再厉："这是系鞋带的，可以再来一款不系鞋带的，换着穿。"

闺蜜回答："那我试试。"

接着我拿了双白色、高帮、软皮的休闲平底鞋："这双是英伦风的，稍带一些女人味，简约，大方。"

软牛皮的鞋子，上脚后确实很舒服。

闺蜜看了看价格，问："怎么这么贵呢？"

我告诉她这双鞋子的价值，非常值得购买："你的闺蜜有我们的金卡，金卡折扣后买我们的拖鞋都是五百多。现在一双高帮牛皮平底鞋，原价都是大几百的，现在只要200多块，这可是捡到了！"

她似乎还在犹豫。

我向老顾客投去求援的目光，问："是不是？"

"是的。我买了双拖鞋都五百多呢！脚上这双八百多。"老顾客点了点头，对她的闺蜜说，"你喜欢就买吧！"

因为她的闺蜜穿35码，刚好我们店35码的鞋子比较多。我不停地拿鞋子给她试，先是一款马丁靴，黄色带铆钉的，时尚，酷炫；接着再试另一款马丁靴，黑色，简单款。

我说："你反正下半年要买的！以前一双的钱现在可以买几双了。"

每试完一双，我都会示意同事慧慧开单包起来。

试鞋继续中，我又拿了一款红色细跟短靴："这款秋天搭配风衣，女人味十足；冬天搭配黑色或者白色的羽绒服，立显高挑的身材。"

老顾客也连连称赞："好看，好看！"

见老顾客也帮腔了，我大声地喊："慧慧开单包起来！"

接着开始试穿粗跟短靴，黑色，原价一千多的，现在买只要200多块钱，真值了！这个价钱落差让顾客很兴奋。

我说："这种简单的鞋子一直流行，比较大方、百搭。"

她照着镜子，我和老顾客称赞着："不错，不错！"

我大声地喊："慧慧开单包起来！"

看到她穿着一双休闲的，并且有点旧的凉鞋，我拿了一双拖鞋给她试穿，松糕底，舒适，方便，走路和逛街都没问题，和她的休闲衣服很搭。

"拖鞋是最实用的，你现在就可以穿着。"说着，我转向慧慧，"慧慧你开好单就可以了！"

这时慧慧已经把价钱算出来，加在一起是好几千了！

"你是刷卡还是付现？"

这时闺蜜脸上露出惊讶的表情："这么多钱！都有些什么？拿给我看看，我再试一下。"

于是，又把所有的鞋子拿到她前面，从第一双开始重新试穿，我快速地重新描述各鞋的特点、优点和带给她的价值，并加一句："这款必须有！"

老顾客在一旁附和："嗯，嗯。"

重新试完一遍，并穿回自己的鞋子，闺蜜在兴奋中刷完了卡。

这时我看到老顾客在试穿一款凉鞋，说："这款也舒服，也好看。"

215

闺蜜听到后说："我试一下。"

慧慧赶快跑到她跟前说："还真适合你。你家里有凉鞋吗？"

闺蜜说："就我脚上的这双。"

慧慧笑笑说："那你可以直接穿这双了。"

闺蜜再次刷了卡。

她和老顾客出去的时候，边走边"哈、哈、哈"地笑着说："我疯了吗？买这么多！"

老顾客2双，新顾客8双，一共10双愉快地成交了！

## 92 男孩说钱不够，最后却买了6件！

这是星期六的上午，俩个男孩急匆匆地进了店，看上去也就是20岁左右，其中一个男孩乐呵呵地问："有没有便宜点的、打折的？贵的我可买不起！"

他径自转悠，看衣服，时不时还看看吊牌，让我产生一种感觉，这就是个差钱的顾客。

这个小男孩很有眼光，他看上的都是卖得最好的款，我不厌其烦地介绍每一款衣服的卖点。

偌大的卖场，他就是转悠、看，但不试穿，但是这样的顾客我就是有感觉，感觉他就是能买衣服。

我得想办法让他试穿。

我看了看他，理了理思路，说："小伙子，我知道你家里的衣服不缺，但是呢，现在有句话很流行，就是'去年的衣服配不上今年的你'。你这么帅，而且现在的你就是穿的年纪，你自己穿的像王子一样，那么遇见的一定是公主。现在的人很现实，不管你在学校还是工作中，形象都是很重要的。"

他看了看我，笑了笑。

我建议："你穿衣服的风格是运动风，简单舒服，但是今天我们换种风格好不好？"

他问："换什么风格？"

恰好我上身穿了一件白色带飘带的白色T恤，下面穿的是磨破牛仔裤，腰上扎了一条流行的黄色腰带，他看了一眼说："姐，你好时尚。"

我说："我穿的这款有男装，给你搭一套，你不要拒绝。我们就试着玩，好不好？"

"好的。"他答应了试穿。

我找了一条黑色的工装裤，一件白色的T恤，腰带选了一条橙色的，脚上拿了一款时尚的慢跑鞋，递给他说："一起试穿有效果，你感觉一下。"

他问："姐呀，这行吗？"

我说："有什么不行，你是 90 后，就是时尚的代言人呀。"

他接过衣服，进了试衣间。

我和他的同伴聊着天。

"你们是学生吗？"

"是的，今天没课，出来逛一下，平时也没时间出来……"

我们聊着天，男孩穿好衣服出来了。

他的同伴说："还不错呀，不错，有活力。"

一时间，气氛很融洽。

我接着好的气氛说："是的，是的，换种风格吧。这就是今年最流行的搭配，你好好的照照镜子。"

他笑了笑，说："有点不习惯。"

我说："你的身材这么好，这套衣服真的是太适合你了。你知道现在哪里不对吗？"

"哪里？"

"袜子！换双船袜就完美了。"

"好的，听你的，拿一包船袜吧。"

他进试衣间换袜子了，我心想，他出来的时候，不能磨叽。有时成交就是几秒钟，要与不要也是几秒钟，所以要速战速决。

217

他出来的时候，我说："这么热的天，你就别换衣服了，太累，穿着走吧。"说着我就撕掉吊牌。

他弱弱地问："姐，好看吗？"

我向他的同伴投去求助的目光："让你的朋友说。"

他同伴笑着说："穿着吧。"

我说："二比一。"

他说："好吧。"

我问："你有会员卡吗？"

他说："没有。"

我顺手拿了 2 条内裤，说："送你一张全国通用的会员卡，下次买的时候，新款都能打折。"

他说："谢谢姐。"

就这样，一单 6 件，从里到外一件没少。

有些顾客嘴里一直说没钱，其实顾客是不差钱的，不要让顾客误导我们，谁没钱逛街？！只要我们搭配到位，拿款准，奇迹会出现的。这个顾客，如果不拿鞋子，裤子，他到别的店还是买。把每个顾客想成大单，大单自然会出现。只要顾客进店，一定要想办法让他试穿，就算他不买，也要给他留下印象。

我们导购的形象也很重要，你的穿着和品味就是品牌的代言，自身形象好，我们讲话才更有说服力。

## 93 淡季抓连单，
今天做了一个很有含金量的 4 连单

连带销售的启发，原来源于自己的改变。

以前，我夏季基本就两双凉鞋，穿坏了才买第三双，并且风格都一样。

现在不一样了，我不再是家庭主妇，有同事，有朋友，有同学，大家还会经常聚聚。现在可不想不修边幅就出门了，身穿睡衣出门买早餐的日子已经离我而去。

我要有一双高跟凉鞋，必须有气质，和同学在一起玩会带给我自信；时尚拖鞋必须有，穿起来显得随意、简单、方便，我平时比较忙，去哪儿都方便；淑女型的低跟鞋必须有，时尚、百搭；工作鞋一定是要有的，养脚、不累……原来一个夏天最基本可以有 4-5 双凉鞋，甚至更多。

219

总之，我改变了，今年夏天我有很多凉鞋。

这天，有一个女孩进店，她身材苗条，戴着眼镜，穿着一条很合身的裙子。进店就接了一个电话，从电话中得知她是一个孩子的妈妈。

她的脚比较瘦，我想，穿高跟凉鞋一定很好看。

果然，她进店就看高跟鞋。

在试穿的过程中，我蹲下给她弄鞋带，近距离地看了下她的脸。

我惊奇地笑着说："都是孩子的妈妈了，怎么脸上那么干净，皮肤那么光滑？！"

美女站起来照照镜子，笑着说："我的脸上真的不长东西，可能是皮肤黑的原因吧！"

"你皮肤也不黑呀！"

她笑笑说："擦防晒霜了的！"

"真羡慕。"

"还好啦，不过我还真不羡慕皮肤特白的，喜欢长斑呀，长豆呀。我有俩侄儿，一个像我的皮肤，另一个特白，特白的那个长斑，长痘，皮肤都乱七八糟的了！"

我说："我侄儿也特白的，不过长了好多斑，还以为他吃垃圾食品吃出来的，嘻、嘻、嘻。电话中听到你孩子口齿伶俐的，多大了？"

"都初中了！"

我诚恳地说："我还以为你没结婚呢！保养得真好，真看不出年龄。"

"哈哈，我是标准的晚婚晚育……"

我们愉快地聊着天，她讲述着假期带儿子出游的计划，描绘着游玩过程中可能发生的乐趣。

我的回应是"哇！""佩服！""羡慕！"等。

这时我们又拿了几双不同风格的鞋子给她试穿，她看上了一双羊皮带钻的时尚拖鞋，问："这双拖鞋和刚才那双高跟鞋，哪双好看？"

我跟她说："这两双鞋子没有可比性，就像女人和男人很难说哪个好看，因为女人美，男人帅，没有可比性。高跟凉鞋，女人味十足，凸显气质，去聚会的时候显得端庄优雅；拖鞋则洋气、休闲，可以随意搭配，平时逛街和走路都可以。高跟鞋的气质和女人味，拖鞋永远代替不了，拖鞋的时尚和休闲，高跟鞋也代替不了。"

怕她太纠结，我偏重一点推高跟鞋，她很快就买单了！

220

高跟鞋买完单之后，我告诉她拖鞋是最实用的，穿的时间是最多的。然后，开始描述怎样搭配，适当加上我的肢体动作，我想把她带入联想中。

"穿长纱裙搭这鞋子那可美了！"

"配休闲裙，休闲的美。"

"还有，与现在流行的破洞牛仔裤绝配。"

"现在流行混搭，看看你现在镜子里的整体效果，多时尚。"

这时她告诉我很喜欢这拖鞋，然后把鞋子的图片拍给她同事看，并告知价钱。

同事的回应：那价钱也是个价（意思价钱比较高）。

她同事在对面做头发，她说："我过去看看，一会和她一起过来。"

不久她和同事一起来了，她让同事试给她看，并表示自己很喜欢，穿着很舒服。她又把我刚才描述的话转述她的同事，并说："你买吗？反正我买了！"

她对这双拖鞋的热情和喜欢感染到了她的同事，两人各拿了一双。

"我们这还有背包，和小白鞋，出游的必备品，青春、休闲，拍照很漂亮。"

她说："有小白鞋，拿一个背包吧。"

就这样，卖了一双高跟凉鞋、两双拖鞋、一个背包，很有含金量的4连单。

我觉得，连带销售要根据顾客的实际情况，挖掘顾客内心深处的需求。

## 94 换季特卖月，我开大单时

昨天下午到甩货店上班，看到上午班开的销售单，有厚厚的两叠，心中不禁暗暗佩服。

刚到店里不久，竟然下起了暴雨。一直到晚上7点半，我们才卖了两单。

大家时不时站在门口看看路上的行人，感觉店里没有紧迫感。

我们大家一起商量，不要站在门口了，不要太热情，大家忙起来，忙什么都可以。

于是，大家在店里忙，我则打伞站在外面喊嗓、邀约，其实不完全是为了邀约顾客进店，更重要的是让大家和自己有紧迫感，保持良好的销售状态。

旺场做快单，淡场做大单。

大单一定要有连单，推冬靴、单鞋、休闲鞋、凉鞋，还有运动鞋，从高价位往低价位推。

八点钟后雨停了，店里的人多了起来。

这时，进来了两位姐姐。

她们试穿了两款冬靴，是我们店里价位最高的，也是我们专卖店的品牌鞋子，价格有点小贵。

我告诉她们："这是头层牛皮的。我的同学和隔壁高端女装店的人都买了，她们都比你买的贵，你买到就是赚到了！"

她们怀疑说："这是牛皮的吗？"

我承诺"不是牛皮的，我私人赔十倍的钱！有底气才敢说这样的话。买了，你就知道我们鞋子的好。"

立马成交，两位姐姐各拿一双。其中一位姐姐的冬靴小了一码，我告诉她把鞋子撑大的方法，她也买了下来。

"姐姐，我告诉你呀，我们的顾客都是五双、六双甚至十双的买。"

"反正是要买的，现在买要节省多少钱？！"

"等于你就赚钱了，真是个会持家的人就会找这样的机会。"

221

这时候两位姐姐开始看单鞋，有款红色的，刚好适合她俩。

两位姐姐，有一位穿着暗色的衣裤，另一位穿着大红花的裙子。

穿大红花裙子的姐姐问："这颜色好搭衣服吗？"

我指着穿暗色衣裤的姐姐："你看她的搭配是不是很好看？暗色的衣服穿一双亮色的鞋子是不是更好看？！您的红色大花和我们的鞋子刚好一种颜色，只要全身不超过三种色就可以了，很好看的。"

接着，两位姐姐提了一些其他问题，我都一一回答，打消她们的疑虑。

"可以加我微信，不知道怎么护理，可以问我；也可以拿到店里来，我帮您免费护理。"

毕竟是甩货店，能有这样的服务，姐姐有些小感动，说："我就相信你！"

我说："诚信很重要。"

言语之间，搭挡又把这两双红色单鞋包好了。

连单还在继续。

"这边还有休闲鞋，今年流行搭配裙子裤子，都很年轻化，并且很舒服，出去玩，拍照也很好看。"

"现在的鞋子都是限量的，卖完就没有了，只要有穿的码子就是捡到了，您见捡过钱吗？就像路上捡到百元大钞的感觉，真的物美价廉。"

222

休闲鞋成交！

至此，成交 2 双冬靴，2 双单鞋，2 双休闲小白鞋，6 连单。

接着来了一位男士，我给他介绍了这次大力度的亏本甩卖活动，他说："要一双 37 码的皮鞋。"

刚好我们店有一双 37 码的，他穿着也刚刚好，但是他还跟我们还价。

"能再少点吗？"

"这是一双头层牛皮的，并且是亏本卖的，你真是运气好，还有最后一双你穿的，要再犹豫，一会就没有了。"

说完，我朝他做了个鬼脸。

这双很快就成交了，搭挡麻利地开单包鞋子。

我继续给他介绍鞋子，有双凉鞋最小只有 38 码的，他试了试，摇了摇头说："大了，不好穿。"

我告诉他："凉鞋大点小点没问题的，天气热了，脚还会大一些。"

他还是不要。

接着，他走向收银台买单，我没有放弃，提着凉鞋跟着他走。

我一脸真诚地说："你看看，这鞋底是牛筋的，皮面是全皮的，只有一双，错过就没机会了。"

又被他拒绝了，但我似乎看到他有一点想要的感觉，也许，离成交只差最后一句话了。

他拿出钱准备买单,我依然没有放弃,提着凉鞋继续说"要不是店铺装修,我们是不会亏本卖的,下次你再想找也找不到了。"

他没再说什么,从钱夹里又抽出 1 张 100 元的,同时做了一个手势,示意我把鞋包起来。

换季特卖月,我开大单时。

伙伴们,加油!

## 95 信任是一种力量，买菜的大姐一下子买了7件

这两天连续下大雨，没什么顾客进店。

没生意，在店里很无聊，我就搭配了一套休闲运动装，自己穿着。

刚穿上没多大会就进来了一个大姐，一进门就看着我。

我坐在收银台旁边，大姐围着我看了又看，我马上站起来笑着问："姐，你需要我帮什么忙吗？"

原来这位大姐是来超市买菜的，经过我的店时，看到我穿的衣服，觉得挺好看的，于是就过来了。

大姐说："老板娘，你身上穿的衣服是你店里卖的吗？"

我说："是啊。"

大姐说："好看！不知道我能不能穿？"

我说："当然可以！如果姐有时间，我找一套给你试试。"

大姐的身材比我胖一点，但是她说："我就要穿你身上的这套！"

我赶紧说："如果姐不嫌弃，我就换下来给你，刚刚穿上的。"

大姐同意了。

我找了一件 T 恤，搭配了一条牛仔裤，自己穿着，把这套休闲运动装给大姐去试穿。

大姐试穿后，很满意，就问我有没有折扣。

我笑着说："姐，这是新款，昨天才到货的，没有折扣呢！"

大姐看了我一下，又要了我刚换上的这套 T 恤和牛仔裤。

于是我脱下来给她，又在卖场找了一套自己穿着。

我问姐："你家有没休闲运动鞋？穿这套 T 恤和牛仔裤，最好搭配一双运动鞋才好看！"

大姐豪不犹豫地说："家里有是有，都旧了，给我找一双吧！"

店里的小伙伴马上就找来一双白色的运动鞋，大姐试了试，来回走了几步，刚好。

两套衣服加一双鞋子一共是 760 块钱！

可大姐只是来买菜的，身上没带那多钱，就说："先买一套，有时间再来！"

我看大姐很想要，就说："姐，先把衣服拿回去吧，钱有时间再给我送来！"

大姐用不相信的眼神看着我，她以为自己听错了！

我笑着说："放心吧，你拿回去，什么时候再来买菜时，把钱带来就行了！"

大姐高兴的不得了，口口声声说我太仗义了！

因为我不是本地人，对本地人并不熟悉，但是能够这么信任大姐，她很感动。

到了晚上，还在下大雨。

没想到，大姐和她老公一起来了！身上还被雨淋湿了一大片。

大姐老远就看见我了，急不可耐地说："帮我老公选一套衣服吧！"

我帮她老公选了一件天蓝色的薄羊毛衫，她老公自己选了一条牛仔裤，两件衣服一共是 367 块钱。

我说："收你 360 块吧，零的就不要了！"

夫妻俩很开心地把上午少的钱和这套衣服的钱一起给了，还加了我的微信。

大哥指着大姐，对我说："以后有什么新款适合她穿的，就发微信给我！"

我把他们夫妻送出门。他们手牵着手，男的举着伞，女的提着购物袋，渐渐地消失在雨和夜幕中～

225

## 96 一条毛巾挽救了一个大单

福建，长乐，胜利路，某男装店。

4 月 10 日，整天大雨，偶尔大暴雨，时不时雨停一会儿。

上午约 10 点，进来了三位顾客，分别是姐姐、弟弟、弟弟的未婚妻。

因为弟弟和未婚妻 5.1 就要结婚了，所以今天过来想购买一些结婚穿的衣服。

同事们熟练地"二拍一"服务，端茶递水。试衣服的试衣服，看画册的看画册，喝水的喝水。

气氛非常融洽，一个大单即将诞生。

大概过了半小时，基本敲定了一套黑色小西服，一双黑色尖头皮鞋，共计 1452 元。

可是这时，未婚妻突然提出，一下子买 1 千多，希望能够优惠一点，例如打个 9 折。

气氛一下子僵住了。

接着，双方各自使出浑身解数，试图说服对方，可是没有达成共识。

约 10 来分钟后，"谈判破裂，顾客似乎有点迟疑不决，但仍然向店外走去。

"欢迎再次光临。"说完送宾语，同事们也都放弃了。

外面还在下着倾盆大雨。

弟弟弯腰拿起伞，撑开，未婚妻靠在他的伞下。姐姐也是打开自己的伞，准备走。

"等一等！"一个洪亮的声音响起 ~ 我出手了。

刚才我一直"躲"在柱子旁边，密切的关注他们，现在该出手了。

他们三个齐刷刷地转过头，不解地盯着我。

我笑着说："今天这么大的雨，咱们冒雨出来买衣服也不容易哈哈！"

未婚妻接过话说："就是啊！你们又不优惠一点！"

我没有直接回答："相信您二位第一次见面时，对对方的第一感觉非常好，这就是缘分，所以现在才步入结婚的殿堂。"

不等他们回应，我看着弟弟说："现在谁都不差衣服，买衣服最主要是看感觉是吧？这种第一感觉是很难再找到的～我注意到刚才这套，您非常合身！"

这时，弟弟已经把伞收起来。

"刚好我今天来巡店。前几天，从香港淘了几条 ZARA 毛巾，这个ZARA 的床上用品目前在国内是买不到的。在香港，很多年轻的夫妻都喜欢ZARA 的毛巾，不然我也不会专门淘这个是吧？"我看着未婚妻，继续说："本来是拿到龙岩去搞 VIP 活动的，今天既然有缘，那我就破例送您一条 ZARA毛巾，祝你们新婚快乐！"

未婚妻一下子来了兴趣，说："那你把毛巾给我们看看！"

于是大家又一起回到收银台，我从背包里面拿出了两条 ZARA 毛巾，一条浅灰色的，一条纯白色的。

未婚妻一手拿着一条毛巾，反复比较，最后选了纯白色的那条。

因为之前是送了一双袜子给他们的，现在把毛巾送给她，我就把袜子拿回来了。

我说："这个袜子不能再送了！"

说完，我拿着袜子就准备放到收银台。

227

说时迟那时快，未婚妻趁我不注意，一下子把袜子从我手里又拿走了，一边闪人一边笑着："干脆袜子也送给我们吧！"

她这个动作，把在场所有人都搞笑了，气氛非常融洽。

接下来，未婚妻刷卡，买单，1452 元，颗粒归仓！

我跟顾客姐姐说："我们照个合影吧，做个纪念！"

然后大家一起合影。

后面我和姐姐还互加了微信，成为了微友。

雨一直下，我在店铺同事们的目送中出发，奔赴下一站……

（编者注：这一天，福建有的地方下雨，有的没有下，但是长乐店这天的销售遥遥领先，既是第一名又狠狠地超标。）

## 97 下雨天开大单

分享是种习惯！

昨天早上一睁眼，就看到阳光调皮得从窗帘的缝隙钻进来，撒在被窝上，心情大好！

于是带小宝去超市玩！

等到下午四点多的时候，开始下起毛毛雨！（我每天都是下午 5 点到店里接班！）

本来心里还在想"看来今天就这样咯！"没想到却是意外惊喜的一天！连接着开了几个大单！

后面来了一位老顾客（从开张那一年这位顾客就经常光顾的）。他一进门我一眼就认出来了。

一进来他就看中一款羽绒服，自己就直接拿第二件。

我笑着说："哇塞，你都知道我们挂的第二件衣服是你穿的码子耶，还蛮厉害的！"顺手接过衣服把拉链拉开让他试穿！

顾客问："几多钱？"

我说："这款打 8.8 折后是 615 块，年底为了回顾老顾客还有毛毯送哦！"

他马上说："看看什么样的毛毯嗫！"

我赶紧把剩下的几个包装全部打开让他挑。有床是比较大气的条纹图案，我就说："就这个，怎么样，你应该会喜欢吧！"

他点头！并叫我把衣服上的吊牌扯掉！他转身再摸摸特身上的裤子，说："帮我找条裤子吧！"

我马上把那条裤子 30 的码递给他叫他试。

他说："我以前都是穿 29 的，30 也可以穿的。"

我问他："现在天气冷，你需不需要在里面再加条裤子！加条裤子大小就刚好。我们女生可以穿加绒的打底裤，你们男生可没有这样的款哦！"

顾客接受了 30 的码。接着他又自己拿了款棉夹克，问我："这能不能套着我的衣服外穿啊？"（他自己穿的是款轻薄羽绒服）

我说："可是可以这样穿的，但你是不是要拿大一码的，这样合身些！"

他试了下，说："帮我挑件打底的衣服噻！"

说实话现在家里真的是没几件打底衣服勒，结果他没看中！

接着我帮他拿了款格子衬衫，他拿着就去试了！穿出来，问我："你觉得小不小？"

我感觉他穿着怎么有点嫌短勒，问他："你觉得肩穿得紧不紧？要不要我拿大一码！还有因为你里面还穿了件秋衣，要单穿就刚好！"

他进试衣间的时候，针对他刚才看中的几款衣服，我又找了其他的尺码和颜色拿着。

他试穿衬衣出来时，我就递给他："给你拿了一件大一码的！"并拿了同款的另一个颜色（红色）一起给他。

他说："红色好看些！"

我马上把红色格子衬衣递给他。

他很满意，叫我算下几多钱！

我问他："看你要的哪几款！我帮你开单！"

经与他确认，开单的是羽绒服、红色格子衬衣、牛仔裤，一共九百多。

我问他："你要不要再看条裤子啊，还差一点就可以再送电水壶呢！"

后来他又挑了条休闲裤。

一起1056块！

229

他说："我在你们家每次都是消费一两千，不信你可以查一下电脑，有时你不在这里，现在白天又是另一人。买这么多有没有赠品呀？"

我说："你需不需要皮带噻，可以送你的？"

他说："我有，不想要。"

他看到有袜子，问："能不能送袜子？"

刚好男袜卖完了，想换成女袜送他，他不要。

我赶紧说："等下次你来，有赠品一定留着，可以吗！"

他说："好的"。付完款，他高兴地出门！

我心情大好，之后又连开了几个小单。雨渐渐地下大了，街上人慢慢变少了，进店的人不多，但成交率很高！

和顾客像朋友般，这样的感觉很舒服！

群友A：天气恶劣的情况下来到店铺的，基本都是有很直接的购物需求的，耐心的做好一对一服务，成交率和成交量都会比较理想！

群友B：对待老顾客（习惯型顾客）的服务要领是"记"。导购能在顾客进店时记起有关顾客的什么具体事情，会带给顾客惊喜以及被重视的感觉，销售工作就成功了一半。

群友B：要对店铺的促销及赠品情况了如指掌，并利用促销活动和赠品来提升连单率和客单价。

**小结：**

　　有些店铺小伙伴认为自己店铺的客人不接受附加推销，甚至害怕推连单时顾客跑单。我认为，大可不必这样子担心。如果害怕顾客跑单，那么可以在顾客成交之后再推其他的货品。顾客反正是要买全的，他们可以在一个店买全，也可以在多家店凑齐。当然，不是说不要注意火候及分寸，但这些技巧也是从实践中慢慢提升的。

230

# 服务提升业绩

　　一说起售后服务，很多人的第一反应就是害怕，嫌麻烦，也怕顾客退换货，怕顾客投诉。但是，怕有用吗？必须得面对现实，解决问题。

　　我们的销售高手们，不仅不怕售后服务，反而认为，衣服卖掉后，真正的销售才刚刚开始。这些销售高手们通过提供良好的售后服务，赢得顾客的信任，超出顾客的期望值，因而，顾客的转介绍越来越多，回头客也是越来越多。

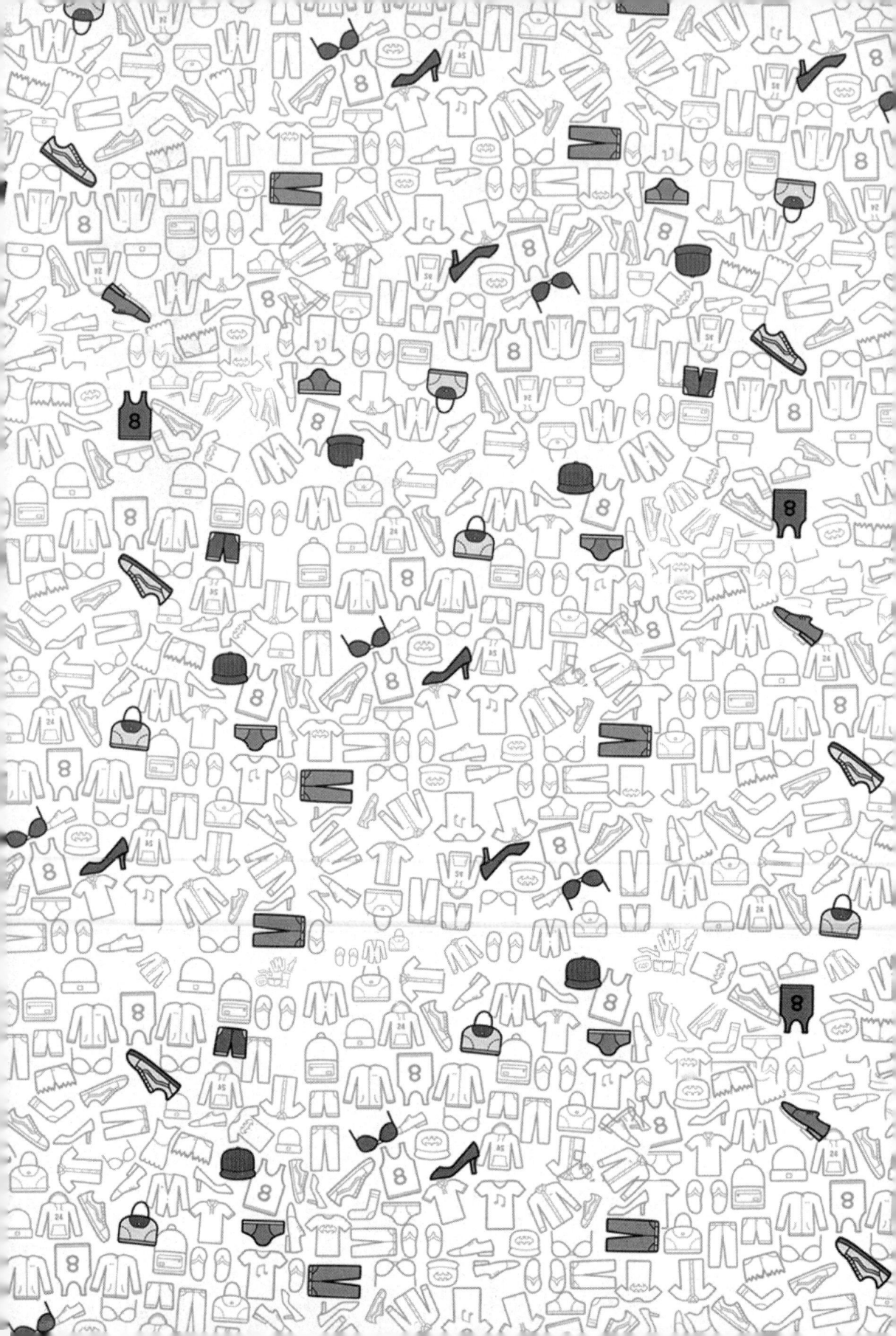

## 98 服务成就业绩

下午我去 Z 店巡店，不一会儿进来一名顾客，一进来就找店长买娥。

她说："买娥人挺不错的，每次来我都找她。"

她的朋友在地下车库等她，时间比较紧张。买娥快速地拿不同的款式、尺码给顾客比较试穿，每次试穿后都细心地帮顾客整理衣领、系腰带等。

约 20 分钟后，顾客满意地买了单。

买娥说："你工作这么忙，下次来把家里要熨的衣服拿来，我帮你熨好。"

她说："好呀，谢谢。"

买娥送顾客出门。

出人意料地是，买娥没有立即回店，而是帮顾客拿着购物袋，一直把顾客送到地下车库，把顾客送上车后才回来。

不一会儿，又进来一名顾客。一进来就跟买娥来了一个热烈的拥抱。

原来这是一位来自四川绵阳的顾客，她叫邓焱兮，是一家建筑公司的常务副总，她曾在日本留学两年。

焱兮专门来 Z 店选购，自然是不厌其烦地试穿，买娥和建婷一起帮她拿衣服。

据我目测，大概试穿了 20 多件。每一次买娥和建婷都是精心帮她搭配，她也会很认真地听取我们的建议。

她试穿了一件黄色双面妮，问我："你说这件好看吗？"

我摇了摇头，说"这个黄色与你脸部的肤色不搭，你穿起来显得有点寒酸，给人感觉你混得很不好似的。"

她扑哧一笑："啊，那赶紧不要这件。我好像真不能穿黄色的。"

后面她又试穿了一件浅黑色的皮裤，我们说这个比较合适。

接下来她又试穿了一条灰色连衣裙，她笑了笑说："我就喜欢黑色的、灰色的。"

裤子、裙子试穿完，买娥给她搭配了一件米白色的毛衣和灰色的长款双

233

面妮外套，效果也不错。

……后面她又不断地试穿，我们逐一给出意见供她参考。

约3个小时后，她一边喝水，一边疲惫不堪地看着一条黑色的裤子，问我："你说这条黑色的裤子跟刚才那件米白色的毛衣搭配吗？"

我说："这个真不好说，得试穿看实际效果才知道。"

她说："哎，累死了，实在没力气再试穿了。"

最后，她买了4件衣服，2000多元。

买单后，我跟焱兮进行了一次交流。

她问："你是想调研我作为顾客的感受，是吗？"

我摇了摇头，说："谈不上调研。你也累了，坐下来休息一下，咱们随便聊聊。"

她也就打开话匣子，跟我聊了起来。

焱兮是品牌的忠实顾客，她说："现在我的心境、收入，穿这个品牌是很合适的。上次买了一条背带裙，可好看了，经常穿。"

这次焱兮来福建出差，来前一直与买娥在微信里面联系，酒店一安顿好，就直奔商场找Z店。

她说："原来我第一次来Z店买衣服时，买娥还是导购，那时候就认识了。"

说着，她的手机亮了，她拿起手机，按了几下，又把手机放到包里。

她说："买娥的人是不错的。一般人只是在微信朋友圈机械地按时发一些东西，买娥是蛮用心的，有时我心情不好时发了帖子，她看到会问我怎么了，感觉得到她是在关心我。"

说完，她又拿出手机看了看，问："还不知道你叫什么呢？"

我说："我呀，周润发的周，创新的新，文化的文。"

她一边听着一边改微信的备注。

她说："现在很多导购，不管你试穿哪套，她们都说好看，怎么怎么好看。有时候自己明显觉得不合适，导购也说好看。说心里话，这样我会很反感。"

我说："是的，有的顾客在导购的强烈建议下买回家，穿出来后，身边的人都说不行，她肯定会怨那个导购。"

她说："相反，你刚才给的建议，有说好的，也有说不好的，我觉得是真的为我着想，感觉得出来。"

我笑了笑："谢谢。"

"冬天的衣服得试穿一下，所以这次刚好出差福建，就过来了，下午从厦门过来的。"她说，"前些时，通过微信在买娥这里买了2次，都是寄过去的。即使是在厦门的品牌店试穿好了，但还是会在买娥店里买，我知道买娥她也不容易，这次来看到她憔悴了好多。"

时间不早了，她也要回酒店了，她住的酒店就在W店附近。

234

临走时，买娥送给她一件项链饰品，说："这是我们私人的饰品，不用在电脑做账的，跟你刚才那件米白色的毛衣挺搭的。"

她说了声"谢谢"，买娥把项链塞到她的购物袋里。

由于那条浅黑色的皮裤断码，需要在 W 店取货，所以我就送她到 W 店。

的士费说好 20 元，她半路上就拿出一张 50 元准备付车资。到站后，我赶紧拿出 20 块的零钱付了车资。

到了 W 店，导购找到货后往她的购物袋里面放。

我说："不急，先熨烫一下。"

烫好后，她拿着购物袋就回酒店去了。

大约 20 分钟后，她给我发了一条微信："谢谢，下次来还会到 Z 店去买衣服。"

今天 Z 店业绩小爆发，大家在群里互相鼓励，我的脑海里却不断地浮现出焱兮试衣服时的情景～

## 99 服务与责任促我成长

会员日那天，老顾客们高高兴兴地拿着钻石卡，来店里领礼品。

我努力认真地服务着每一位顾客，从早上8点一直到晚上7点都很忙碌，要下班的时候领礼品的顾客还是很多。

一个顾客王姐来到我跟前，拿出两张钻石卡，要求领取两副价值199元的防紫外线太阳镜。

我笑脸接待王姐。

经核对，发现王姐的一张卡号与对应姓名及手机号不符。

236

我向王姐解释："对不起，姐姐您只能领取一份礼品，有张卡号与我们电脑登记的资料有些不符，回头我再查一下，今天您只能领一份礼品。"

王姐听后，情绪很激动，冲我喊道："这钻石卡是您们店的对吗？卡号与资料不符是你的事，我领礼品是我的事！"

"对不起，我查过了，您提供的手机号是石姐的，但是石姐的卡号与您这张不一样，我怕礼品发错人了！需要回去再查一下，给我一段时间，我会给您答复的，您先回去吧。"

快下班了，我还想再多接待几位别的顾客呢。

王姐很气愤，不听我解释，大声与我辩解。有几位正在选购的顾客，被她吓走了！

当时我也意识到，我处理的方法有问题，没有站在顾客的角度着想，人家大老远的来一次也不容易。本来赠送礼品是很开心的事，却令顾客不开心，还吓跑了一些要成交的顾客。

因到下班时间，王姐拿着一份礼品，气愤地说："你不给我那份礼品也行，明天我让她本人来！我给她打通电话了，她让你接电话！"

说着，王姐就把手机递给我，石姐在电话那头气愤地说："您的服务让我很不爽！"说完就挂掉了。

王姐走到店门口的时候回过头，生气地说："送礼品，说心里话我很开心，但我今天很不满意，你明天给我个说法，我先回去！”

就这样，会员日自以为优质的顾客服务工作，以王姐的拂袖而去收场！

回去后，我立即查了最初客户手填的纸质资料，原来是我们工作疏忽了：员工在录入资料时，姓名和手机号都是对的，可是卡号却录错了！

我这才彻底意识到自己的错误！

维护一个顾客，建立好感，处好关系是需要时间积累的，我却用一句话否定了顾客，造成了误会！

怎么办？怎么办？我一直在责问自己。

我怎么这么较真呢？送礼品给她，让她开心来，开心走，是多好的结局，同时也可以带来业绩啊！

愣了一会，我决定鼓起勇气向石姐和王姐道歉！

我打通了石姐的电话："姐，您好，对不起，今天傍晚是我们工作疏忽，出现了错误，向您道歉！您的礼品，明天来取吧！"

电话那边却传来王姐的声音，她气愤地说："礼品我们要，但我们不去，你必须给我送家里！"

我笑着说："姐，您别生气了！是我错了，您让石姐接电话，我很真诚打电话过来，也说明我们诚信服务。"

石姐的女儿接过电话说："不行，你让我姨丢面子了，你必须亲自给我们送到家！"

"但是，明天我要服务顾客，来领礼品的人会很多，要不，我把礼品给您留好，您自己来取好吗？"

"不行，明天，必须送到我家！"

天啊，怎么遇上这样的顾客！

但是我忍住了，劝自己理性大于情绪。要记住，服务是销售的开始！

深呼吸了一口气，我笑着回复："好吧，明天我给您送去。"

我告诉她早上8点半去。

石姐的女儿说："你送到我家吧！到了打我电话！我就要那个蓝色眼镜！"

到了第二天早上，我7点30出发去店里拿礼品。

准备出发时，下起了雨！

我无奈地笑着，自言自语："天啊，真的是在考验我对顾客的真诚度吗？"

石姐的家离店有点远。

我打着伞步行到花店买了一束鲜花，然后打车把礼品送去！

到了石姐家楼下，我打通了电话。

不到2分钟，来了一个20岁左右的女孩，正是石姐的女儿。

她打着伞，没有微笑，面无表情。

237

　　"美女，您喜欢的蓝色眼镜，我给您送来了，您试试。"说着，我递给她鲜花，"鲜花送您，祝您和家人好心情！"

　　美女接过鲜花，拿过礼品，说："不试了，我回去了！"

　　望着她离去的背影，我笑了。相信有一天，我会感动你们，服务好你们！这是我该成长的地方，这是我服务好顾客的责任！

　　过了好几天。

　　那天我不在店里，店长告诉我，上次那个石姐、石姐的女儿和王姐，都来了，都买了裤子。

　　说心里话，我很开心，这件事让我成长很多！

　　通过这件事感悟了很多！顾客永远是对的！给足顾客面子，真诚服务顾客、打动顾客，相信业绩会做得更好！

## 100 服装店：免费洗涤促销售

张店长笑着对顾客赵先生说："你这条裤子穿得真是给力呀！我们小姑娘洗了 20 分钟。"

赵先生不好意思地笑着，脸都红了。

以上就是某服装店提供免费洗涤服务过程的一个小片段。

从 2002 年开始，福建莆田仙游的郭总，就开始为顾客提供免费洗涤服务，有效地带动了销售。

郭总经营柒牌、七匹狼、GXG、CC&DD 等多个品牌，他的目的很明确，只洗在本店购买的柒牌和七匹狼衣服。GXG 因面料复杂，没有施行免费洗涤。

店铺会在衣服的洗涤唛签上做标记，以示是在本店购买的。

有些顾客自己仿做标记的，也照样免费干洗，因为来者是客。

顾客送衣及取衣会来店 2 次，这可以增加互动、人气及销售机会。

在销售过程中，店员经常说的是："衣服的品质您绝对放心！没有把握我们是不会免费洗涤的，因为洗坏了是要承担责任的。"

或者说："我们卖的不仅是一件衣服，而是一辈子的品质承诺和服务！对这件衣服一辈子负责！"

顾客的常见反应就是认同，有的顾客会惊讶地说："你们还包洗啊？！"

也有少数顾客会说："我自己洗涤～能不能再打个折？"

不管持何种态度，只要认可免费洗涤服务的顾客居多，就能够有效拉动销售，并减少打折。

郭总实施免费洗涤的这个店，一二楼是卖场，洗衣设在三楼。

因为洗涤的数量逐年上升，郭总请了 5 名阿姨专门负责洗涤，这些阿姨均要求有一定的洗涤技术。

洗涤成本主要是人工和洗涤剂。

在阿姨与顾客交接衣服区，从 3 个不同角度安装了高清视频监控，以防止纠纷的发生。即便如此，偶尔也会出现找茬事件，但因为整体上对销售有帮助，所以郭总一直坚持到现在，已经 14 年了。

如果洗涤后产生问题，郭总也会尽量通过品牌公司协助解决。

除了福建郭总，在云南、广东等很多地方也见到一些服装店如利郎、富贵鸟等提供免费洗涤服务。

不仅是高利润的商务男装，连一些中等利润的品牌甚至有些女装店也开始提供此类服务。

鞋子方面，也有一些品牌店如达芙妮的某些加盟店，会提供免费护理皮鞋服务。

顾客通常会自己或让家人拿需要洗的衣服到店铺，有时会叫上朋友一起来店，店员则给予登记，并留下顾客的手机号及加微信。

之后按照收衣服的顺序安排洗涤，一般是手洗。洗好后，会在通风的地方晾干。然后就是熨烫，并通知顾客来取衣服。

有的高档面料不适合手洗的，会酌情拿到干洗店干洗，由店铺出干洗费。

极少会有店员因操作失误导致衣服损坏的情况，但如果真的发生了这种情况，可能需要当事人给予一定的赔偿。

更多推行免费洗涤服务的专卖店，一般不会请专门的阿姨，而是由店员在淡场时洗涤。

如果顾客不急着穿的话，一般 7 天左右会洗好。

## 101 正在投诉的陈女士，却买了一个 168 元的饰品

有位顾客陈女士在微信里投诉："你们公司有一点真的很不好，我要建议一下。前几天看中了你们的一款鞋，鞋子皮面脏脏的，营业员擦不干净。她们说给我调一双，厦门寄，要我自己出运费。我跟你说绝对不是差几元运费的问题，就是心里不舒服！"

我安慰她："我会向相关部门反映的，理解并谢谢你的建议。"

第二天一早，店长买娥在群里发微信"同学们，有位顾客要调的鞋子到了，待会儿她会到店里来拿。"

于是，早上我也赶去这个商场巡店，看看是什么情况。

10:45 分左右，陈女士来了，带着她三岁的小儿子。

陈女士看见我，就说："我就是微信里面跟你聊的那个。"

导购建婷立即前往接待陈女士。

建婷拿出鞋子，让陈女士再检查和试穿一下。

陈女士接过鞋子，坐在沙发上试鞋。

我给她小儿了拿了 瓶娃哈哈酸奶，她儿子接过酸奶，一边喝，一边在卖场到处跑。

陈女士试好鞋就找小儿子。

只见她儿子在饰品台，看中了一款饰品，不肯走了。

"妈妈，这个好看！"小儿子指着一个镶着圆形石头的手环，"买这个吧。"

建婷过来帮忙把这个手环拿给陈女士，价格 168 元，不打折。

陈女士并不想买，她对儿子说："这个太小了，妈妈戴不上去。"

她儿子肯定地说："妈妈，这个我喜欢，给我戴！"

看得出来，陈女士很疼爱她的儿子。

陈女士微笑着对我们说："我很在乎儿子的感觉和建议的。"

建婷再次看了看这个手环，对陈女士说："这个圆形石头里面的图案，有点像宇宙，能够培养小孩子的无穷想象力。"

241

我说："可能是小孩平时看过类似的东西，所以觉得特别熟悉。"

陈女士还是不太想买，她带着儿子逛了一圈，又回到饰品台。

陈女士问她儿子："妈妈今天没带钱，下次再来买好不好？"

她儿子说："妈妈，这个好看，我要戴着！"

"你儿子挺有主见的，独立性很强，这需要你不断地鼓励、强化。"我说，"花 168 元培养儿子的优秀品质，比去吃披萨的效果好多了。"

陈女士想了想，觉得也有道理，于是刷卡买单了。

后面陈女士告诉我："我儿子说，那个圆形石头像他见过的东西。走出你的店后，他还问我好不好看呢，中午睡觉也放在旁边。"

我走南闯北二十余省，第一次看到一个三岁的小孩子这么有主见，我想，这个小孩子长大后必有所作为。

## 102 服务补救，变不满为圆满

昨天店里来了一位顾客姐姐，来势汹汹，提了一双鞋子，一进门就丢地上！

让我们重新给换一双！

说如果不换就天天来店里吵架，还赶走两顾客！

因为这位顾客姐姐赶走了正要开单的顾客，导购露出满脸的无奈！

店长赶紧让顾客坐下，想让顾客把鞋子拿出来看是啥情况。

店长一边安抚顾客，一边给她倒了一杯水。

顾客情绪很激动，把水也丢地上了！

243

她说："看什么看，不要看，看了也要换！"

这时，店里又进来一波顾客。

我赶紧上前说："姐姐别生气别生气，换换换，马上就换，我来给姐姐办理行吗？！姐姐过来看看，这边是我们的冬款，这边是我们的新款！"

于是，她起身走到我的身边。

我　边给她介绍鞋子，一边说："姐姐知道隔壁有个新开张的名品鞋城不？那也是我们的店，那边新款更多呢，还有好多漂亮衣服，要不我们去那里看看吧，我可以特殊申请给姐姐送双毛毛拖鞋呢！"

顾客姐姐说："我骂你们，还给我送拖鞋！？"

"送送送！我答应你送肯定送，我可以给姐姐拿过来，但是有好几款拖鞋不知姐姐喜欢哪种图案的！姐姐还是和我一起去看看吧。"我边说边拉她出门！

（不能让顾客在卖场继续把顾客赶跑，缓和气氛后再看看是什么情况要换鞋，看那鞋的袋子估计是长靴呢！）

路口有个小小的茶咖啡厅，我说："姐姐，天这么冷我们进去喝点花茶吧，咖啡也蛮好喝的！"

看她没反对，我挽着她的手就往里走。

点了一壶水果茶，边喝边聊，这样可以多点时间聊天。

茶喝两杯，看她气也消了，这才问她可不可以把鞋子拿出来看看是什么情况。

一看，是去年的冬款长靴，已经穿得面目全非了！

我就说："姐，你这个朋友我交了哈！是这样，这鞋呢一年多了，如果给姐姐换的话这钱就我自己掏了，因为这不在公司处理的三包时间了，再说呢这也不是鞋子质量问题，这是特殊面料，需要特殊护理。看鞋底已经磨损的特别严重，你应该很喜欢这鞋。"

她说："是啊！很舒服，天天穿！"

"你看看为这事搞得这么生气多不好呢，就几百块钱的小事情，这圈子这么小，都是抬头不见低头见的几个熟人！如果姐姐坚持要换，你去选一双，我给你买单吧！就当给自己姐姐买了！不过买了以后你就是我姐了呢！我得天天去你家串门玩，马上过年了，得带着孩子给你这个姨妈拜年呢！"

说着就问她去哪个店选鞋，她指着带来换的这双鞋，说："我好喜欢这双鞋呢！"

我说："这鞋我可以自己出钱帮你拿到专业的地方把底给换了，表面全部喷上色，肯定会让你满意的！"

边聊边留下了电话号码，送她出路口时看到卖甘蔗的又顺手买了包甘蔗送给姐姐！

后面把鞋弄好后，放了双毛毛拖鞋，一起用袋子装好，让店长打电话通知她来拿！

顾客拿鞋后，店长打电话告诉我，顾客很满意，还付了三十块钱修理费走了！

我和她在微信里聊了一下，还给她发了红包，感谢她对我们工作的支持和理解！

外阳内阴。外表越凶，内心越虚，或者说越脆弱，其实非常需要我们的抚慰；只要让她发泄完第一波，她就会渐渐平静下来，恢复理性；这时再进行有效对话。挽住她的手臂，就是没有嫌弃她，没有把她当成无理取闹的怨妇，这就是对她最好的尊重，也把她从边缘化的人格拉回到了主流人格——后面的事情就好办了。

244

## 103 处理顾客异议之颗粒归仓

早上我进店时，就一位男顾客和一位女顾客在看女裤，一名导购在接待，另外两名导购在旁边在整理其他裤子！

不一会儿，我听到女顾客说："这裤子厚了，我想要薄点的，可以当打底穿！"

导购回答："不厚，这就是薄的！"

顾客又说："确实感觉厚，穿了不舒服，有薄点的吗！"

导购继续回答："不厚，这就是薄的！"

女顾客与导购之间各执己见，顾客就是不进试衣间！

我赶紧上前，取了一条加绒的裤子，拿给女顾客看。

245

我说："大姐，您摸摸这条，这条是厚的，她（导购）给您拿的确实是薄点的！"

大姐看看我，摸摸加绒的裤子，又摸摸她手里那条裤子，点点头回答："哦！确实是薄的！"

我赶紧说："您去试试吧！主要看腰围是否合适，长短您不用管，我们马上给您打边，裁合适就好！"

结果无需多讲，试了出来，量长短，裁边，男顾客头单，送客！

不到三分钟，搞定！

过后总结：有比较才会有鉴别，用厚的对比薄的，就是薄裤子！反之，要想证明裤子厚，拿一条薄的去比，顾客就会觉得确实是厚的！如果想证明自己瘦，站到大胖子旁边，是不是觉得自己真的很瘦呢？！

哎，可能是一大早导购临场发挥不够！或者是，走神去了！做销售，导购的基本功要扎实，应变能力要强！

群友A：我们平时销售就是要注意方法和说话语气，不能跟顾客抬扛。

张树军：导购要有说服力！避免无根据的争论！不然，顾客一烦，"我先到别家看看！"走人！你导购倒是说赢了，顾客确实说不过你！但是如果顾客去别家了，那么请问：谁输了？？

群友B：导购销售技巧真的很重要，要不然无形中不知要赶走多少顾客而不自知。

群友C：部分终端导购在很多时候处理顾客异议时给人感觉是在尽义务，说话简单敷衍、缺乏依据、空洞无力。

张树军：本来现在实体店就陷入困境，所以我们要想办法如何自救！货品要有时尚度和适合度！陈列要有吸引力！人员要有娴熟的销售能力！精耕细作、颗粒归仓！

# 104 把顾客投诉变成销售机会

那天我正好值班，进来三位顾客，两位女士，一位先生！

我点点头，问候他们："您好！"

他们也不理我，进来后，直奔吧台。

吧台的导购赶紧招呼，问他们："您有什么需要吗？"

其中一位女士把一个袋子往吧台一扔，生气地说："看看你这裤子！啥裤子？都起毛了，才穿几次！"另外一起来的两位顾客，没说话，直接冷冷地坐在沙发上！

然后导购说："那我先看看！"

247

我赶紧过来，说道："大姐别生气，我们先检查了再说！"

我看了裤子，在膝盖部位和臀部确实有起毛，因为是针织面料，本来外边看起来就有点绒绒的感觉！

我说："大姐，您这应该是哪里摩擦过了，而且面积挺大！这个我们是可以给您修复好的！"

哪知道，另外两个顾客，和这个大姐一起，责怪的话就来了，非常冲！她们大声说道："这怎么修复，起毛了还修复？？还说什么品牌裤子，真不放心！"

我就笑笑，没着急说话，让他们发泄！

等了一会，我说："你们先别急，听我说吧。首先感谢您对百圆的信任和照顾，我知道您是我们老顾客。我刚刚就看了大哥身上的牛仔裤，就是我们去年冬天的爆款！穿着也挺好呀！大姐，您看您这款裤子，因为是针织面料，就是新裤子，外边也是有绒绒的感觉。估计您穿的时候，在哪里摩擦了下，所以感觉更严重一些，这是可以修复好的，用剃毛器剃一下就好了！"

大姐现在语气好些了，说："前几天就来问过，说起毛了。你们让拿过来看看，说可以修复，所以今天就拿过来了！"

我说："原来是这样！您确实比较信任我们，非常感谢您！因为您是我们老顾客，您如果对这款裤子不满意，换条其他款式的裤子吧！这条裤子挺新的，我剃一下，送给我嫂子穿去！"

她笑了，说："行吧，我换一款，换款黑色小脚的！"

然后她就挑裤子去了！这边，我跟男顾客聊天，我说："您身上这条裤子，是去年买的吧？"（我们的裤子有很多特殊标记，因为每条裤子都是从自己手里卖出去的，所以，只要看到，都能认出年限及款式）

他说："是的，去年买的，这条裤子还可以。就是之前买的一条休闲裤，不好穿，都没穿。后来几次在其他地方买的裤子！"

我说"大哥，您是不是一直穿牛仔裤呢？我们导购没有为您挑选好，所以，休闲裤，您不适应？您还是买牛仔裤穿吧！您看我们刚到两款新款，颜色、版型都挺好！"

他看了，说："还可以"，又跟来投诉的女顾客说："我也买一条哦！"

女顾客说："行呀，可以！"

然后男顾客找了，试了，可以，裁边！

女顾客裤子也换好了。

她们都过来吧台这，准备买单！

248　　我说："大姐，您换的是小脚的吧，可以当打底裤穿！您可以再拿一条，黑色小直筒的，可以搭配稍微短的衣服呀！"

导购非常懂我的意思，立即就拿了一条过来。

她说："也可以，再买一条吧。"

也不用试！直接量尺寸、裁边！

然后，他们俩笑着在那付款！（还抢着付款，都说给对方买！）

我又陪他们聊，他们说："今天本来多几个人过来吵架的，哪知道，你们处理得好，我还又买两条裤子！你们赚了！"

我说："我们都赚了，不是吗！大姐也多了条新裤子，对吧！"

打包的时候，我送了双袜子，让他们留了手机和微信，并告诉他们："有不满意的，微信告诉我，因为这样退换货的情况，她们导购不能处理，权利小，处理不好由她们自己承担责任！所以，有问题告诉我！我会在我能力范围，帮您解决！"

更搞笑的是，一起来的另外一个女顾客，猛的来一句："我也买一条吧，我跟她穿一样大的码，我也要黑色小脚的！"

我们都楞了！

导购很快再拿一条，顾客也不需要裁边，直接打包！

然后我亲自送客！

总结：处理顾客投诉，主要看解决问题的态度、说话的语气和方法！而且一定先让顾客把火发完，把气吐完，再解决！只要记住能控制局面，一定不闹起来！不怕她来找麻烦，就怕她不来，因为一旦不来，就也不来买了！那是最可怕的！而且这种起毛的问题，只要写个情况说明，品牌公司是可以解决的！

群友 A：张老板，你就是超级导购！去年卖给男顾客的裤子还记得！而且你的气场是能与顾客对等对话的，甚至能镇场，这是普通店员做不到的。所以处理顾客投诉，有时需要更高级别的管理者到场。

张树军：刚做百圆的时候，我当过三年导购。每天戴工号牌，脖子挂皮尺！连买菜都不取工号牌！（这可以免费宣传百圆裤子嘛）生意稳定后，我就退下来，交给她们销售！我只负责货品！刚开始的那几年，裤子卖的多，欢迎顾客回头拿来免费熨，每天几十条，都是我亲自熨！最近两年，休闲裤和牛仔裤的面料改进，不需要熨了！但是换拉链、裤腿改小等技术活，仍然还是我做！

群友 B：如果老板们都能这样，哪愁店铺业绩上不去！现在在外面熨条裤子，得 5 ~ 10 元，店铺能免费提供熨烫、换拉链、裤脚改小这类增值服务，自会提升顾客忠诚度，并增加老顾客的重复购买行为。

## 105 售后服务好，满店尽是回头客

这是 6 月初发生的故事。

那天，阳光明媚，桂花树在阳光下风姿飘逸，溢香怡人。

我正在唐百专柜做 VIP 会员日活动，突然接到一个店长的电话。

店长："大姐，这里有一个顾客，她的裤子出现质量问题了，然后找到我们这儿，是因为小刘的服务态度不好，顾客很气愤，要求退货，并要求我们的员工全部给她赔礼道歉！"

店长说，那边现场闹得很厉害。

她们总共来了 5 个人，她和她老公，她女儿和儿子，还有一个朋友。

那顾客非常气愤，大声喊道："你们要不赔礼道歉，我决不罢休！你们一定要给我一个说法！"

当时我在电话里问店长："那，我们是怎么样做的？"

店长说："大姐，我们是赔礼道歉了，但是顾客就是说要给她一个说法，就是要她舒服了，给她找回面子。"

我说："我这边正在做 VIP 活动，很多的顾客在现场，我是走不开的。那能不能把电话给到那位顾客大姐呢？我给她作个解释。"

店长把手机给到那位顾客大姐。

我真诚地说："对不起，姐姐，都是我们的错，我们向您赔礼道歉！您的裤子质量怎么了，您能告诉我吗？因为我是专门管售后服务的。她们有一些做得不对的地方，请您原谅，我来给您解决。一切的错都是我们的错，您就好比我们的员工像您的孩子一样，她们还不懂事，我希望姐姐您能包容一下，能理解她们在工作中其实也不容易。今天正好是会员日，您把有质量问题的裤子拿过来，顺便把您的礼品领回去。"

大姐还在电话那头埋怨不已，但是已经感觉不到愤怒了。

我继续说："送您的是价值 199 元的围巾一条，刚好配搭您的外套。然后再给您换一条适合穿的裤子。您呀，就不要生气了，气坏了身体不值得。

我向您道歉好吗？！您过来吧，我在这边等着您啦。"

说到这里，那大姐的气也消了不少，她说："那好吧，我现在就过去。"

在打电话的时候吧，我就查了一下顾客资料，才发现这个姐呀是老顾客。她主要是卖糖炒栗子的。

我想，尽量让她舒服一点吧。而且我必须跟她产生关系，令她的心情更好一点。

于是我说："姐，您是做糖炒栗子的是吧？！我正要送朋友一些特产，那就在您这儿买了，您这两天有时间的话，顺便给我送两箱糖炒栗子来好吗？"

说到这里，大姐那边的情绪就完全抚平了。

就这样，问题解决了，大姐的态度缓和了，也就不在那边闹了。

半小时左右，她和她的女儿一起过来了。

当她把有质量问题的裤子拿过来的时候，我立即就把礼品送给她。

她的笑容出现了。

她不好意思地说："其实我不想跟你们生气，就是那个小女孩不懂事，她说的一句话伤了我的心了！哎，你们做这份工作也是挺不容易的，我理解你们。"

然后，我给她换了一条新裤子，她和女儿很开心地回去了。这条有质量问题的裤子后面也退给总部了。

251

第二天，她给我送来了两箱糖炒栗子，非常开心。

然后我们拉起了家常，她给我讲起了她的孩子、家庭——

从那以后，一个月以来，她几次推荐她的朋友来我们家买衣服。

她的女儿、儿子和老公，原来是买别的品牌衣服，后面，这个大姐说："不去别人家买了，就去她们家买！她们家不仅售后好，人也挺好的。"

我的感受是，我们卖掉每一个产品时，也一定要做好每一次售后，这就是对每一个顾客负责任。做好了售后服务，顾客的忠诚度往往会更高，自然也能带来更好的业绩。

## 106 把"凶巴巴"的顾客变成回头客

湖南，邵阳，某知名商务男装旗舰店。

某中年男性顾客气势汹汹地来到店里，从身上直接脱下短袖 T 恤，扔到收银台，要求退款！

店长不同意，他扭头光着膀子就走了，丢下一连串恶狠狠的话。

原来，一个月以前，这个顾客买了一件短袖 T 恤和一条裤子，T 恤 2280 元，裤子 989 元。因人为的原因，洗涤时把衣服弄破了一个地方。来到店里后，店铺给他换了 1 件新 T 恤。回去后，穿了一段时间，又说衣服掉色（桑蚕丝的面料，维护真的不容易）。也许看季节快结束了，他胡搅蛮缠想把这件衣服退掉。

因客人态度极其恶劣，店长也没敢和他理论。

第二天，店主加了他的微信。微信聊天时，很礼貌地介绍了自己，并对员工不到位的地方，给予了道歉。

刚开始客人仍旧火气大，说自己在这店里买了几万元的衣服了，怎样怎样……

店主没有说一句话，听他发泄心中的不满，并答应他退钱的要求。只是请他时间上能合拖后儿天，因为此时在长沙陪儿子读书。

于是客人的情绪慢慢缓和了下来，一口答应店主回到邵阳后再退款也不迟，并道歉说自己态度也不好，其实员工服务很好。

聊天中得知两人的小孩在长沙同一所贵族学校读书，在教育孩子方面，他们聊了很多。店主一再称赞他教子有方，并就自己的儿子在学校调皮被老师批评之事向他虚心请教，他很耐心地给予了回应和建议，并把教育孩子的心得说了好多。就这样，他们一直保持着良性的微信联系。

店主回到邵阳后，几次发微信让他来拿钱。

他应该是不好意思吧，说自己没有时间，后来让侄子来拿的。

事后，也许是他产生了亏欠感吧，多次来店里购物，有次还带了几个朋友来捧场，人也变得客气委婉了（之前总是财大气粗的样子）。

　　整个售后处理过程中，店主静静地聆听他的不满，之后爽快同意全额退款，并对他教育小孩的方式表示认同，这一系列行为打动了他。总结一句话：不要轻易去得罪或放弃你的客人，也许某天，他就是你的贵人。

## 107 人好，服务好，家中店生意更好

时隔 3 年半，再次造访费松如的家中店。约好在余姚北站的北出口汇合，我却走到了南出口，费总冒着炎炎烈日过来接我。

费总是一名天主教徒，心地善良，性格温和，外表儒雅。有几次我们在群里讨论时下的一些引流方法，其中不乏一些忽悠消费者的"技巧"，每当这个时候，他必然会站出来，表示反对，说这样子经营不诚信、不可取。

第一次见面是在 2014 年初，约好在周巷镇见面，他立即开车过来，并接我到他的家里。

254

我看到了一栋小洋楼，外墙贴着"玫瑰之恋服饰"。里面 1-2 楼是卖场，陈列了各种品类的服装，有男装、女装、箱包、鞋子、皮带、饰品等，用现在的话来说，就是"集成店"。

费总早期在杭州四季青做批发生意，跟一些服装工厂打过交道，有一定的货源。做批发赚了一些钱后，他开始转型，把主要精力投放在商业街的零售店。

因为租约到期，房租猛涨，费总在 2012 年陆续关闭了经营 10 余年的商业街零售店，把店迁移到了刚刚建好不久的自家小洋房。小洋房位于坎墩镇的一个晋迪村子里，门前是当地常见的马路，交通便利。

他的小洋楼共 4 层，1-2 层经营服装，一楼男装、二楼女装。

以新货为主，主要是品牌货；同时拿了不少尾货。

女装主要从杭州的工厂或品牌公司拿货，卖不完的话大部分可以退，当然，这部分货供应商加价比较多。

男装主要从广州、温州等地拿货，有些货可以在当季调换，大部分是从广州的批发市场买断的尾货，基本不能退。

现在的库存，按照进货价来算，预计在 100 万左右。费总表示，正在余姚市区洽谈一个 500 平方米的卖场，前期考虑用来消化这批库存。

费总原先在慈溪市区和下面的两个大镇上有店，积累了一批老顾客。

　　把店陆续迁移到家里后，80% 的销售来自老顾客，顾客通常是自己开车过来购买。

　　我问："家中店的生意主要是靠教友们捧场吗？"

　　他说："教友也有，但主要还是靠老顾客，以及老顾客带新顾客过来。"

　　服务成就业绩，他的服务做得好，回头客特别多。

　　费总经常为顾客提供一些个性化服务，如，顾客穿上店里的衣服，他亲自帮顾客拍照，并制成精美的像框组合送给他们，大约一个星期后，顾客来店里取像框，常常也会带朋友过来。也会把顾客或其小孩的照片做成烫画，然后贴在杯子上，为此，费总专门配备了打印机、墨水和相片纸。

　　费总还会组织自驾一日游，例如去上海逛奥特莱斯。

　　他笑着说："带她们去逛上海的商场，不怕的，因为我店里的衣服性价比很高。"

　　"货叫人点头自来。"费总采购的货品总是吸引着一批又一批的顾客。

　　每天院子里，以及门前的马路边停满了顾客的车。

　　自 2012 年开业后，家中店生意一路高奏凯歌，2014 年销售达到 345 万，2015 年 350 万，每年的纯利润在 100 万左右。

　　看到费总赚钱了，坎墩镇有不少人纷纷模仿，开家中店，不过其他人大多做尾货。这次再到坎墩，除了费总的家中店风采依然，其他人的家中店基本销声匿迹了。

255

　　在我看来，费总在家里开店成功的几个要素是：

　　一、他在商业街经营了 12 年，有一些老顾客。

　　二、他的货源比较多，货品是自己采购的，针对老顾客的审美及需求精挑细选。

　　三、长期为顾客提供优质的个性化服务。有一次，他专门从萧山那边采购了一批红豆杉回家慢慢栽培，顾客购满 2999 元后，赠送一株，并亲自开车把红豆杉送到顾客的家里摆好。

　　四、他家门前道路宽敞通畅，马路边停车方便。

　　从 2016 年开始，随着大环境的不景气，费总的家中店生意也在下滑，2016 年下降到 200 多万，2017 年预计还会有所下降。

　　由于业绩下滑，费总对家中店渐渐失去往日的激情。

　　相比 3 年半前，现在的卖场稍显凌乱，服务方面也没有以前那么细腻了。

　　目前主要是夫妻俩在守店，同时有两名亲戚帮忙。

　　2017 年起，费总到处学习取经，摸索出路，并频繁参加品牌公司的订货会，还加盟了北京的一个女装品牌。如此一来，他站店的时间就少了。但是顾客一般只认他，他在，销售就好；不在，销售就不好。

　　未来，费总有可能把家中店重新迁移到商业街，家里仅作为仓库及顾客体验服务基地，每个月开展 1～2 次会员活动。

　　未来，路在何方？

## 108 充满爱，一切都会好起来

和大家分享一个案例，是自己亲身经历的！

那是在 10 月的某天，那个时候，我们店一般不缺顾客。

那天，同样店铺很忙，基本每个店员手里都有顾客。

我忙完了自己的顾客，送客出门，进来后，看到秋玲姐接的那个顾客还在试！旁边有一个小伙子坐在那里，他们应该是一对男女朋友吧。

"这肯定是一个大单！"我当时这样想着。但是那时候我只是一个店员，我们店是按照个人业绩提成的，所以别人接的单，我们一般就是在旁边看着，不怎么帮忙，我当时也没过去，远远地看着他们还在试！

那个女孩，进去试一套，出来摇摇头，再进去试，再出来，摇摇头！一句话都不说，就是摇头。秋玲姐无论怎么和她说，她都不接话！

我当时是在旁边观察的，从我注意的时候起大概试了有三套，都没有成功！

后来女孩换上了自己的衣服，出来了，男朋友将女孩的包递给她，说："走吧，我们再去其他店转转！"

这时候，我想："他们是真的想买，不能就这么跑单吧！"

反正死马当做活马医吧！我就随便拿了件外套，穿在身上，然后自信地站在女孩面前，说："美女，你看我身上这件衣服怎么样？"

说着，我扭了一圈！

她男朋友说："还不错，要不你再试试！"

她点点头，还是不说话。

我看她和我差不多一般胖瘦吧，就将我身上那件外套递给她，让她穿。

她试了下，说："有点小！"

我就笑着说："看不出来，你还是一个藏肉型的，看不出胖瘦，我一般都没拿错过码数，今天就拿错了，看来我的专业性还是没达到。"

她这时候终于笑了，说："没事！"

257

我这时候也笑了，开她的玩笑，说："呀，你终于说话了，刚才我看我秋玲姐服务你半天，你只是摇头，还以为你对我家服务不满意呢。"

她说："没有，只是她拿的那些衣服不适合我而已，她也很热情！"

我说："那就好！"

一边说着，她将我刚才递给她的外套脱下来还给我，说："不合适，不大喜欢！"

我说："没关系，不喜欢，我们再接着找你喜欢的，我还就不信，我们这么大一个店，还就没有适合你的衣服了！"

说这些话时，我都是一直在笑着说，一时对着她说，一时又对着她的男朋友笑，两个人都尽量顾及到！

这时候秋玲姐也赶快递过来两杯水，让他俩喝水！

我就接着说："嗯嗯，对着呢，试了这么半天，肯定也试热了，试烦了，你们俩先喝水！正好给我时间，让我去厅里找适合你的衣服！这回码数我不会再拿错了！"

然后我回忆，刚才她试的几套都是时装款，而且颜色都较亮，她都不喜欢，那看来是刚才的风格定位不准，这回我就拿了两套休闲点的，颜色也不是很亮！拿给她，让她试！

258

她说："好吧，最后再试两套，如果还不行，就不买了。"

她男朋友也点点头！

她进入试衣间后，我在试衣间门口跟她隔着门聊天，我说："美女，我看着你挺斯文的，是教师还是医生啊？"

她在里面回应我说："这个你都猜得出来，我是医生！"

其实我真的是蒙的！

她试完后，我让她踩了我家的试衣鞋，帮她整理好，才把她领到镜子旁边让她看效果。

这回她真的笑了！说："可以。"

她男朋友说："再去试试那套呗。"

她很乖，很听话！又进去了，出来后对这件外套满意，裙子不满意。

于是我又去找裙子！

几经搭配，她终于满意了！

她问她男朋友："买哪套？"

她男朋友说："两套一起买了！"

结账很爽快！

后来我就送她出门，她出门的时候，我还告诉她，要配怎样的鞋子！然后他们俩就走了！

那个时候大概是下午两点钟左右！过了有 1 个小时，大概 3 点钟的样子，我肚子饿了，因为店里人很多，怕吃饭耽误太长时间，就去对面的小超市买泡面。

结果我看到他俩还在旁边卓诗尼的专卖店选鞋子，我就进去了！

那时候她都选好了一款鞋，但是两个颜色拿不准！

我进去就问："买到鞋了没？"

她说："还没有！你帮我看看，哪个颜色好？"

我建议了红色！而她和她男朋友都说更喜欢黑色。

我笑着说："哈哈！那你们还问我！我说你喜欢哪个颜色就买哪个颜色！"

因为我认识这个卓诗尼的店长，我就和店长说："给我朋友便宜点！"

他俩很感激，当时就要了我的电话！

我说："好吧，你们继续逛，我饿了，要去买吃的！"

然后我就走了！

后来他俩可能买完鞋子又回到我们店！直接去了我们店的二楼！选了衣服，对二楼的导购说："我找姣姣！"

有个同事说："姣姣在一楼！"

楼上的导购就下来找我，当时我从超市还没回来！

我回来后，秋玲姐说："刚才那俩人又来了，在楼上，让你上去！"

我就去了，上去后，他俩说："我们在选一套衣服，但是前提是提成必须你拿！你拿我们就买。"

259

楼上的导购一听这话肯定不乐意啊，我就悄悄跟导购说："没事，一会我就把业绩还给你！"

后来他俩又爽快地买了！

把他俩送走后，我就给二楼的导购说："你别怕，业绩我不要，是你的！我刚才只是帮你来促单的！"

那天，就因为坚持了那么一下下，顾客一共消费了 2500 多元。

还有，这个女装店和女鞋店都是我们老板的店。

在此，我想说：在店铺做销售，味很重要，你和顾客味不对，就很难成交，所以，味不对，就立马换人！还有，团队精神很重要，秋玲姐后来甘愿做了我的副手，协助我，一起完成了那个大单！我们俩把业绩分了！另外，还要察言观色，一定学会聆听，寻找顾客真正的需求！在外面的鞋店，因为小小的一点举动，又带来了新的生意！

充满爱，一切都会好起来！

## 109 做生意就是做人，以心换心

有天下午我去 Z 店巡店，不一会儿进来一名顾客，一进来就找店长买娥。

她说："买娥人挺不错的，每次来我都找她。"

她的朋友在地下车库等她，所以她快速地试穿衣服。

尽管时间比较紧张，买娥倒水、快速地拿不同的款式、尺码给顾客比较试穿，每次试穿后都细心地帮顾客整理衣领等。

约 20 分钟后，顾客满意地买了单。

买娥说："你工作这么忙，下次来把家里要烫的衣服拿来，我帮你烫好。"

她说："好呀，谢谢。"

买娥送顾客出门。

出人意料地是，买娥没有立即回店，而是帮顾客拿着购物袋，一直把顾客送到地下车库，把顾客送上车后才回来。

我和顾客也互相加了微信。

晚上，我收到她的微信："我是下午在店里买衣服的，小安。"

我说："知道的。"

她说："你们那个牌子加盟的话，费用是怎么样的？"

就这样，我们聊起来了。

11 月初建了一个顾客微信群，我把小安拉进群里，过上了群生活。

过了几天，品牌公司搞了一次网上直播，直播期间推出一些款式 5 折销售。小安购买的那款衣服也打 5 折，把她给气得不行了。

小安在群里埋怨："上次那件红大衣，我刚买还没穿，你们就搞直播 5 折，一下子就少了 4-500 元！晕死了。"

店长买娥解释说："亲，你买的那款有 2 个颜色，你买的是红色的，不打折，打 5 折的是黑色的。"

小安说："虽然不是同色，但是是同款。要知道黑色的少那么多钱，我肯定也买黑色的了！"

小安又说:"时常打折,还不如不要把价格定得那么高。因为时间长了,别人也不会买原价,比如我。"

我赶紧给小安私发了一个红包。

可是小安没有拆开,红包第二天又退回了。

过了几天,我去香港玩,顺便帮群友们代购。

小安给我发了一张淘宝上包包的照片,标价1280元,她说:"你在香港帮我看一下多少钱?"

我去店里看了,港币6250元。

这一下子群里又炸开锅了。有的说淘宝上正品少,有的说没必要买正品,有的说只买正品等等⋯⋯

群里就是这样,谁有空就会聊几句,聊着聊着就热闹起来了,聊着聊着人就聊没了,各干各的事情去了。

小安有空的话,会在群里跟大家一起聊天。

这次,我从香港给小安带了一只咖啡色的指甲油。

过了一些天,我去巡店时,又看到小安在店里试毛衣。

那一瞬间真美啊!只见她穿着一件灰色的毛衣,站在试衣镜面前,反复照着镜子,看左边看右边看前面看后面,她的眼神中散发出少女的甜蜜微笑,仿佛又回到了从前青涩的时光。

261

因为当时我有事情,来去匆匆,只是远远地跟她打了个招呼,然后就走了。

买娥说,她买了2件衣服,1件毛衣,还买了1件其他什么衣服,我记不清楚了。

昨天中午,小安在群里说:"你家现在没有什么新款可买的,只能等春装了。"

我只能发出3个憨笑的表情符号。因为她几乎试过所有的衣服,对货品可能比我还熟悉。

她又问有没有小孩的游乐券,刚好她想带女儿出来玩一下,后面才知道,昨天是她女儿2周岁的生日。

我说:"还有几张。"

这几天商场在搞活动,我也领了几张免费的游乐券,没想到还真派上用场了。

昨天下午她来店里了。

她说:"老家人寄了几箱橙子,没有打农药的,挺甜的,我带了一箱给你们吃。"

"谢谢你的橙子哦。"买娥高兴地说,"来也来了,再看看有没有喜欢的衣服呗。"

小安在一个角落看到了1件蓝色大衣,这件衣服我好像记得她以前试穿过的。

买娥赶紧帮她穿上。

一穿上，小安就喜欢得不得了。

犹豫了良久，她还是决定买了。

买单后，小安鼓起嘴巴说："今天就想送箱橙子，却又买了1000多！"

后面，我跟小安聊了一会儿。

然来小安是在公司做管理的，工资算是比较高的，压力也很大。经常加班加点，没什么时间出来购物。

她说："老板看到我经常买衣服，而且价格也不便宜，好几次问我，'你这样花钱，你的工资够吗？'"

我问："你怎么回答？"

小安笑着说："我就跟老板说，'工资够不够，看你给多少咯'。"

我说："其实，老板在加薪和发奖金时，除了依据你的工作表现，也会适当参考你的消费支出情况。"

小安表示认同："是呀，老板每个月再给我加1-2000元工资的话，一套衣服的钱就回来了。"

小安业务能力很强，在圈子里面小有名气。前不久还有一个香港的公司想挖她去做总经理助理，每个月工资可以涨3-5000元。

小安说："现在这个老板对我很好，我没有考虑去香港公司那边。"

聊着聊着，知道了这天是她女儿的生日，买娥赶紧去超市买了一个生日蛋糕。

小安很开心，在群里说："今天很感谢买娥。"

导购孟云一直记得，今年夏天的时候小安在她手里买过1件衣服。孟云在朋友圈发了一条说说："谢谢我家小安送的甜橙，真的好甜哦。"

小安写了一条评论："好东西，大家分享。"

小安提着蛋糕走了，买娥送她。刚好店前面有一个往下的电梯，我目送着她们的身影渐渐地消失在前方电梯处……

## 110 爱在哪，生意就在哪

那天，大概晚上 8 点半，我从金源购物中心专柜下班，慢慢走到旁边的肯德基里面，找了一个离窗户近的位置坐下，等老公来接我。

当我抬头时，看见门口有一个二十八九岁的女孩，一米六五左右，身材很好，长得也很漂亮。可是她的情绪很低落。

只见她慢慢走进肯德基，坐在我旁边的座位上，眼角含着泪花。

她没有注意到我，只是悄悄地擦快要流下来的眼泪。

从她的表情上，看得出她的内心有一点点心痛。

这时，她的手机响了。

263

她猛地拿起手机接电话，电话那边传来一个男士的声音："你在哪呢？你快回来吧！"

她冲着手机大声地嚷嚷："我不回去了！我不回去了！我就是不回去了！"

说完就把电话挂掉了。

我静静地看着她，她已经哭了。

我忍不住上前关切地问："妹妹，你是不是和老公生气了？为什么不接完他的电话呢？为什么不告诉他你在哪？"

她听到我的问话非常惊慌，问我："你是谁呀？你是谁？你是哪里的？"

我笑了笑，说："妹妹，你不要害怕，我不是坏人，我是卖服装的，在金源一楼做品牌女装专卖。我只是看到你很伤心，想跟你聊聊天，劝劝你，你别怕，相信我。"

这时，感觉她没那么惊慌了，我继续开导她："我比你大，是过来人。作为女人有几个不跟老公吵架的呀，但是吵架也不能太较真了。"

她听了我的话，更委屈了，她又哭了："姐呀，不是跟我老公吵架，我跟我老公关系很好，是跟我婆婆之间的事！"

她解释说："婆婆太过分了，我拖地不干净说我，关门声音太大的时候，也会说我，我已经受不了了！"

"哦，是这样啊，这很简单呀，可以暂时跟婆婆公公分开住，自己和老公住在一起啊。"我建议。

她说："是啊，分开住是可以，但是新房还没下来，没有办法，只能跟婆婆住在一起。但是婆婆太霸道，老公又太孝顺，我在家里的地位太低了，已经受不了了。"

说到这里，我递给她一张纸巾，她接过纸巾擦眼泪。

"谢谢。"她又补充道："总的来说，婆婆也挺好，帮我带了五个半月的孩子，我几乎都没管过，就是专心上班。"

我问："你老公是做什么的呢？"

她说："他在政府上班，我在银行上班。"

我劝道："啊，是这样啊。换位思考一下，应该说婆婆也挺不容易的。她为了支持你们好好工作，又照顾孩子又做着家务。有可能是累了，或者休息不好，婆婆难免会把一些情绪带到琐碎事情上去了。"

她似乎在凝视着一个无形的目标，没有说话。

我继续说："实际上你老公也挺不容易的，一个是妈妈，一个是老婆。此时五个半月的孩子在哭，妈妈也不在身边，你老公肯定很急。而且小孩在不停地哭，你这当妈妈的心受得了吗？"

说到这里，我看着她，她的眼神似乎回过神来了。

**264**

我劝她："打个电话回去吧，也许家人、老公一直在担心你呢？要不你给老公打个电话吧，让她接你回去。"

她的心开始动摇了。

这时电话又来了，依然是她老公的电话。

"哎呀，孩子哭的一直没有停下来，他在找妈妈，你要再不回来，我就要抱着儿子去找你了！你啥时候回来呀？我开车去接你，你在哪呀？"

我笑着对她点了点头。

她会意地说："我在金源旁边的肯德基门口，你来接我吧。别带儿子来，太小了。我还生妈妈的气呢！"

"别生气别生气，实际上妈妈除了脾气不好，她人挺好的，我马上开车去接你！"

她老公说完，把电话挂了。

我望着这女孩，笑了："你看你多幸福呀。婆婆其实也没有说你什么，你可以跟老公说，可能婆婆太累了，以后你会帮着做些家务。相信婆婆也会慢慢体谅你上班的辛苦，慢慢地不爱生气了。"

这时我看见那女孩露出笑容了，我也很开心。

过了十几分钟，一个文质彬彬的、约莫一米八的帅哥走到她跟前。

我立马就闪开了。

他坐下来，关心地看着她："别生气了，别生气了，跟我回家吧，所有的错都是我的错，孩子还在哭，在找妈妈呢，快回家吧！"

我在旁边坐着。

他们快走到门口的时候，那个女孩回头看着我，做了个再见的手势。

看到他们那种幸福的背影，我真的很开心，也很幸福。

第二天早上，那个女孩和她的老公找到我的店，她还抱着一个五六个月大的小孩，白白胖胖的。

她买了一条女裤。

当我为她打包时，她说："姐，把你的手机号告诉我，以后我的朋友要买衣服的时候，我让她们到你这个店里来买。"

真的，此时此刻回想起来，我还是觉得自己有一种幸福的感觉。

在我们的销售生涯中，需要一路用心，让爱印出足迹！销售，一切为了爱！让我们一起去探索、领悟人生的真正价值！

## III 销售，一切为了爱

昨天早上9点半左右，来了一对母女俩。

我热情地接待："大姨，您需要什么样的版型呀？是要配上衣穿吗？"

大姨很开心："就是想配一条白色的短裤。"

当我正在找一条白色的7分裤或8分裤给她选择时，她的女儿突然喊道："妈妈，你的手机呢？"

大姨很惊讶："哎呀，我的手机哪去了，快去找找！"

当时气氛特别尴尬，女儿帮她找手机，却找不到了！

大姨："哎呀，我的手机丢到哪里了呢？"

见她好着急，我赶忙说："大姨，用我的手机打个电话吧！"

这时，她的女儿暂时定下心来，自言自语道："我再找找吧，我再找找吧。"

我安慰道："别急别急，手机要是忘在我们实体店里，那就丢不了，你先去想想丢到哪里了！"

我用手机拨了大姨那号码，手机是通的。

然后我说："您再想想，是丢在哪个试衣间，还是丢在哪个收银台上面了？"

听了我的提醒，当时女儿和妈妈就急急忙忙去找手机了。

不到10分钟，她们又返回店里，一脸的笑容。

大姨一进店就找我："刚才那个导购员呢？"

我的同事用手势指了指我，我笑着说："大姨，我在。"

大姨说："就是找你！哎呀，太感谢你了，太感谢你了，我的手机找到了！你给我找一条裤子，再找一件上衣，配成套。"

这大姨没说别的，选了一条裤子和一件上衣，直接就买了单。

当时给我的感触就是：销售过程中，不要急着去销售；销售，一切为了爱！

真的，我能体会到这一点！

群友红枫林：那是一个大雨天，晚上九点半，雨越下越大依然没停。门口有一位老先生在躲雨，我把他请进店铺，告诉他，我们还有一段时间才下班，您可以坐在店里等。我给他倒了一杯水，然后假装忙做帐，怕他有压力。到十一点雨小了，我给他一把伞，告诉他有空再来还伞，没关系的。结果就是：第二天他来了，带着孩子来挑衣服，一单成交 2689 元。

群友安安：正念利他，也许某些时候不一定马上就有回报，但久了一定是有效果的。你是为客人好，还是只想骗她口袋里的钱，人家是能感觉到的，反馈给你的效果也不一样。你一直说货好，她就和你谈价格。你把她当朋友，她就不好意思和你纠结一点小东西了，最重要的是她体验好了，下次还来，而且更信任你。

群友郑绍全：爱会让顾客成为永远的顾客。不要急于回报，只要你种下种子，就一定会有收获。只管耕耘，不问收获，因为播种和收获不在一个季节。

众群友：爱是高境界的销售技巧，是最好的卖点；爱，是非销，是聊天，是一点一滴；爱，是真诚，是忍耐，是付出，也是梦想……爱是一切！

267

## 112 女鞋店优质服务促销售

昨天我们遇到好几个顾客，都是拿着手机，看着我们家的鞋，在淘宝上搜价格。

我们店员看到了，开始没说什么，后来顾客在一款新款面前停下来看着，店员面带微笑介绍了一下鞋的款式、材质和优势。

顾客还是在看淘宝同款（价格差异挺大的），一点都不理睬我们店员，显得极其不耐烦。

我走过去说："美女，这款挺适合您的气质的，这双鞋能搭配您好几套衣服！今天您穿的衣服挺有气质的，来这边坐一下，我给您拿双新的，您试穿一下！"

试了之后，顾客很直接地说了："鞋我很喜欢，就是价格贵了，淘宝才多少，你们多少。"

我听了就说："美女，我们给您呈现的都是实体，您可以试穿挑选，任何质量问题都是看得出来的，虽然您觉得我们价格贵，其实很划算的，现在您在皮革护理店打理一双鞋一次都要 50 元，遇到下雨天就不止打理一次的了——但是您只要购买我家的鞋，随时随地可以送过来免费保养和打理的，这样您就会每天穿着新鞋了……"

顾客听了说："真的这样吗？那我再挑一双吧……"

然后顾客愉快地买单了，两双！

其实有时顾客再过来打理鞋时，会在店里看看其他款，无形中增加了销售。

群友 A：淘宝上假货遍地，顾客心里其实也挺虚的。她们需要店员帮助自己消除疑虑。实体店立马就可以把鞋带走，以及安全感、踏实，还有良好的售后服务，这是线上所无法比拟的。

群友 B：顾客很犹豫，需要我们店员"帮"她做出决定。

268

## 113 以心换心，换来业绩回报

已经过去一年多了，每当我回想的时候，还记得当时是很惊慌的。

去年的夏天，大概在下午3点左右，三位姐姐进店来。差不多都是40来岁，两个走在前面，一个走在后面，有说有笑的。

当我高兴地去迎接她们的时候，被后面的一个姐姐吓住了。

我不敢直视她，因为我很害怕。

当时就我自己一个人值班，我从来没有看见过那么恐怖的面孔，好害怕，所以我一直往后退，往后退。

我能看出来，她是烧伤的，烧得很严重。她的眼睛、鼻子都已经模模糊糊的，她的耳朵、眉毛都没有了。

我很揪心，但同时我对这样的女人感到很同情。

前面的两个姐姐安慰我："你不用害怕，她人挺好的，真的挺好的，她只是经历了一场火灾才变成这样。"

我静了静，稳住了自己的手脚，把自己的状态调整过来，然后耐心地问姐姐："您需要什么？"

前面的两个姐姐指着后面的姐姐，说："就是想买件衣服给她穿。"

我微笑着，鼓励自己要大胆些，因为她是一个顽强的女人，值得尊重。

我鼓励自己要对她说：你好棒！

因为她很坚强、乐观地面对大家、面对生活、面对生活给她的一切。

我笑着说："姐姐，你好棒！我从内心真的很佩服你，希望你永远开开心心、快快乐乐的，你需要我的帮助吗？想要什么样的衣服，我来帮你选。"

那个姐姐还以为我被她的外貌吓住了，一直不敢上前，看到我这样说了，她也露出一点笑容："你给我选一身衣服，一件衣服，一条裤子，我是2尺2的腰，你给我选一身，我试穿一下，让我的伴给我参考一下。"

此刻我的心情，可能夹杂着一种同情，一种佩服。

我耐心地给这个姐姐挑了一身她满意的衣服。

269

不仅这个姐姐，两个同来的姐姐也很满意。

我把衣服包好，准备送走这个姐姐的时候，姐姐对我说："你好棒，你真的好棒，你是我最满意的导购员，因为你真正地接纳了我！"

看着她们远去的背影，我好像从这个姐姐身上学到了什么，那是一种坚强、一种乐观的生活态度。

同时我也想，一定不要以貌取人，要学会尊重别人，体谅别人，帮助别人。

后来这个姐姐也成为了我的老顾客。

她和朋友一直来我的店里捧场，大概有一年多了。

听说，她原来是挺漂亮的一个女人。烧伤后，她曾经想过自杀，因为她丈夫、女儿、朋友不断鼓励她，她才走过来的。

销售过程中有这样一些人，需要我们帮助他们，尊重他们，当我们以心换心的时候，也会换来销售回报的。

销售，一切为了爱。

**小结：**

  服务或者说销售的最高境界是"爱"。爱出者爱返，福往者福来。爱会让顾客成为永远的顾客。不要急于回报，只要你种下种子，就一定会有收获。只管耕耘，不问收获，因为播种和收获不在一个季节。

271

# 零售三要素"人、货、店"

　　服装零售是琐碎的，涉及方方面面，但是关键要素可以归纳为人、货、店三个方面。人货店三者交织在一起，理顺了这三者的关系，并在其中某个方面有突出表现的话，店铺业绩就能有效提升。

## 114 三个服装店销售服务的案例

**【案例一】**

鄂州葛店熙女士：分享是种习惯！昨天中午，顾客到店里要求换货，是对夫妻俩，想换小一码的。男的好像穿的工作服。我赶紧拿好码子让试一下，男的就"左不好右不好"地说，老婆马上要发脾气了："下次再不帮你买衣服了，不穿蛮好！你今天退了，再也不管你了！"男的也口气不好："哪里好了？太长了，袖子又紧，买这么贵！我上班穿不浪费了？！"老婆脸色马上变了："我是买你玩的时候穿的，没让你修车时穿，就是嫌我花钱噻。"两个人就互相不理了，场面有点尴尬。这个顾客当天来买这件中长款羽绒服时我在店里，想起了她盯着衣服进店的场景，就说："你老婆眼光很好，那天一进来就看中这款，本来准备自己买件衣服的，最后都是买你的！"男的赶紧换了口气，笑着说："我穿这么好做什么，把老婆打扮漂亮就行！"老婆不好意思地笑了！晓得原因了，男的是嫌贵了，也不是很喜欢老婆买的这件，我赶紧让男的试其他款。我和老婆聊天说，"你眼光很好，老公很会过日子，又疼你，希望你美丽就行，自己无所谓！"老婆就说："我是看他没像样的衣服才买的，还不是想他穿好点！"等男的试好衣服，我轻轻地说："你老婆很在乎你，女生哄哄就好了！"让他们商量了下，开单时加了钱换了两件棉袄！临走时女顾客一个劲说谢谢，说下次还来！

群友 A："你老婆眼光很好，那天一进来就看中这款，本来准备自己买件衣服的，最后都是买你的！"——再是铁公鸡，也会被感动。

群友 B：只有内心善良和充满爱的人，才能认真待客，记得一点一滴，记得、在乎顾客，就是对顾客最好的尊重和服务！

**【案例二】**

鄂州葛店熙女士："经常遇到比较挑剔的顾客，每次来不买还说些不好听的话，我每次都微笑介绍产品。日久见人心吧，有次居然买了。开单的时候我随口说了下衣服面料的洗涤方法，顾客很高兴地走了。得到他人的

275

信任自己也是很开心的！事实证明我的做法是对的，这样的顾客最后变成店里的常客，而且会介绍认识的人来！"

一位顾客说："在哪里买不是买？就是图个开心！"

群友 A："就把自己当顾客。说实话，现在去哪里买不到衣服，但如果有一家店的态度好的话，我这次不买，下次也一定会去买的。"

群友 B："现在的人非常注重自己的；顾客买的是态度；买的是服务。"

群友 C："这才是接地气的经验。大家都懂，可冲动时大部分人都做不到。"

鄂州葛店熙女士："有时间候心里也不爽，不忙的时候就在店里唱唱歌，就好了啊！"

【案例三】

鄂州葛店熙女士："突然想起了一个印象深刻的经历。应该是前年秋天的晚上，9 点了，我都准备下班的，这时进来一位个子算高的，中长发，皮肤就是健康色，一进来就说想买件适合自己的衣服。好吧，顾客是上帝！不等我问哈，她就说'把这件拿我试一下吧'。于是接下来这样的场景整整重复了 1 小时零 15 分钟。中间顾客接了个电话，当时我的预感就是她不是要买衣服，而是想打发时间等闺蜜。结果别人一来，顾客就问闺蜜穿着好看不？她自己就说'唉呀，我皮肤太黑了，穿这个颜色不好看'。又把之前觉得好看的一件拿着问闺蜜'怎么样'。两个人又聊了会儿工作上的事。临走时，说自己没带钱，明天来买，就走了。等我把场子弄好都十点四十几分了。"

总结：学会拒绝也是必学的功课。在做一件事时必须对其有所了解。（如果当时我问一下顾客的喜好，说一下很晚了，店里要打烊了，也许就不会这样了。）

## 115 罗敏的眼泪

问：罗敏为什么哭？

答：这得从 8 月份开始说起……

那年 8 月份，我到南昌筹备开一个新店，想从成都那边请几名在店铺实习的大学生过来帮忙。

罗敏是其中之一，她前一年毕业于四川师范大学服装系。

她的职业志愿是到成都公司任职，而且最好是商品部门。

总之，她不愿意过来南昌。

后面人事主管又说她还是愿意过来的，之所以没跟薛欣蕊和宋丰译一起过来，是因为她要陪爸爸妈妈住几天。

后面薛宝宝（真名薛欣蕊）和宋丰译提前过来了。

宋丰译一直在邀请她过来。

她也给薛宝宝打电话了解情况，薛宝宝说我为人还可以。

综合评估后，她终究还是来了。

她来了。

斜背一个黑色的包，右手拉着一个黄色的大箱子，她从出站的人流中，向我们走来。

她来了。

穿着一条黑色短裤，一件白色 V 领 T 恤。晚风吹佛着她额头的头发。

她来了，带着梦想，追梦而来，虽然这梦想还没有填写具体的内容。

我本想很郑重地跟她握个手，像个长者一样。

可是，她一看见我们就跟薛宝宝打招呼，我也就没有继续装扮长者，不到几分钟，我就憋不住了，左一句右一句地搭上了腔。

很快，我们就投入了招聘与开业宣传工作之中。

经过内部讨论，由罗敏担任店铺管理人，对内衔接导购相关工作。

"做管理没那么容易的，一定会在失败中不断成长。"我笑着说，"我等着看你的失败。"

她撅起小嘴，大声说："不要、不要、我不要失败！"

"上任"后，她把全身心的爱和激情都投入到工作之中。

她用心去爱每一个人，她自我要求对每一个人好，包括对谷谷好，对义华好，对熊光帅好——她想倾尽所有，爱别人，爱工作，她也认为店铺管理人应该这样去做。

晚上，她在宿舍排练早会的舞蹈。一遍又一遍，乐此不疲。

在一个一个动作中，忘记了疲惫，也忘记了夜深人静，倦鸟已归巢。只有街上偶尔驶过一辆汽车。

期间我们组织了2次宿舍聚餐和1次烧烤，填写了入职申请表的人一起参加。

宿舍聚餐时，罗敏是能够炒一手好菜的，味道不亚于号称"南昌旗舰店一级厨师"的宋丰译。真不知道她是在哪里学的。我想可能是在大学时学会的。

烧烤的时候，她、薛宝宝、易松这几个一整晚都在帮大家烤，自己却不怎么吃。

很快，新员工入职，事情多了起来，矛盾也多了起来。

那天晚上，她和肖肖坐在一条长凳子上聊了很久。

后来，肖肖走了，她还坐在那儿。

我过去一看，她在哭。

我问："什么情况？"

她哭着说："她们（指店铺同事）之间有矛盾，其中一个想离职，我去劝，可能又引起了新的误会。"

"我想对她们好。"她一边哭，一边哽咽着说："但是不知道该怎么办？"

我安慰道："尽情地哭，别憋。那边我去协调。"

这一劝她哭，她反倒不哭了。

她说："周哥，我感觉自己有点驾驭不了。"

我鼓励她："没关系，你的花期还没到，你是在营业后才绽放的！而且肖肖还会带教你。"

果然，试营业后，她的优势就体现出来了。

那晚，她在店门口表演了一会儿花式熨烫，不到几分钟，门口观众如潮，围得水泄不通，大家拿出手机，纷纷拍照和或拍小视频，在朋友圈发帖，向各自的微友报告其所见所闻。

再后面，就开业了。

再后面，我就走了。

再后面，她就哭了。

她问:"周哥,你不会再回来了吗?"

我说:"嗯。"

她说:"你不在,仿佛没了主心骨。"

我鼓励她:"肖肖会逐渐成为主心骨的,还有写字楼强大的后勤支援!我相信大家。"

她说:"周哥,多的话我不说,感谢你带领我们大家做了一场梦。"

## 116 一个店长，撑起一个店

某品牌长乐联营店，惨淡经营，2016年下半年与品牌公司达成书面共识，做到2017年2月29日就撤店。

阿烽，管理者，属于帅得没朋友的那种，认识很多女店长，2月底向该联营店老板推荐了小妮。

作为一名专业人士，阿烽衣服一拿就是几组，一组几件，大进大出，一股脑儿全部拿出或挂到货架。

陈列调好，这哥们就会把店铺同事叫到一边（也可以说是女孩们围在他的身旁），绘声绘色地讲解调整的原因，附带讲一些销售技巧。

小妮，河南人，早前在深圳工作，职业店长，未婚女青年，喜欢旅游，前不久在澳门赢了一点钱，却在用赢来的钱吃西餐时丢了一部苹果6。

她旅游回来时，总变戏法一样给这个一袋鱿鱼丝，给那个一包小咸鱼，最常说的一句就是："怕辣别吃！"

3月中，阿烽帮长乐店申请做一次VIP专场。

第一次被否决了，原因是刚刚开季，做活动不太好，损失毛利，亦不利于后期销售。

很多消费者往往只记得最低折扣，高于此折扣则完全无视，绝不购买，拂袖而去。

小妮给我发微信说："领导，希望能批准！"

见我没即时回微信，她又信心十足地说："长乐店还是可以的，以前长期没人管理，荒废了！"

我问："你有把握吗？"

小妮："有！不仅这次VIP专场有把握，而且全年至少可以做200万以上！"

我被她的信心感染了："那好，这件事我来协调。"

很快，活动申请再次送出，获批，全场6.8折起。

在阿烽的驻店协助下，这次VIP专场的准备工作很充分。

提前1天开始微信积赞，积满88个赞可来店免费领取价值**元雨伞一把。在前一天晚上对店铺进行了全方位的氛围营造，布置了红地毯，气球拱门，水果，鸡尾酒等，烘托出大促的气氛。活动期间，对内也制定了现金激励政策。

小妮要求同事们每天电话邀约一部分顾客前来捧场。

没有成功邀约的，继续通过微信邀约，直到成功为止。

很多顾客也是，第一次收到信息，不当回事；第二次收到信息，看了部分内容；第三次收到信息，再看清楚是小女孩发的，就开始关注了。有的店员发朋友圈时，不仅附上衣服的照片，也会附上自己的生活照，而且通常会加一句："记得来找小妮或小晴等等"。

总之，有的顾客真会来店选购。

5天VIP专场活动，不仅VIP可以来，非VIP也可以来买。

VIP就是一个噱头，但就是这么一个噱头，令到本次活动更有价值感。真的VIP顾客感觉是针对自己量身定制的，其他普通顾客认为自己赚了。

每天都很爆。

阿烽的存在，令到隔壁福清自营店变成了长乐联营店的仓库，补货实现无缝对接。

待顾客散去、整理卖场、补货等事情做完，每天都要搞到约凌晨4点。

"这不是我想要的生活。"小妮说。

281

可是，她却是一天一天的拼着业绩，过着这样的生活。

也许，这就是职业店长！

在大家的努力下，此次VIP专场活动，业绩爆破，连续几天成为全国销售冠军！

从此后，"一发不可收拾"，2017年3-5月，业绩同比2016年3-5月增长约90%！

在以销售目标为导向的新常态下，店铺工作强度及员工心理压力有所加大。4月份起，开始有人离职，但小妮新招聘进来的店员个个身手不凡，一进来就接连开大单。

现在属于淡季，长乐店制定了一些淡季激励措施，例如，每天12点前低于1500元的单奖10元，1500元以上的单奖20元。

在顾客管理方面，该店一直维护得不错，总之就是：不断的培养忠诚顾客，让忠诚顾客不断重复购买。

在货品方面，阿烽给该店配发了一些有加大码的款式，"这些加大码对于长乐的胖子顾客来说，那就是福利！"小妮感叹道。

在店铺方面，该店也做了一些局部粉刷、翻新，不断做好细节。

6月份，长乐店更是准备在淡季实现"逆袭"，销售目标定为25万！

雄关漫道真如铁，而今迈步从头越！2017 年，长乐店正朝着年 300 万的销售目标前进！

## 117 在深圳邂逅最佳团队

　　5 月底，我到深圳为某男装品牌店实施 7 天业绩爆破。品牌公司制定的目标是环比增长 50%，结果达到了 100%。

　　这个店铺曾获得该品牌最佳团队称号，雪儿店长也曾获得全国优秀店长荣誉称号。

　　与我工作对接的是帅气的阿华。

　　因上个月店铺达标 120%，阿华有承诺请客。刚好趁我在，当晚阿华请大家去海底捞吃宵夜。

　　阿华说："来海底捞吃宵夜，大家也可以感受海底捞的服务，然后运用到店铺工作中去。"

　　我很认同："是呀，如果我们服装店，能像海底捞一样服务我们的顾客，哪还愁没有回头客？！"

　　席间，阿华问雪儿店长："为什么我们这个店的团队这么和谐？"

　　雪儿店长："从招人的时候，我就会把店铺的工作性质和要求告诉她们，接受就来。"

　　阿华赞叹地告诉我："雪儿店长没有完不成的目标！"

　　小晴探个头来说："以前我们为了冲销售，有时还喝酒，使劲地喝！"

　　雪儿店长："是的，为了达成目标，什么方法都会用！但是喝酒归喝酒，我会把握分寸，不会让她们喝醉！"

　　想了想，雪儿店长又补充说："只要为了达成目标，我什么都敢！有次我在公司开会时，当着领导的面拍桌子！"

　　我好奇地问："为什么？"

　　雪儿店长："因为他不肯批我的活动申请！"

　　我继续问："后面怎样呢？"

　　雪儿店长："后面那领导说，如果你能承诺做到多少，我就批！"

　　这时，阿华给雪儿店长夹了一只虾。

"谢谢华哥，"雪儿店长接过龙虾，继续说："我承诺了，并且实现了那个目标！"

大家的战斗力很强，阿华不断地加菜，每次加菜大家都用同情的眼神看着他。

阿华弱弱地说："你们这样看着我干嘛？没事，尽管点。"

雪儿店长接过话："超过1千的部分由我来出吧。"

大家一边吃着，一边拍照，发朋友圈，不知有多开心。

一直吃到第二天凌晨2点左右。自然是超过了1千块，阿华也没让雪儿店长出钱。

各自回宿舍时，后面上车的会把前面同事的的士拍照，并发到店铺微信群。真的是好细心、彼此关爱。

后面，先回到宿舍的同事在群里报平安。一直等到最后一个报平安，大家才安心。

我以为第二天工作会受影响，可能会有人睡过头。没料反倒是我最后一个到店铺。

一大早，大家补完货后，就纷纷用手机给相关货品拍照，发给她们的微信顾客。

到月底了，没有完成个人业绩的，都很着急。好多早班同事下班后继续加班。

284

"我们店都是自愿加班的，"雪儿店长说："我从来没有要求大家加班过。"

该店实行星级导购制度。

从一星级到四星级。每个级别的底薪不同，分配给个人的销售目标也不同。每个人的达标百分比不同，业绩提成比例也不同，达成率越高提成比例越高。如果低星级的导购达标，可以晋级；反之则降级。

5月30日，我刚从外面风风火火进店，刚好撞到小慧扶着小晴往外走。小晴脸色卡白，面无表情，或者说表情很痛苦。

原来是小晴胆结石发作了。

雪儿店长说："小晴这不是第一次了，也不会是最后一次，每个月都会发作1～2次。刚开始时我们吓坏了，现在有经验了。去到对面医院打一针就会好。"

到中午的时候，小晴打完针回来了，面部有了一些血色，但精神还是欠佳。

晚上的时候，她好像不怎么痛了，又开始活跃起来。

见我一脸的疑惑，小晴笑着说："周哥，没事的，现在完全不痛了。"想了想，小晴又说："可能是昨晚吃了一些臭豆腐引起的。"

说完，小晴又叹了口气，"哎，干脆找个时间做手术，把那些结石拿出来！"

小晴熟练地把衣服挂在侧挂通上，侧过头看着我，继续说："医生说，胆囊有一半是结石。"

接下来，大家纷纷献言献策，整体意思是尽量不要做手术。

很快，大家调整状态，继续投入到销售中去。好像什么都没有发生过。

当天，店铺创造了一个历史销售记录，环比增长 300%。

5 月 31 日，5 月最后 1 天，大家拼了！

某位同事把生意做到隔壁的男装帅哥老板那了，那老板过来捧场，买了 3 件。另一名同事见状，也请那帅哥老板过来捧场，那哥们很不情愿却又鬼使神差地买了 1 件。

当晚，小霞离职。她是茂名人，要回去结婚了。按店铺"规矩"，离职的同事要请客。

于是晚上我们一起去吃宵夜。

不用说，大家又是一边吃，一边拍照，发朋友圈。在这轻松的时刻，大家尽情地释放工作和生活上的压力。

我们的激情与笑声，以及青春，在深圳的热土地回荡。

雪儿店长对小霞说："我可以给你办理停薪留职，你结完婚再来店里上班。"

小霞笑了笑："谢谢雪儿姐。"

小慧告诉我："旺季的时候，我们提成比较高，大家都会自己掏钱上网买些袜子作赠品，提升成交率。"

小慧一边说，一边熟练地吸了一个田螺。然后又补充道："现在是淡季，我们没那么多钱买袜子。"

雪儿店长凑过来告诉我："我发现赠品确实对销售蛮有帮助的，这两天我也上网淘了 200 双袜子，太贵的我买不起，太差的也不行，我买的南极人的，4 块钱一双。"

第二天，6 月 1 日，我开完早会就要离开了。

还没开早会呢，雪儿店长就在收银台哭了。一边擦着眼泪，一边说："大家其实压力好大，不管你多努力，达成率多高，下月的目标将会在此基础上设定，总有完不成的时候。"

雪儿店长一边开电脑，一边说着，眼泪往下直流："现在是淡季，有的同事每个月只能拿两三千块，扣掉房租和生活费就没了！这是深圳啊！"

正式开早会时，端红也哭了。

本来雪儿店长已经不哭了，看到端红哭了，又哭了起来。小慧赶紧跑到收银台去拿纸巾，撕给她们擦眼泪。

雪儿店长哭着，"目标一高，大家就很难完成，就得降级，有的就会离职"，她擦了擦眼泪，继续说："我不想大家这么有感情的同事，一个一个离我而去。"

285

后面，我玩了一个数数字游戏，大家在紧张的游戏中暂时忘却烦恼，破涕而笑，眼角却还残留着泪珠。

我在欢笑与泪光中离去……

## 118 请记住：这个秋天我们曾在一起

8 月 22 日一大早，我从广州乘坐动车赶到南昌，筹备南昌旗舰店开业。

第二天，租到一处宿舍。

然后，去葡萄架工商分局办理营业执照。

过了几天，顺利拿到营业执照。

然后去东湖区行政服务中心办理了税务登记证。

8 月 31 日晚上 10 点，到南昌站接到两名大学生宋丰译和薛欣蕊。

我老是把"蕊"字读成了第四声，有时她会纠正读成第三声 [ruǐ]。

当离开以后，才迫切希望有机会在她面前读成第三声 [ruǐ]。

287

他们来了，带着梦想和激情。

9 月 4 日晚 10 点，到南昌火车站接到一名大学生罗敏。

罗敏上车后，一直念着"江西、江西"，好像要跟江西过招，想在江西弄潮。

第二天，我们到店门口招聘。

再过一天，买了一个小蜜蜂扩音器。

从此，店门口每天都会传来喊麦的声音。

并在此认识了傅老、曾老、郭老等。

其中傅老和薛欣蕊、罗敏比较投缘，并把她们当成了自己的闺女。

傅老跟我说："她们两个应该去考公务员。有机会我带她们两个去见还在位的领导。"

有一次，傅老指着宋丰译说："你可以给罗敏当助理，帮帮她。"这傅老"立场分明"，完全站在女生这边。

宋丰译笑而不语。

开业那天，傅老过来买了很多衣服。是薛欣蕊接待的。

事后我对傅老说："傅老，您好像没有捧罗敏的场？"

傅老说："我当时就说了，我这单业绩由她们两个平分。"

傅老似乎知道店里的工资由底薪和提成两部分组成，虽然两个女孩目前是拿固定工资。

渐渐地，来面试的人多了，就建了一个招聘微信群。

群里从10几个一直到后面70多个。

有的是群里的导购拉进群的。

来面试的人中，有一个女孩，名叫易松。

我们这家店原来是做美邦的，当时易松在店里做收银员。后面她又调到另一个美邦店，几经努力，一路晋升，官至店长。

我和易松一起来到肯德基，一边喝冷饮，一边聊。

我说："我们招的店长其实是店经理，每个店分两班，设1个店长及1个组长，各带1个班。"

她一直在微笑。

我问："你愿意从带班店长做起吗？"

她说："我愿意。"

9月6日，在宿舍组织了一次聚餐，填了求职登记表的人参加。

大家一起买菜、做饭，玩得很开心。

有的人偷拍了一些小视频、照片发到招聘微信群和朋友圈，分享这份快乐。

9月13日，在宿舍组织了第二批填表的人聚餐。

一边在宿舍玩，一边在招聘群发红包。

发红包时，只发现场的人数，而且提前做好准备，所以基本没有被"外人"抢到过。

招聘差不多的时候，开始重点宣传开业。

从9月11日起，在附近的网吧和健身房投放开业宣传海报，拍照并在朋友圈转发者，可到店门口领取袜子一双。

从9月15日起开始挂开业倒计时横条幅。

9月17日，大家一起到秋水广场吃烧烤。

此时，薛欣蕊的江湖呢称已改成薛宝宝，并被公众接受。

薛宝宝、罗敏、宋丰译等三人特别兴奋，跑到江边，使劲照相。照完后在朋友圈发帖，发完帖后就是静静地等待别人点赞或者评论。

同时，开始有人叫宋丰译为宋长官，因为他在大学期间当兵1年多。

9月18日，全体新员工入职。

每天的第一件事就是早会。

早会离不开的环节是跳舞。

每次跳舞，观众都很多。

早会后，开始举牌走街，宣传开业。

由于有几名同事长得漂亮，每次走街时都得到了行人的善意的关注。

走街后，开始练习喊麦，大家轮流来。

喊麦后，每人发几双袜子，引导顾客转发开业微信，转发者就送给他一双袜子。

其中，组长王义华给人的印象很深刻。

她原来是自己开服装店的，她那30来年的生活经历、创业的艰辛以及她那双眼睛里面折射出的想把袜子派发好的光芒，令人难以从她面前迈脚而去——除非你转发了开业微信，领了袜子。

中午去宿舍做饭吃，下午在宿舍培训。

9月22日起，开业传单寄到，开始在街上派发传单。

店花是邓丽丽，她派发的传单几乎是100%成功，没人不接。有两个男的一看是派传单的，傲娇地径直走过去，不到2秒钟，其中一个男的鬼使神差地停住脚步，转身从邓丽丽的手里接过传单，并表现出认真阅读的样子。

终于开始试营业了。

9月24日下午开始陆陆续续地卖着，卖了6000多块。

9月25日，卖了约5.3万，比老板的预期值4万高出1.3万。

其中有些感人的事迹，令人感动、难忘。

邓丽丽把她妈妈、姐姐和一个小男孩叫来捧场，买了7件。

王义华把公公婆婆叫过来买了好多件。

李汇芳的妈妈25日来捧场，26日又过来买。

289

左钱今年刚刚毕业，毫无销售经验，他是土木工程系本科生，逻辑性强。在销售过程中，遇到精明的顾客，就给他们算："您看啊，这几件衣服总价1800元，可以送两部自行车，这两部自行车可以出售套现600元，实际上您只要投资1200元……"

左钱给人感觉诚恳、朴实，一双涉世不深的眼睛，看了让人不忍拒绝。

左钱的业绩在前几名，大家纷纷感慨："左钱属于意外惊喜。"

开业当晚，宋长官看到客流稀稀拉拉，这心里急呀。

他鼓起勇气，来到平时买过冬枣的水果店，跟店老板说："你今天去店里捧场，买不买我都送你赠品！"

后面，水果店老板真去了，买了1千多。

不一一详述了。

尹从林和熊光帅争一号男神。

龚欣老是向宋长官索取私包，截至现在，宋长官硬是没有私发红包。

饶谷萍来店里是为自己当老板做准备。

胡月以前在以纯上班，销售技巧高，比较职业，为赚钱而来。

邓玉珍基本可以套用"胆大、心细、脸皮厚"，没有超强的心理素质，遇见她，相当于2件以上衣服的钱没了，因为她会让你买2件以上。

陈晶晶的男朋友今年退伍，这是一件很大的事，我们的建议是："绝不能让那哥们去上海当健身教练，否则会被其他的女孩子搞定！"

魏大青一直想学花式熨烫。

周阳转发开业信息最积极，开业那天，她的脚站肿了，肿的很大很吓人。

肖同丽，同蓝天白云一样美丽。我走了，担子就压在她的双肩上了，她说："周哥，你好烦，不想你走啊！"可是我走了。

我走了。

在这寂静的房间内，我的脑海中总会闪现罗敏那眼中的泪花，和宋丰译那难舍又毫无办法的眼神。

我走了。

在他们最需要我的时候，我却走了。

我走了，物流公司今天发货过来，我怕他们收货没经验。

我走了，我怕淡场他们不知道想办法引流。

我走了，我怕宿舍没有米了。

我走了，我怕没人照顾他们……

我们终究都会走，不过我第一个走了。

290

我们在这儿欢笑，也在这儿哭泣；我们在这儿得到，也在这儿失去……

## 119 三亚姑娘舞动青春创佳绩

4 月 16 日清晨，我从厦门来到三亚，一下飞机就感受到了三亚的热带氛围。

一路上置身椰子树中，我仿佛也变成了一名游客。想想也是，我不就是一名背包客吗?

到了三亚市区，才发现这里并没有想象中的那么繁华。繁华区应该是在海边的某些度假区吧。

本次的目的地是某男装三亚步行街店。

待酒店放下行李，就直奔店铺而去，还没到店，就已是汗流浃背了。

即使知道三亚热，如果不亲身感受，也不知道热到这个程度。

到店后，迅速与店长阿焕取得联系。

阿焕热情地向我介绍了该店的销售、客流、人员及货品情况。

我问:"什么品种最好卖?"

阿焕:"我们店短裤最好卖，占裤子销售的 80%。"

我深有感触:"是啊，来之前知道三亚热，没想到这么热，一看到大家都穿短裤，也想赶紧买条短裤穿上。"

阿焕:"其次是 T 恤卖得好。"

我点了点头，这跟我的预测相吻合。

我又问:"衬衣卖得怎么样呢?"

阿焕:"卖得不怎么好。"

基于此，我提出了第一个陈列调整的思路。

我建议:"咱们这橱窗，有 3 个模特，但是穿了 2 件衬衣，与销售情况不成正比。"

阿焕就是一直笑着，等着我继续往下说。

"所以，我建议将中间模特穿的衬衣，换成畅销的 T 恤。"

阿焕点了点头，马上让同事给换了。

291

换完橱窗，我们往店内走。

我看到门口的墙身货架上陈列了一件白色衬衣，就问："这个陈列仓位衬衣好卖吗？"

阿焕不好意思地说："一个星期都没卖一件衬衣呢！"

我赶紧说："那就把衬衣换成 T 恤。"

也是很快就换了。

这下见效很快，有的顾客就去触摸、试穿。3 个小时内，新挂上去的 T 恤卖了 3 件。

我们继续往里面走，我也不断提出建议："要扩大短裤的陈列面。"

说着，我指着几个地方，建议阿焕把长裤换成短裤，毕竟短裤销售占裤类 80% 啊！

效率很高，不到半小时，短裤也换好了。

接着，阿焕带我到试衣间。

我忽然想，这里寸土是金，是否可以把试衣间利用起来呢？

我试探性地问阿焕："如果在试衣间挂上一套衣服，你觉得会增加销售氛围吗？"

阿焕稍加沉思，说："可以试试的。"

然后，每个试衣间也各挂了一套衣服。

陈列很快调整完，大家就纷纷来到店外的走廊上跳舞。

我问："咱们这个店有外省的同事吗？"

阿焕摇了摇头："没有，全部是本地的。"

我觉得这挺好的，本地的女孩子自有本地的气质。

今天她们跳的舞是《踏浪》。

我在很多地方看过别人跳这个舞，但是这些三亚姑娘们跳起来，感觉很有异域风情。

随着姑娘们的舞蹈，气氛一下子活跃起来，开始有人驻足观看，有人进店。

我跟阿焕说："今天各班如能达标，我就发 50 块钱的红包给大家买饮料喝"。

阿焕笑着说："那您这两个班 100 块钱红包，我们要定了！"

果不然，离下班还有 1 小时，早班就完成了目标。

晚班开会时，我拿出一些袜子等小赠品给到大家，帮助大家提升成交率。

于是，大家纷纷熟悉赠品，并研究销售话术。

没有顾客时，每隔 2～3 个小时，姑娘们就会到走廊上继续跳舞。

我就坐在柱子旁边的石凳上看着，仿佛自己真是一名游客。

不一会儿，阿焕不知从哪里买来一个椰子，并插了一根吸管。

阿焕把椰子递给我："周总，您喝着，这是原汁原味的椰子汁！"

见我开始吸了，她又补充道："吸完汁后，这个肉是可以切开吃的，味道蛮不错的。"

吸着椰子汁，看着舞蹈，吹着凉风，真是非常惬意。

到了晚上7点多的时候，顾客瞬间多了起来。

姑娘们就全部移师店内，热情待客，积极销售。

这次销售小高潮，持续了1个半小时，晚班也提前1小时达标。

到营业结束时，竟然销售了13587元，创造了近几个月的一个销售记录！

晚上，我独自来到海边。闭上眼睛，任晚风拂面。

忽然传来了一阵歌声。

原来是一位身穿白色衬衣、黑色裤子、黑色布鞋，并扎着两条辫子的女孩，她边弹吉他边唱着："不要问我从哪里来，我的故乡在远方，为什么流浪？流浪远方，流浪~"

## 120 江苏组货店利润之王丁老板与 江浙沪一众高手的私聊

丁老板：刚才卖了一套，1000 元，其中一件是菲拉贝乐秦燕家的 T 恤，进价 75 元，另一件是裤子，厂家处理时拿回来的，进价 35 元（当然，处理前肯定不止这个价）。

某高手：丁老板，要赚良心钱！

某高手：服装利润我就服你。

某高手：真敢开天价。

某高手：再修行 500 年也没法跟你丁老板比。

丁老板：服装永远没正价，就像奢侈品一样，为什么卖这么贵？！一条皮带卖五六千，最好的牛皮成本价也要不了几百。店的定位很重要，我店没有单价低于四百的东西，不管进价多少。

某高手：这是碰到猪了。

丁老板：我一直是这样，这店八年了。从不处理，从不还价，不是碰到猪。是客户来我店就知道，我店的东西就是这种价。

某高手：那你这八年发了？

丁老板：没发大财，但够吃够用的。

某高手：你就得瑟吧！这年头价格还能卖这么高！难道货品都是独一无二的？

丁老板：有几个客户懂成本？我做这行二十几年了，还学过服装设计，也搞不懂。我不是拿了贵卖贵，拿了便宜卖便宜，我是店里定位什么价就是什么价。

某高手：厉害！

丁老板：比如裤子不管拿货价多少，正常就是四百多到六百多。

某高手：那你的货，同街上有重复出现吗？假如街上重复出现，那你不是成杀猪店了？

某高手：教教我们，服装怎么定价？不怕卖不掉压货吗？看质量、还是看款式？

丁老板：很少撞款，几乎没有，就算羊毛衫可能有相同的，但你要和客户说，我这是正版，是广州货，人家是仿版，是常熟货；而且价格要分开，比如拿价二百，他卖三百多，你就不能卖四百多，你要卖六百多，这样客户才会信。

某高手：市场就这么大，同条街很难不重复。

丁老板：有呀，但不可能都一样吧。

某高手：你是贴牌卖的吧？

丁老板：没贴牌，没有牌。

某高手：估计你那开店的不多。

丁老板：前后左右都是店。

某高手：大家有太多疑问，求解答。

丁老板：但他们开一二年就倒。

某高手：搞不懂！你不贴牌，别人也不贴牌，那完全一样，如何胜出？

丁老板：我从全国范围淘版，款多量少，一天做不了几单的，但一单很少只有卖一件的，基本都是成套出售。

某高手：丁老板家的客户都是有钱人。

丁老板：冬天最大一单卖了二万八，夏天最大一单九千。

某高手：天价！教大家几招！

295

某高手：丁老板家的东西估计都是几件几件采购，卖不重复的东西。

某高手：肯定要贴牌的，现在客户这么精，一看牌子和门头不一样，就知道是散货。

某高手：丁老板市场货还能卖出这样的天价，值得学习。

丁老板：我很少补货，搞饥饿营销。

某高手：可以的，走款不走量！

某高手：教教大家如何控货，只有控好货才有钱赚。

某高手：挂着名品两个字的店基本都是杀猪的。

某高手：那你店品种多吗？

丁老板：我是伪高端，但不一定市场货就是便宜货，那些品牌货就是高端货。很多品牌货也是把市场货贴了品牌，非常暴利。我的客户需要什么，我就拿什么货，不仅有衣服，还有鞋子、皮带、箱包等。

某高手：你是挂羊头卖狗肉！深深的套路呀！

某高手：说实话，这年头确实没有量了，丁老板这样的模式，放在好的地段是可以操作的。

某高手：现在的客人都很精明的。

丁老板：我对这行太懂了，一模一样的羽绒服，市场拿500元，贴成广州某品牌，拿货价850元。

某高手：所以说贴牌还是可以卖价格的。

丁老板：我自己会设计，裁剪，制作，拿货时基本不会太偏。

某高手：现在的批发商都是贴牌后再暴利。

丁老板：永远没有精明的客人。

某高手：太难了，我们一条街男装同品种重复出现太多，像丁老板这样做会完蛋。

丁老板：你衣服拿价一百，卖二百难道客户就说你没赚钱？！

某高手：拿一百卖二百，顾客会感觉这衣服好，一旦客户发现卖贵就因小失大了。

丁老板：难道客户天天跑市场？问题是你的货值不值这个价格！拿一百的货和拿两百的货，东西还是明显不一样的。

某高手：我这里靠近市场。

某高手：同街有对比啊。

某高手：你好卖的人家明天就有，重复的品种太多了！有时候明明可以卖高价我也是不敢卖。

某高手：佩服你，拿的货在同条街上很少重复出现。

某高手：我也是，有时候明明可以卖高价我也是不敢卖，怕流失了老客户。

丁老板：那些普通低端客户本来就很少买衣服。我是一直这价，电脑出票，不议价。

某高手：只能说我们的客户群不一样，你的客户关注的是高价格高品质，而我们，这么多年一直在做高性价比，我们的客户是要用低价钱买到高品质。

丁老板：我的店没有普通上班族的客户。

某高手：大多数人是走我们的这个性价比路线，也许我们的思路有误了，大家的思维都一样，所以丁哥反着来。

某高手：顾客很精明的，比别人贵几十都马上知道的，在温州，丁哥这种模式没法做，除非换标换牌，货还要到外面拿独特的。

某高手：装修最重要，同样的衣服看放在什么店里卖，装修档次高端，随便衣服一摆，客户第一眼感觉就是东西好。你店的装修怎样？

丁老板：装修很普通，但有小味道。

某高手：丁哥不换标不换牌能这么操作确实厉害。但你没量，谁给你控货？

某高手：他不需要控货，他是把所有商标都剪掉的，款式换得快。

丁老板：你们还相信很多品牌货就很好？短袖丝光棉再好的面料成本价超不了 70 元，那些品牌批一二百的也是暴利。

某高手：但批发 70 元的和 150 多元的东西完全没有可比性啊？丁哥，你还有什么法宝没说透啊！

丁老板：看你从什么渠道拿货，有时 70 元的比 150 元的还好。

某高手：你进货价一般追求高品质吗？在当下的大环境下，拿货怎么操作？

丁老板：我高低档货都拿，但要有吸引我的点。拿货注重细节，每一件衣服要有一个点吸引人，这样，在销售时也会把这点和客户说。

某高手：丁哥对顾客非常了解，他是根据顾客的需求拿款，而且拿的数量低于顾客人数——饥饿营销。

丁老板：还是要看自己店里的顾客群的。我会和客户说，我的货其实是卖得便宜的，我是最高端的货，中档价位，只是因为我的店没在商业街，费用便宜，所以卖得便宜。客户觉得物有所值，老客户还会带新客户来。

某高手：有不在乎品牌而在乎款式风格的顾客群体——例如潮牌，丁老板卖的主要是潮流品。

某高手：我一直都要换吊牌的。

丁老板：我不换，直接没有。

某高手：把牌子剪掉是一种方法。

297

丁老板：就说自己的是原单的，原单欧货品质，而且卖过之后就没有了的。

某高手：老大威武。

某高手：没吊卡，白批，如何开单？

丁老板：电脑打单，我就是用手打，和客户说已经先输入电脑的。

丁老板：跟客户说只有百分之二十的毛利……我卖四百的衣服进价要三百三十多。

丁老板：我店里基本都是老客户，新客很少。

某高手：百分之二十利都有人信服？！我都说批发百分二十的毛利，零售百分四十的毛利，这样靠谱点。

丁老板：所以说衣服没正价。

某高手：批发太黑了，现在批发的利润都有百分之三十到五十呢，去年有一款棉衣批发对外 280 元，我 200 元拿货，人家还有赚，这世道！

某高手：我们零售只有乘 3，乘 3.5 呢。

某高手：难干啊，我们大多人都走同条思路！

某高手：丁哥，那你店里款多吗？款肯定不少吧？一百多平米呢，太少怎么摆？

某高手：要吸引高端客户，店的选址是不是也有讲究的？

丁老板：对，款式多，店址有点讲究。建议大家不要复制我这种模式，因为客户群不一样。

某高手：你是慢慢守起来的，看老客户吃饭。

丁老板：我这店从第一年开始就这样的。

某高手：主要是你有底子。

丁老板：我以前在济南、淮北都是这样。

某高手：你江苏可能好做，竞争少，浙江想这么搞就是找死！估计开张都难，天天打蛋，而且还会得心脏病。

某高手：你是如何"抓住"高端客户的？这个悟不出来。

丁老板：你店没有便宜的，不就都做高端客户了。

某高手：这个是真理。但是要一个过程，不然，看你天天吃蛋的心受得了不！

丁老板：从店一开始就得这样定位，店开起来以后再改定位不行。

某高手：依你的经验，我这边可否转型做高端客户？

丁老板：除非重新装修，重新开业，重新进货。

## 121 开业7年,每年至少有10个月第一名,她是怎么做到的?

"当你把箭举起的时候,我已决定了不会再闪躲……"

王欣冉从包里面拿出一块饼干,边吃边听冷漠唱的这首《飞鸟与射手》。

火车飞驰,车窗外一片片田野与山林掠过。

每当看到这番情景,王欣冉总会回首往事。

这几天,她在广州北京路商业街以及十三行、白马等批发市场走了一遍,感觉市场真是不复当年的繁华,回忆起当年创业,往事历历在目……

王欣冉在创业前在一家杭州的女装品牌河南总代理那里做店长,后面督导离职后,经理就把她升为督导。

督导就会经常出差,有一次出差时,认识了一名银行职员白经南,俩人还算投缘,久而久之就成为了无话不谈的朋友。

在白经南的鼓励与支持下,王欣冉从2010年开始了创业。

这次创业源于一次回湖北老家。

王欣冉在县城看到了J品牌,觉得货品不错,是她喜欢的少淑风格。

"自己年龄在增长,不能老给老板干呀,还得自己开店!"王欣冉想。

可那时候她手里并没有多少钱,如果开街铺的话,租金加转让费一次性投入都要三四十万。

"哪有那么多钱!"

白经南鼓励她:"钱的事我来想办法!"

"不行,你的钱也是钱!"

几经评估,决定以商场为目标!在商场开店不用租金、不用转让费。

方向定了后,立即联系厦门J公司,洽谈加盟相关事宜,同时积极物色合适的商场。

5月底的一天,有朋友告知,临近步行街的胜立商场有一个品牌生意不好,要撤柜,正在寻找替代品牌。

王欣冉立马赶了过去,找到商场的周经理,向他介绍了J品牌。

299

周经理正愁没有合适的品牌来接手这个厅位呢，他看了一下 J 品牌的资料，不置可否地说："三天后给你回话。"

王欣冉忐忑不安地回家等候消息。

等候期间，她打听了一下要撤的这个厅位，大家说这是个次边厅，位置不好，虽有客流，但是留不住客。

好多老板接手都没有做成功，时间最短的一家只做了 3 个月。

隔壁店的导购香姐回忆说："有时几天不开张，老板每天做噩梦，3 个月后终于撤了，据说亏了十几万！"

"哎！"

王欣冉开店心切，每天都跑到商场观察这个厅位的客流情况，她反倒觉得挺好的，从一楼电梯一上来就看得到，是个长方形，收银台就在这个位置的附近一角。

她怎么看都觉得还好，但别人怎么做不起来呢？

三天后接到商场周经理的电话："通过了！"

王欣冉内心说不出的高兴、激动！

她马上给白经南打电话："南哥，商场同意我开店了！"

白经南也被王欣冉的情绪感染了："好呀好呀！晚上我过去，咱们好好庆祝一下！"

可是这个厅位面积有 70 平方米，王欣冉虽然个人感觉位置不错，可是别人都没有做成功，心里到底还是有点不安。

第二天，王欣冉找到周经理，问："能不能一分为二，分割 45 平米给我做 J 品牌，另外 25 平米你们自己再招商？"

周经理想了想，说："这样啊，我把这个情况上报给领导，你等我答复。"

商场考虑了一天，第二天竟然也同意了！

后来王欣冉才知道，商场也担心她做不好，毕竟前面好几个牌子都没有做起来。一分为二，商场还可以将一个厅位变成两个，又增加了一个厅位的保底业绩，商场没亏！

接下来就谈合作细节。

商场扣点 16%，1% 的广告费，合计扣 17%。每月业绩保底 5 万，没有 5 万的话，必须按照 5 万的标准补给商场利润，例如，某月只做了 4 万，还差 1 万，则必须补给商场 1700 元，结算时直接从账上扣除。

接下来就是给 J 品牌郑州办事处打电话，拓展李经理立马过来看位置，量尺寸、拍照，连同商场的平面图，当天就传给了 J 公司。

J 公司很快就批准了开店申请。

很快，王欣冉就跟 J 公司签了加盟合同，随后跟胜立商场签了联营合同。

　　J公司的效率还是很高的，很快店铺图纸设计、货架及道具、配货清单等一一到位，随即进入装修阶段。

　　王欣冉招聘了两名店员。

　　一个叫周萱，是她之前做店长时那个店铺的小妹，因为周萱销售最差，所以老板很不待见，但是周萱人倒是长得挺漂亮的。

　　另一个叫张红，朋友介绍的，她一个人在家带孩子，没有任何销售经验，见人说话就脸红。

　　王欣冉曾请周经理帮忙招人，周经理也有帮忙，可是有经验的老员工对于她这样的新手新品牌，没有信心，总之，没有人愿意到这里来同甘共苦！

　　人家员工也在选择老板！

　　"算了，就她俩了！"

　　王欣冉找来了扎气球的专业服务团队，铺上了红地毯，做好了地贴广告，还买了一些袜子、围巾等礼品，只要进店就免费送，不管是否试穿！

　　8月31日，在人流量大的时段，王欣冉亲自到胜立商场的门口，拿着J品牌的手提袋，逢人就送，逢人就讲："明天二楼的J品牌开业，只要进店，无论是否试穿都有免费礼品赠送，只要拿着今天送的手提袋购物就可以打9折……欢迎捧场！"

　　晚上6:30，王欣冉、周萱和张红在步行街不远的地方，吃了一顿火锅，要了两瓶啤酒，王欣冉怀着复杂的心情端起了酒杯："妹妹们，谢谢你们俩看得起姐，从现在开始，感谢你们和我一起共同努力，我们共同开展一段新的征程！"

　　三人的酒杯碰到了一起，"干！"

　　在白经南的资助下，终于，明天就要开业了！

　　9月1号，王欣冉早上七点就起床了，早早就赶到商场的进场口等待。

　　"王姐、王姐，我们在这儿呢！"

　　王欣冉一阵惊喜！原来周萱和张红早已经在入场口等着了！

　　9点正式营业了！

　　王欣冉给张红交代："你就给我打下手，学着喊宾，练脸皮，烫衣服，找衣服，清理卖场。"

　　周萱有一点销售经验，她配合王欣冉接待、销售。

　　9:30分左右，J公司郑州办事处从直营店安排了一个小伙伴林芳过来帮忙，指导电脑系统的操作，并协助销售。

　　一个上午，只做了两单，共3件衣服，400多块钱。

　　"这怎么能行！"王欣冉有点急躁。

　　林芳安慰道："王姐，不急！"

301

"嗯嗯。"王欣冉伸出右手与林芳击掌，"加油！"

下午，客流比上午大了不少，可是顾客对一个新品牌并不是多大的认可。免费来拿礼品的不少，当然也有顾客因没有购买不好意思要礼品。

截至晚上7点，只做了800多块的业绩！

"不能急！不能急！加油！加油！"王欣冉给自己打气。

7点半，接到了白经南的电话："欣冉，不急，有我在呢，即使亏了也没有关系，大不了这十几万我们买了经验，没钱吃饭到我这里来！"

"南哥，谢谢你！"

当时那个感动，王欣冉至今还记得！

第二天，业绩开始增长，2千多块。

第三天业绩与第二天持平。

第四天的下午，林芳就要走了，她赞叹地说："姐，你的销售技巧比我都厉害，这业绩看着虽不是太好，但是，你太努力了，一定会越来越好的！以后有需要咨询的地方给我发QQ。"

9月30号晚上，业绩出来了，J品牌7万多，排名第二！

10月3号，周经理找到王欣冉，鼓励道："欣冉，看好你喔，加油！"

有努力就有回报，10月国庆节这几天，J品牌业绩排名第一，10月份整体业绩10万多，也是排名第一。

302

周萱在3个月后升为店长。

从此，除了每年的11月和12月做不到第一之外，其他月份均为第一名！因为商场有几个汉派服装，她们冬天就做羽绒服和呢料大衣，客单价高，特别是11-12月，打折销售，王欣冉怎么努力都做不到她们20多万的业绩！

2012年时业绩达到巅峰状态！

在此期间，王欣冉买了商品房和一辆标致牌SUV小车。

这期间换了好几批店员，店长也换了，现在的店长张倩，在2012年接替了原店长周萱。

王欣冉认为张倩是一个非常优秀的店长，她会察言观色，会灵活运用各种销售技巧，激情四射，而且一直很努力。周萱则渐渐地失去了开店之初的激情。

因为业绩一直第一名，2012年7月，商场又把旁边那个25平方米的面积给到王欣冉，扩大经营。

2012年底年王欣冉又在附近的步行街开了一家J品牌的街铺，街铺开业后，胜立商场这个店的业绩并没有受太大的影响。

生意一直很好，而且这种状态持续到2015年！

其实早在2012年，服装行业就开始低空飞行，纷纷传出亏损、破产甚至跑路的负面消息。

2015 年，服装人的冬天来了！

从 2015 年的 9 月份开始，王欣冉明显觉得销售吃力了！再怎么想办法，业绩就是上不去！

不是王欣冉一个人的感觉，其他的 J 品牌加盟商也是叫苦连连。

整个行业都在下滑！

J 品牌是铺货制，新货生产出来后，公司根据各地的情况配发首批货，各加盟店根据销售的情况自行决定是否补单。

因为业绩下滑，大家都不敢补单，J 公司也感觉到了压力，不停地给加盟商配发货品。这些货品，要也得要，不要也得要，除非店铺报结业！

2016 年的 3 月份，当春装全面上市、冬装彻底收柜的时候，王欣冉统计了一下，余下近 100 件的冬款，退不回总公司，因为 12% 退货率不够用了！做了 5 年多，以前的退货率都用不完，如今这一下就积压近 100 件冬装，两万多的进价！

库存告急！

更急的还在后头！

从 2016 年的春装开始，每月再也做不了之前的十几万的业绩，同比一直在下滑中。

业绩告急！

就这样持续到了 9 月份，业绩再也起不来。

"真的该回家当家庭主妇了吗？！"王欣冉开始信心不足了。

不仅王欣冉急，同行朋友们也在告急！

可是，不能坐等，得想办法！

王欣冉发现，有些品牌业绩虽然没有增长但并没有下滑！

几经"明察暗访"，终于，王欣冉发现了秘密：品牌掺货！

原来，他们在各个服装批发市场上拿散货，掺到品牌店，跟品牌货一起卖。

有些开街铺的，散货拿回来后也不改商标，直接上架。商场专柜里的货品因为管理严一些，他们就把吊牌换了一下——当然也有一些老板做得很"专业"，他们把市场货拿回来换上该品牌的吊牌，打上价格，看似很正规。

"不用犹豫了，我不能坐等这样的业绩！"王欣冉暗下决心。

经过一番调查，王欣冉从郑州的银基服装批发市场开始练手。

半年的实践，王欣冉俨然变成了一名"老司机"。

价格策略：根据货品的品质感，低一点的零售定价为进价 *2 倍，稍好一点的进价 *2.5 倍，更好一些的进价 *3 倍或者进价 *3.5 倍，甚至进价 *4 倍的都有。有的货品只要发现撞衫，立马特价 7 折。虽然不挣钱，但避免了与

303

同行之间的过度竞争，顾客的抵触也会减少。如果撞款太多，顾客就会觉得没有吸引力，久而久之，维护几年的人气就会越来越糟。

品质检查：顾客可以不懂面料，可以不懂做工，可以不懂流行色，可以不懂质量，但他一定懂线头，一件衣服上有线头，客户看到了这衣服就直接贬值了，或者干脆就不会买，所以衣服线头一定要修剪干净，扣子要缝紧。

现在，王欣冉自己购买了吊牌打印机等一应俱全的设备，淘货也从最初的不知所措，到现在有了几个精心挑选的合作批发档口，越来越有感觉！

货一好卖就越来越好卖！

业绩上去了！

尽管没有赶上高峰期时每月的十几万业绩，但是，在商场，王欣冉还继续保持着第一名。

这期间发生了一点不愉快，J公司知道了王欣冉在掺货卖，罚了她1万块钱的保证金！

在胜立商场，因为不掺货难以生存，所以商场是允许掺货的。

进行过辩解，商场方面也向J公司发了公函，称商场允许各品牌经营副牌（掺货属于副牌）。但是没有用！J公司照罚1万！

罚款后，王欣冉把市场货撤下来了，这一撤，业绩出现断崖式下跌。

不到1个星期，王欣冉又把市场货挂出来销售，业绩又开始起来了。

因为离郑州近，而且好多品牌都在郑州拿市场货、掺货，所以货品上架之后发现同质化太严重，有时撞衫撞得头破血流。

一撞衫，大家都开打价格战。

这样下来，没有了利润，相当于当了顾客的搬运工。

这不是王欣冉想要的结果，得想办法！

武汉同样也近，胜立商场和步行街也有好多家汉派服装专卖店，而且已经相当成熟，顾客也认可，去武汉淘货照样撞衫。

怎么办呢？

王欣冉想到了杭州！

去杭州淘货这还得从微信群开始说起。

王欣冉在2015年被人拉进了一个"中国服饰人创业（微信）群"，在这个群里，有个杭州四季青批发市场的群友徐老板加了王欣冉的微信。

这徐老板的货品风格跟J品牌的匹配度很高，而且价格更低。

于是，王欣冉就与徐老板开始了合作。

从2016年3月份开始，王欣冉连续去了几趟杭州，主要是从徐老板那里拿货，同时以自己的眼光和经验，与其他几家档口合作。

杭州的货品到店之后，销售不错，而且几乎没有撞衫，利润相对较高，店员做起销售来也有信心。

因为徐老板的货给王欣冉带来了新的业绩和利润，王欣冉也非常感谢"中国服饰人创业群"的群主。

王欣冉加了群主的微信，后来变成了合作伙伴，这是后话。

一晃，一年多时间过去了，王欣冉开始尝试在广州拿货。

她在广州买断了一些合作档口的尾货，进价 30 ～ 60 元不等，定价 59 ～ 129 元销售，既可以引流，又能产生业绩，前些天平均每天能卖 10 来件。

批发档口的尾货其实也是当季的新货，王欣冉只要新货。

当然，批发档口的尾货也不敢要太多，只能根据店铺销售及库存情况适量补单，希望以此渡过漫长的 6、7、8 三个月淡季……

适者生存。

自己开服装店七年，王欣冉的个人经验是：千万不要随便打折，宁可送贵重一些的礼品！除了季末，只在重大节假日做促销。平时做销售，难免会遇到一些比较难缠的顾客，但是，只要服务到位，哪怕送一些超出打折范围之外的贵重物品也行！（例如，按照顾客的要求打折的话，折扣是 20 元，但是王欣冉宁可送顾客 25 元的礼品也不打折）因为只要这次搞定了，顾客下回再来购物，她就知道这个专柜打不了折。当然，在送礼品的时候要和店里的小伙伴一起，一唱一和，做好每一个细节，礼品也不要送得太容易，避免顾客下次狮子大开口！

在销售工作中，对于搞不定的顾客，尽量使用销售话术：

"这是我准备买给自己的公司内部货品，不外发的。"

"这个是其他区域的货，我从熟悉的朋友那里要的……"

用销售话术搞不定的顾客，那就使用礼品，送礼品时要把理由说得很充分。比如："这是我们公司奖励店长的礼品。""这是最后一套青花瓷碗，正常顾客积分 5000 才可以送的。"

顾客维护：一次性购物满 998 元送 VIP 卡，以后凭 VIP 卡购物 9 折，还可以积分，消费 1 块钱积 1 分，积分可以兑换礼品：满 3000 分即可兑换礼品，比如：时尚包、太阳镜、健康称等等，这些在批发市场拿货都在 20 ～ 50 元。如果顾客不想换领礼品，则可以当现金使用：满 1000 分兑换 20 元，2000 分兑换 30 元，3000 分兑换 50 元。一般情况下，3000 分左右，店铺都会给顾客发短信或者微信留言："可以来兑换了！"

王欣冉很重视顾客信息的维护，对于 VIP 顾客的购物情况及积分，都要及时纪录。这些记录很重要，如果有纰漏，顾客下次来购物，就会不高兴，觉得店铺是在敷衍。王欣冉一直坚持到现在，顾客信息已经上万了！当然，好多顾客已经见不到，现在又有多少顾客能坚持七年认准一家品牌、成为

305

忠实的铁杆粉丝呢！？

值得一提的是，王欣冉会打上正规的有条形码的价格牌，放在礼品的外包装上，例如进价8元的丝巾，可以打上89元的价格，这样显得正规、有档次。

"女士们、先生们，列车前方停车站是赤壁北站。"

播音员报站的声音，把王欣冉的思绪带到了现实中。

好快，一下子到了赤壁北站了，中国服饰人创业群的群主就是赤壁人，群主每天在群里跟大家互动，大家很聊得来。

"希望服装人的冬天不要太长，加油！"王欣冉看了看这次从十三行带的一袋货，默念道。

夜幕开始降临，火车继续向前飞驰，窗外已是万家灯火。王欣冉戴上耳机，耳畔又传来冷漠的歌声："当你把箭举起的时候，我已决定了不会再闪躲……"

# 122 货品管理一二三四五六七八九

## 一三六买货比

简要批注：

一般而言，货品分为基本款、流行款、陈列款（也有企业称之为基本款、时尚款、潮流款）。

经验告之，在一个卖场内，基本款金额可以占到约60%，流行款约30%，陈列款约10%。

基本款（如蓝色棉涤休闲裤）销售期长，适应顾客范围大，保底销售较有保障；而流行款（如女装店的双面呢）一般为本季主打款，跑量，利润较高，总部常会拍摄模特海报放置店铺陈列，但其季节性较强，销售期相对较短；陈列款（如纯白色西服、高档小牛皮皮鞋、重工艺潮牌服装，很难卖，但陈列起来可有效点缀整个卖场），一般设计比较前卫，点缀性较强，价位较高，从而可有效提升服装店个性、调性、品味、档次、吸引力等。

陈列款有可能转换成流行款，流行款也可能转换成基本款，如9分牛仔裤曾是陈列款，几年后变成流行款，现在已成基本款。很多时尚款式刚出世时，被称之为"有伤风化"；一段时间后，变得"很前卫"；再后，若穿者大量增加，则开始"流行"；再过几年，可能就有点"老土"了。

零售商订货时一般比较保守，基本款订得偏多，而陈列款订得偏少甚至不订。

小结：基本款赢市场、流行款赢利润、陈列款赢形象。供应商需定义好三类货品，并制作吊牌挂在样衣上，方便大家准确订货。

## 二八现象 二十大法则

简要批注：

二八现象即指少数货品产生大部分利润；二十大法则即指每季货品中，大约有20个款式，要占到70%左右的销售或利润。每个品牌/门店都可以找出它的二十大货品并加以改进。

一般而言，消费者的嗜好是渐变的，所以今年畅销的款，稍加改变后，纵使会有所下降，明年依然会卖得不错（例如轻薄羽绒热卖了四五年了），这就是延续款，如休闲裤配腰带款，也畅销了好几年，再如，女装双面呢，畅销了好几年，今年大家依然看好。

大家都看好的款一般也不会差到哪里去，所以很多牌子在订货会期间排出订量前 10 名和后 10 名，订得较偏的零售商可以纠偏；在开季之初若发现市场上畅销的款也快速跟进生产，这就是所谓的后追款，如某男装推出外仿皮内仿毛的夹克后（皮毛一体），市场反应良好，其他男装品牌纷纷买样版模仿生产；某些畅销的款式，只要某店刚一卖起来，其他店就会纷纷进货。一般而言，对于畅销的款，供应商都会追加生产。

小结：商品开发部（买手／组货老板）需要多跑市场，能多买到畅销款；为了在销售季节内能不断推出畅销款，工厂必须预留一定产能的车位，以建立"绿色通道"，随时大量生产。

## 三四三分析　三类货品

简要批注：

新货开始销售后每周做一次销售分析（正式的或者粗略的销售分析均可）。销售金额占到前 30% 的货品，属于畅销货品，需及时补货，如果畅销款都已分配给各店，那么需要时仍然可以集中到最畅销店铺；排名中间 40% 的货品，属于普销款，须加强推销；排名后 30% 之货品，须及时调货、促销、减价，实在不行就打包退仓，以免占了新货出样空间、降低店铺货品形象及新鲜度。

关于三类货品，各品牌的定义不尽相同，但基本可以分为当期、过期（因天气变化等原因很快就不能穿的货品）、过季（去年这个时候的货品）三类货品，过季货品可以特价，吸引特价型顾客，过期货品减价促销，吸引促销型顾客，当期货品则以正价赚取高利润，同时吸引经济相对较好并情有独钟的顾客。不同店铺，三类货品的比例是不同的，形象店主要以当期货品为主，而工厂店／折扣店则以过季货品为主。

小结："三四三分析"只是众多分析方法之一，不太精准，但简单易操作。三类货品则是正在流行的零售手法，力求将天下目标顾客"一网打尽"。

## 四两千斤原理

简要批注：

最初常应用于货品陈列。

对于货品管理而言，四两千斤原理是指把少数（四两）畅销货品看得千斤重，在店铺之间进行配补调货时，优先分配给最畅销店铺；在店铺陈列时，陈列于橱窗、头仓、墙身等黄金区域，同时亦可二次、三次重复出样。

小结：对于重点货品，需重点对待，可重复出样，甚至可以设立专区销售，如牛仔专区、T恤专区、衬衫专区、婚庆西服衬衫专区、箱包专区、配饰专区等。

## 五适原则

简要批注：

适当（风格及款式）的货品，以适当的数量，在适当的分销渠道，以适当的价格，在适合的时间，销售给目标顾客。举例，以薄装为主的春款，以占到卖场70%的数量，在西昌的商业街地铺，主要以正价在年前开始销售给西昌市的目标顾客。

小结：不同类型与级别的店铺，位于不同的商圈，面对不同层次与嗜好的顾客群，需要订购不同档次、时尚度的货品，在不同时间段以不同折扣的价格进行销售；对于量贩式大众休闲品牌而言，在中档商场，可多卖流行款与高价款，而在步行街、大卖场或超市商圈，则可多卖基本款与特价品。

## 六周正

简要批注：

新货一般以正价（8折以上）销售六周左右。六周能够涵盖单位时间内最多的有效顾客。六周过后，由于是季节中后期，顾客消费意愿降低，如2月初上了一款薄夹克，到了4月中下旬，天气渐暖，顾客买了之后也只能穿个把月了，顾客因而觉得不划算（衣服的使用价值降低），除非降价降至他觉得划算，他才会买。

国内众多零售商，由于订货少，很多货品甚至卖六个月以上，常常是冬天卖薄衣，夏天卖厚衣。

成功的专卖店一般是新货上架后第1～3周原价，第4～6周8折，第7～8周5～7折，换季时5折以下，最后确保剩余库存（货底）约占期初进货量的10%～20%。

小结：可追溯至经济学原理，因为每个人对于某件衣服的需求程度及估价不同，愿意支付各自评估的价格，少数人愿意支付原价，部分人促销时才买，很多人会买5折左右的衣服，边缘客体只买得起季末1-3折的东西。如果你把价格一步降到5折，那么，愿意支付6折及原价的顾客也只需要以5折购买了，卖家因而失去大量的毛利。

309

## 七一减

简要批注：

每年的七／一月份，一般开始减价销售。国际品牌的直营店通常是一步到位：今年的5折，去年的4折，前年的1～3折——必须将前年的存货彻底清零。

减价的原则之一是：陈列款（非配件）建议低于成本价销售，流行款5～ß7折为宜，而基本款则不宜折得太狠，以免伤了品牌的筋骨。

减价也有学问，数据管理到位，减价就比较精准，如某个知名品牌，某款T恤180的码子6.5折，而175的码子则不打折；如缺乏数据管理，则往往只能一刀切，例如全场6折，这将导致损失大量的毛利。

结论：减价宜分品种区别对待，不同品种不同价格，强势产品及基本货品不宜减价过大。

## 八二清

简要批注：

每年的八／二月份开始换季清货。

以加盟为主的品牌，其加盟商从季末开始陆续向总部退换货品，故其清货期相对较长。有些大品牌对于其加盟商难以处理的旧货，一般以批发价的3～6折（相当于零售价的1～3折）回收。实在清不完的，则由员工超低价内购或捐赠，或者卖到东南亚等地，或者剪标、换标，通过其他的下水道处理。

对于国内品牌而言，部分库存货品可用于加盟商开新店时铺货。

结论：清货要有目标。我的建议是：今年新采购的货品清至10～20%，去年的当季货品最好清零，在此基础上决定折扣的力度以及清仓渠道。

## 九三新

简要批注：

每年的九／三月份新货全面登场。一般而言，北方换季较南方早。

新货推出后，旧货、减价货品则同时让出黄金区域，退到内场。

结论：上新货后，已过黄金销售期的货品可逐步退出（而非一次性全部退出），并予以一定的折扣以吸引促销或减价型的顾客。

# 123 这个店开了8年，只有5件往年过季库存

虽然我和江苏靖江的丁老板同在一个群，却没怎么聊天。

后面在一次群活动时，我们认识了。

群友们说他长得像孙楠，他说："现在我长变了，原来像苏友朋。"

群活动两天，他成了明星，大家都围着他问问题。

群友问："如果顾客还价怎么办？"

"有一次，有位顾客看中了一款标价680元的T恤，"丁老板从这个案例开始讲起，"顾客开价600元，我老婆认为有赚，想卖给他。"

群友们都睁大了眼睛，等着结果。

311

期间，有位群友插了一句："要是我，可能就卖了，钱嘛，入袋为安。"

丁老板摇了摇头，说："我不卖600元，就卖680元，而且最终顾客以680元买走了。"

他解释道："如果今天他还价80元，下次他不知道要还价多少，可能不会再买了。"

群友红姐问："如果没有成交，你内心会不会很沮丧？"

他笑着说："不会的。如果顾客买了，我不会表现得很激动，不然顾客还以为赚了他很多钱呢！相反，如果顾客没买，我还会倒上好茶，递上好烟，笑脸相送！"

"原来我开了好几家店，这几年行业形势不好，陆续关闭了其它几家，只剩下这家男装集成店，8年来，从来没有打过折！"

群友杨艳好奇地问："不打折，那你的库存应该不少吧？"

丁老板又摇了摇头，说："这个店开了8年，只有5件往年过季库存！"

此话一出，群友们纷纷提出了各种问题。

丁老板回应说："我对顾客特别熟悉，大部分都能叫得出名字，他们的职业、品位、购买特点及购买力等等，我都是很清楚的，所以订货时，款式和数量一般不会订偏。"

"有次我去上海订货，差旅费花了2千来块，可是1件货都没有订。"他喝了一口水，继续说，"为什么？因为没有适合我的顾客的款！"

不知从什么时候开始，很多同行都找机会跟他一起去看市场，跟他一起去订货。

有次在一家批发门市，有3名女老板跟他一起订货，我注意到，她们在下单之前都会很认真地听取他的意见。

现在，越来越多的服装店老板跟他一起转战各地订货，他已经成为了圈子里的一名意见领袖。

他说："货到店后，定价一定要合理，高了低了都不行。最关键是要对顾客有价值！"

"货品必须经过处理才能出样！"他告诫同行，"顾客可能不懂面料，可能不懂做工，可能不懂流行色，可能不懂质量，但他一定懂线头！一件衣服上有线头，客户看到了，这衣服就直接贬值了，或者干脆就不会买，所以衣服线头一定要修剪干净，扣子要缝紧。"

目前，他的店100来平方米，一共3名工作人员，由他和他的老婆，以及一名导购组成。

他介绍："只请了一名导购，身高1.65米，非常漂亮。她主要是撑撑门面，做些简单的服务，销售主要靠我和我老婆。"

我问："那她会有成就感吗？你留得住吗？"

他说："她已经在我们的店里好几年了，因为我的工资开得高！"

后面聊多了，才知道丁老板原来是做裁缝的，从事服装行业已经20多年了，是一名"老兵"。10多年前，他投资失败，亏损了几百万！此后，行事一直谨慎有加。

近8年，他把全部精力投入到这个男装名品店。虽然有的群友表示，他的这种经营模式很难复制，但是他的很多理念确实值得借鉴。

我问他为什么不东山再起？

他说："虽然我只经营一家店，但是每年均能给我带来一定的利润，而且我也不缺钱，经营服装是一辈子的热爱，我每天都很充实。"

他说："我这人信佛，对任何人没有坏心，只想大家都好。"

## 124 只投资 30 元，主要靠陈列
李宁某区域的业绩提升 30%

李宁，某地级市，多店。

在某个为期 1 个月的时间段，其他同类区域业绩整体下滑 10%，我服务之区域业绩提升 30%，都是开业一年以上的原有老店。

很多人不知道我在搞什么名堂，今天就来解读一下李宁的这次业绩提升"秘诀"。

这个区域，李宁的管理基础非常扎实，员工销售能力强，货品充足，店铺细节维护到位，甚至连员工的站位都有贴地标指引。

那么，我要怎么下手呢？

我决定从陈列下手。

很多人会说，陈列就是要提升销售，或者说卖货。这是有道理的，但还是说得太笼统了。

要我说，陈列要提升销售的话，需要实现三个阶段性目的，即提升进店率、提升成交率、提升客单价。

每天我就在这些店里看呀看，不仅在店内，而且在店外看，从远近各个角度看，并在不同时间段，以顾客的角色向店铺走去，看能否找到改善点。

到了第三天，终于被我找到了一个切入点。

那是一个工厂店，里面长期清库存呢。

我发现，进店率不高，有几个一看就像过日子的人，却不进去，反倒进到隔壁散货店，于是我想："要是在门头上加'折扣店'三个字，进店率是不是会提高呢？！"

区长说："从来没有这样搞过哦，搞不好李宁公司的人来巡店，抓到了要罚款的哦！"

我问："抓到了罚多少？"

区长说："这个不一定，最高可能要罚 200 块钱哦！"

313

我心里笑了，不就200块钱吗？立即说："干！"

区长也没多说，很快就做了三个字"折扣店"，并于当天下午贴上去了。

没想到，"折扣店"这三个字，对于很多看到的人来说，不进去就好像某件事没完成一样，有的走过了几步，又鬼使神差地返回来进店，当晚业绩就翻番！

见这招有效，接下来花里胡哨的各类海报变着花样粉墨登场，持续地确保高进店率。

其他的店也积极想办法提升进店率，例如店门宽的，就把流水台无限接近门口，并在前面摆上红底黄字的K板海报，总之就是增加衣服的亲和力，吸引顾客进店。

过了几天，我到一个正价店蹲点。

这个店位置好，进店率有保障，就是成交率不算高。

每天都站在里面至少3小时，硬是让我找到了一个突破口。

这个店有两部柜式空调，一个在外场靠门口处，一个在内场的一个角落。

我指着内场的空调，问店长："这个空调用过吗？"

店长："偶尔用一下，主要是夏季热的时候用的。"

我说："既然一年大部分时间不用，还不如撤掉，夏季需要用的时候再搬过来也行啊，因为空调摆在这里，就人为地把它变成死角了。"

于是，我让办公室的人过来，把空调机搬到了仓库，挂上了衣服。

说来也邪门，该区域空调移走后，当天立马卖了2件羽绒服。

此后，我让区长逐一巡店自检，找出各店改善点，并要求采取改善措施，一周后向我报告。

这一招还真管用，每个店或多或少，都有一些改善的空间。

例如，某店有几款衣服5折，折后价格很低，可是顾客不知道这么低啊，所以我又去做了一些价格牌，挂在衣服上，当天竟然卖了6件！

又如，某店太大，顾客经常只能逛三分之一的区域，于是将重点款式重复出样，这样，无论顾客走动的路线如何，基本都能接触到重点推荐款。

接下来，重点提升客单价。

因为新到了一些情侣款，于是重点推荐情侣款，通过情侣组合陈列引导部分顾客成套购买。

此外，通过主题故事包，把一组服装及配件陈列在一起，以增加顾客成套购买的概率。

当然，有的店采取畅销款与高价款搭配，增加了高价款售出的概率，从而提升了客单价。

　　由于以上各类整改措施只有做"折扣店"这三个字花了 30 块钱，所以我说，30 块钱的投资，业绩提升 30%。

　　伙伴们，陈列确实可以提升进店率、成交率和客单价，不想试试吗？

## 掺货？转型开设组货店？2017 年，女装加盟商路在何方？

**125**

我跟吴琳（化名）在群里"认识"已久，但真要回忆什么时候加的微信，还真记不清了。

她的朋友圈，偶尔会晒一下自己的生活照，以及在店里扮模特的照片，很清纯美丽。

但是她一般不在群里冒泡，属于潜水型的群友。

现在她加盟福建的某女装 J 品牌，开了一家专卖店，和一家商场专柜。

在这个商场，她的业绩不是第一就是第二。

但由于商场整体生意不好，商场默认甚至鼓励各个品牌加盟商在品牌专柜内划出一个小区域，自行组货销售。

因为组货往往能淘到一些爆款，而且进价更低，所以此举令各品牌专柜算是生存下来了。

吴琳也不例外，她往返穿梭于广州、杭州、郑州等批发市场，采购一些现货，掺到 J 品牌专柜销售，业绩、毛利都有起色，该专柜每个月的业绩都在 15 万左右。

同时，她是一个低调的人。

"我做这个女装品牌 6 年了，小区的人还以为我在那里当店长。"她说，"那天我去喝喜酒，别人还问我老板对我好不好。"

尽管商场的业绩是保密的，但可能还是被别人知道了。有的同行知道她业绩这么好，心里就不平衡，一有机会就点她的炮。

1 个星期前，有个 20 来岁的女孩来 J 品牌专柜买了一件羽绒服，是组货的款式。

1 个星期后，那女孩回来了，衣服穿得脏兮兮的，她要求退货，原因是"不喜欢"。

吴琳让女孩把衣服拿回去洗洗，再来退货。

可是那女孩立即给 J 品牌总部打电话投诉，举报吴琳掺货，令消费者的权益受损。

刚好J品牌公司今年下半年在查处掺货行为，还在江苏某地罚了一个加盟商1000元。

这次，J品牌公司在接到那女孩的举报电话后，立即发出处罚通知，罚吴琳3万元。

吴琳将此事告知商场，商场立即给J品牌公司发公函，表示掺货其实是商场缩小了品牌专柜的营业面积，并允许腾出来的面积自行组货，经营副牌，所以吴琳并无责任，她只是配合商场的统一部署。

后面品牌公司不罚3万了，但是认为吴琳依然有相关责任，给予了1万元的处罚，并表示：不服可以来福建打官司。

吴琳说："我怎么可能为了那1万罚款，坐飞机去福建打官司嘛！"

吴琳到其他J品牌店考察过，基本上不同程度都有掺货，她说："消费者可能看不出来，但我一看就知道是掺的货。"

我问："为什么要掺货呢？"

她说："店铺有三分之二的业绩都是靠组货，单靠J品牌，早就饿死了！"

这两天，J品牌专柜撤掉自行采购的货后，业绩出现断崖式下跌。

通过跟很多鞋服加盟商的交流，发现现在很多男装、女装品牌加盟商都有不同程度掺货。

市场上也应运而生很多供应商，终端零售商可以低成本拿到与品牌"无缝对接"的现货。

加盟商自己组织的货，款式相对畅销且做工好、进价低，放到卖场的话，可以借助品牌的影响力，挂上品牌的吊牌后，一般消费者是难以识别的。

不仅品牌加盟商组货、掺货，就连很多品牌公司，也是会到一些批发市场采购现货，简单挂上自己的吊牌，就陈列到卖场销售。

有些品牌加盟商，开始试水完全自行组货，也有不少成功的案例。

现在，吴琳感觉很迷茫。

她说："品牌公司不让掺货，可是单靠J品牌肯定不行！现在很纠结。"

吴琳告诉我，下一步她将考虑关闭两家J品牌店中的商场专柜，将其转型成组货店，以此渡过困难期。

2017年，鞋服加盟商路在何方？

## 126 鞋服行业转型之菲拉贝乐 & 秦燕

鞋服行业在转型，转型有很多方向。

比较接地气的转型方式之一就是：供应商与终端零售商成功对接！

很多品牌公司成立办事处，以此替代总代理。从财务的角度来说，办事处的成本依然是一个高昂的存在；从管理的角度来说，多了办事处这个环节，办事效率要打折扣。

那么，如果供应商直接对接终端零售商呢？我们可以看到有如下优势：

优势一，对消费者购物的反应更快速；零售店直接向供应商提出补货、降价、退换货等需求。

优势二，省去了分公司或总代理这个环节，砍掉了这个中间成本。

那么，问题来了。

工厂的优势是生产而非营销，而且受制于生产设备，一般是生产几个单品类，难以满足消费者多元化的需求，撑不起一个店。

若干工厂想要在合适的时间，把合适的款式及数量，放到合适的店铺，并以合适的价格卖给消费者，这就需要第三方来整合资源。

如果由品牌公司来整合的话，成本很高，由买手或买手团队来整合的话，成本很低。

所以，买手型供应商纷纷脱颖而出，这是时代的召唤。他们有如下几个优势：

优势一，拥有强大的组货能力，买手团队成天浸泡在一线市场，嗅觉灵敏，能够比较及时准确地抓住销售热点，在全国甚至全球范围内采购畅销单品，第一时间给到合作的工厂生产，第一时间投放到合适的店铺销售。

优势二，低成本运作。没有品牌公司那些庞大的管理团队、没有复杂的工作流程，成本低、反应快。

菲拉贝乐时尚潮牌男装就是这样一个买手型供应商。

创始人秦燕女士就是这么一位金牌买手，她手下还有一个嗅觉灵敏的买手团队。

"金牌买手"这个称号不是靠讲课讲出来的，而是从100多名终端零售商的盈利中赢来的。

认识秦燕女士，还是在2年以前。大家在鞋服微信群里互加了微信，时不时聊聊行业动态以及未来趋势，久而久之就熟了。

1年半以前，秦总来的一些工厂洽谈业务，我们见了一面。

她说："惠州这边的工厂，T恤的报价真是比其他地方低好多，而且面料及做工都很好。"

不到几天，她又去了佛山，与那边的工厂洽谈贴牌生产。

当然，菲拉贝乐的核心产品是皮衣，秦燕的家族有自己的皮衣工厂。

对于秦燕这样的金牌买手，整合的是全国的工厂资源，总能找到高性价比的工厂合作。

基于此，她供应的商品报价总有相对优势。

不仅与全国各地的工厂合作，她更注重产品的开发，而且是低成本的开发。

今年11月17号，我和秦燕等人一起去香港。

香港本土休闲装设计师吴振芬女士热情地接待了我们。

我们一行人利用2天的时间，逛遍了尖沙咀、中环的各个潮牌。

319

看到有感觉的款式，秦燕会拍照，立即发给广东、山东和江苏等地的工厂设计师，现场就能大致沟通清楚相关细节。

如有需要，她会把衣服买下来。

当然，这些衣服动辄上万元1件，能拍照尽量不要购买，以此节省成本。

品牌公司商品开发部的成本就很高了，设计师们一般自己做不了主，他们会把样板买回公司，由公司的决策者最终敲定哪些样衣被选中。

因此，会有一个"样板选中率"的考核指标。

即便如此，样板被选中的概率一般不超过30%。这成本是很高的。

而秦燕则可以自己现场做决定，这就是优势。

从香港回来后，秦燕立马赶到各个工厂，跟进样衣打板。一经确认，立马下单生产大货。不出10天，这些畅销款就会陈列在她的100多名客户的400多家零售店出售。

除了内地和香港，她还经常去国外买样板。

湖南七匹狼总经理周盛荣感叹道："这就是实战！秦总这样的买手，产品开发一定没有问题！"

目前，菲拉贝乐的核心产品是皮衣，其他品类如T恤、衬衣、休闲裤、毛衣、外套等正在不断完善之中。

　　这些产品（欧货风格）主要供应给一些集合店、名品店，同时也有一些中高端组货店从菲拉贝乐拿货。

　　2017 年，菲拉贝乐的客户遍布大江南北，这既是客户们对菲拉贝乐的信任，对于拉菲贝乐来说更是一种责任。

　　秦燕开始思考转型升级了，她要整合上游的供应商以及终端的零售商，实现三方共同参与、共赢。

　　"这条供应链上，不管库存在谁那里，都不好。"秦燕说，"2017 年，我们需要做好增值服务，帮终端零售商把菲拉贝乐的衣服卖掉。"

　　这意味着，更多时下流行的合作模式将会助力菲拉贝乐的转型升级。

　　直营店的开设也在未来的蓝图中。

　　秦燕不仅是一位金牌买手，而且也是一位豪爽疏财之人。

　　今年 10 月 9 ～ 10 号，她邀请广东、湖南、浙江等地的一些服装零售商齐聚桐乡乌镇，大家交流交友，度过了一个难忘的夜晚。

　　1 月 18 号到 19 号，秦燕又邀请全国各地的供应商、零售商客户及家属，在桐乡及乌镇举行年会，这是一种回馈，是一种感恩，是一种共赢的理念。

　　"菲拉贝乐的卖点就是：紧跟时尚的商品、高档的面料及精湛的做工、中档的价位。给客户提供放在店里就能销售跑量、就能赚钱的商品一直是我们的最高工作标准！"秦燕如是说。

## 127　鞋服零售店生意检讨五步曲

如果我们认为店铺的生意达不到预期，可以按照如下步骤来检讨问题之所在，并针对性地予以改善。

检讨顺序：预算、配货、陈列、员工、价格。

一、销售预算首当其冲

预算高了，导致库存积压；没有预算或预算不足，导致销售机会白白丧失。

举例，如果某店9月份只能卖10万，却做了30万的销售预算，且买了30万的货，这可能导致货品胡乱堆积，陈列难看，且最后往往依靠减价倾销，销售容易达标，而毛利却达不了标，没有钱赚。

又如，某鞋店没有预算销售雨伞、水杯、围巾、帽子、鞋垫、鞋油等，那么这些品种的销售可能就失去了；某些大店没有预算销售往年的库存货品，那么就失去了这部分库存货品的销售金额；很多零售商一味追求零库存，进货量少，导致货品一卖就断色断码，失去了很多的销售机会而不自知。

二、配货

买货与卖货往往是两码事，货是买回来了，怎么配货、卖货是很有学问的。

如果是单店零售商，只有1间店，那就不存在货品分配的问题，顶多是把握好上货的时间及节奏。例如，每个星期四晚上上新货，以此增加店铺的活力及对部分顾客的吸引力。上货也不能太早，太早了，顾客没有购买欲望；当顾客想购买时，又感觉这些衣服已经挂好久了，像旧货一样，所以购买欲望降低。

温馨提示：请店铺与配货者、物流快递方加强沟通，算准时间，尽量不要在周末到货；即便周末到货，也要在不影响销售的情况下，快速收货、出样、销售。

如果一个区域有多间店，怎么配货？

这首先得根据店铺所在的商圈、店铺的销售体量及营业面积等将店铺分

321

类，不同级别的店铺，配的货品品种、款式颜色、数量及金额均不同。主力店一般要求所有的货品配齐，小店则根据该核心商圈的消费者情况进行配货。

配好货品后，要根据各店的销售情况进行补调退货。

三、陈列

陈列是要依据销售模式及策略的。

如果是自助式购物模式，如 H&M，ZARA 等，就要款式尺码出样齐全，且重复出样。

如果有主打品种，就要设专区，如牛仔专区，衬衫专区，配件专区，婚庆西服专区等。

如果是实行『三类货品』（正价货品、促销货品、特价货品）模式，则要设立正价区、促销区、特价区。

四、人员

近些年，自助式／半自助式服务模式盛行，淡化了店员的作用，但人员仍然是可控的改善因素，临门一脚还得靠店员去完成。

在人员管理方面，可以在需要时增加临时工（例如暑假工、寒假工、钟点工）以节省薪金成本，同时可以进行精细排班，减少人手及减少加班。一般而言，个人休假需在节前或节后进行，在重大节假日如中秋节、国庆节、春节、劳动节之前的一个月，店铺应该排好班给上司审核，确保销售高峰期时人手充足，且销售高手在岗。

当然，增效是更重要的目标。

如，通过微信朋友圈的适宜宣传及店门口截流提升进店率，通过良好的服务提升成交率及回头购买率，通过导购之间的合作提升成交率及连带率——这些都是增效的做法。

五、价格

如果上面四点都没有明显改善空间了，就要寻找机会降价。

一般而言，零售店应当设定销售目标、毛利目标、库存目标。

一般是首先确保销售目标的达成。因为很多店铺员工的提成系数、奖金等跟销售目标的达成率有关，例如，达标了，提成的系数为 1.5%，没有达标，提成系数只有 1%，如果长期不达标，员工的流失率就会增加。

同时，要确保毛利。不然的话，即便靠不断降价把销售目标达成了，实际上却没有毛利甚至亏损，也没有什么意思。

其次，也要顾及库存目标的达成。例如，库存目标是：今年的新货到季末不再销售时，只能剩余期初进货金额的 15%，而去年本季的货品在本季末清零。

　　有了目标，根据销售、毛利、库存的情况，在原价销售一段时间后即开始减价，然后是季末特价。减价一般分为三波，小幅度减价 1 ～ 2 个星期，大减价 1 ～ 2 个星期，换季特价清仓 1 ～ 2 个星期。

　　把价格放在后面，是因为减价会损失毛利，不需要靠减价救火时，尽量正价（8 折以上）销售，以保证毛利。

小结:

　　如能打人货店的组合拳，那当然威力很大。如果店铺的资源和能力有限，可以在人、货或店中的某个方面发力，如能一点突破，则往往导致全面繁荣。

后记

电商大行其道的当下，实体店遭受严重冲击。尤其是服装零售业，无论是大型百货商场，还是街边林立的服饰小店，都不同程度地因人流减少、成交率低而营业额下降。这使得服装零售越来越难做，成为服装店销售高手则更是难上加难。

本书立足于服装一线销售人员，选取真实的案例，以情境展现的形式还原销售实况。从提升进店率、成交率、连单率、客单价以及回头购买率等多个角度，不断强化渗透销售技巧，充分再现销售话术和销售心理的应用。从业人员可对照他人的案例，总结反思，不断提高，乃至成为销售高手，更好地为顾客服务，成为顾客的形象顾问，这是一个优秀的服装销售人员的终极追求，也是我们出版这本书的初衷。

作者在服装销售业界摸爬滚打多年，有丰富的实操经验，他将个人所长与同行的案例结合应用，写成了这本书。书中语言浅显易懂，行文特别贴合服装一线销售人员的阅读习惯。希望本书的出版，能够对服装销售从业者有所启迪，有所帮助。

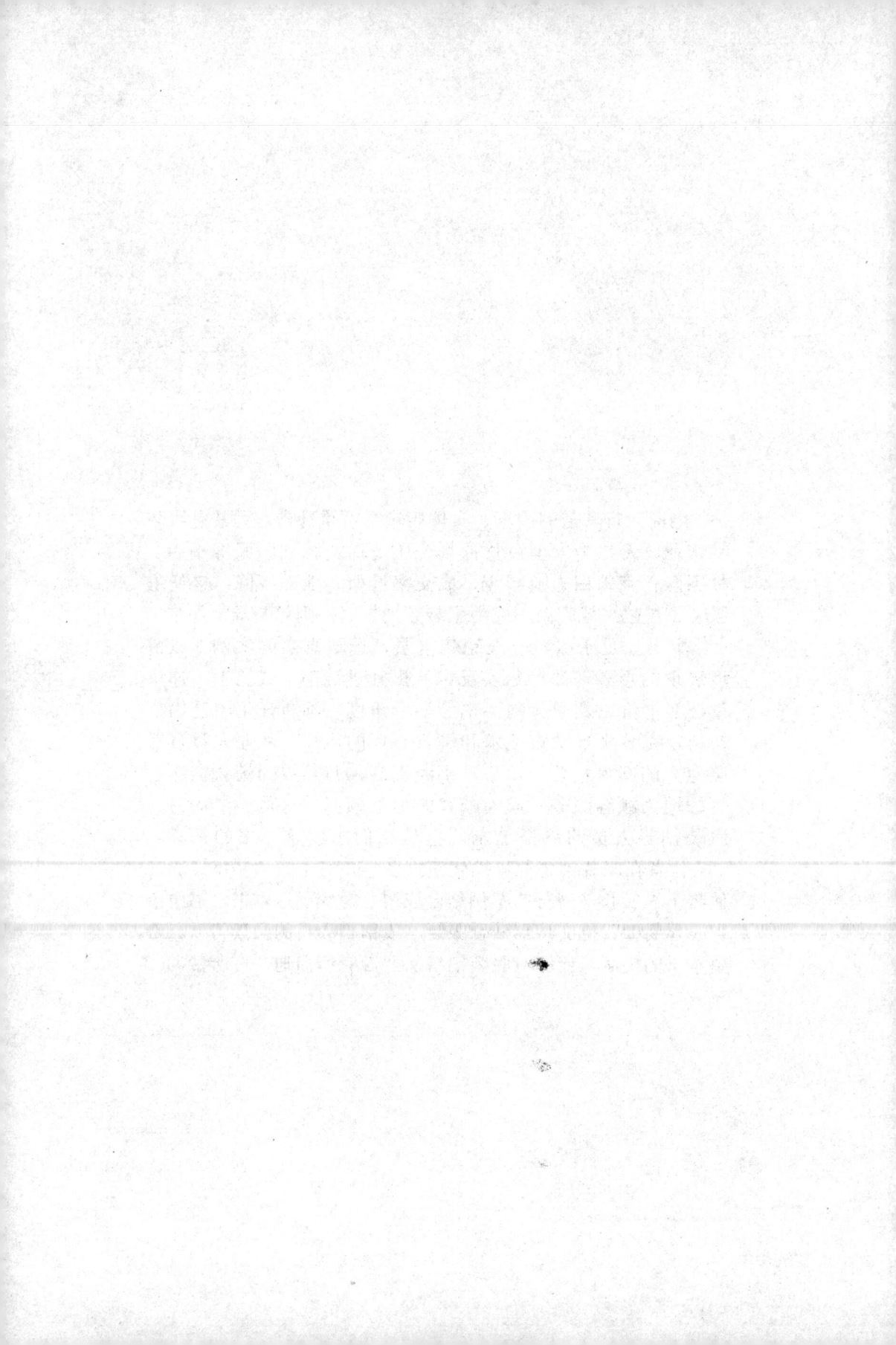